Wer braucht eigentlich Nirwana?

RICHARD SYLVESTER

Wer braucht eigentlich Nirwana?

Unkonventionelle Gespräche
über Nicht-Dualität und Befreiung

Aus dem Englischen übersetzt
von Jochen Lehner

Lotos

Verlagsgruppe Random House FSC-DEU-0100
Das für dieses Buch verwendete FSC®-zertifizierte Papier
EOS liefert Salzer Papier, St. Pölten, Austria.

Lotos Verlag
Lotos ist ein Verlag der Verlagsgruppe Random House GmbH.

ISBN 978-3-7787-8218-7

Erste Auflage 2011
Copyright © by Lotos Verlag, München,
in der Verlagsgruppe Random House GmbH
Alle Rechte sind vorbehalten. Printed in Germany.
Einbandgestaltung: SWSP Design, München
Gesetzt aus der Sabon bei
EDV-Fotosatz Huber/Verlgasservice G. Pfeifer, Germering
Druck und Bindung: GGP Media GmbH, Pößneck

Für Tony, Claire, Jen und Carl.
Jeder auf seine Weise trägt ihr zum Geist dieses Buchs bei.

*»Ich tue nichts.
Ich bilde mir niemals ein,
ich sei es, der dafür zu sorgen hat,
dass Kirschen an Stielen wachsen.«*

Carl Gustav Jung, *Erinnerungen, Träume, Gedanken*

Inhalt

Vorwort von Tony Parsons 11

Einleitung 13

Liebe im Pelzmantel
Köln 23

Das verschollene Sutra des Buddha
Essen 129

Spirituelle Anarchie
München 221

»Was ist mit Liebe?«
Berlin 263

»In deinem Kopf sind tausend verschiedene Leute«
Hamburg 295

Das Hotel Kitsch
Hannover 325

Ausklang: Tee trinken und Kuchen essen
Bielefeld 359

Vorwort

In den letzten zehn Jahren etwa sind die Ausdrücke »nicht-dual« und »Advaita« in einer Vielzahl von Publikationen, Unterweisungen und Mitteilungen unterschiedlichster Art verwendet worden, die aus meiner Sicht nicht direkt mit der eigentlichen Bedeutung dieser Wörter oder der von ihnen angesprochenen Dynamik zu tun haben. »Nicht-dual« und »Advaita« möchten das Prinzip der Ganzheit umschreiben, des Einsseins – dessen, was bereits eins ist.

Eine geeinte Wirklichkeit, in der »nicht-zwei« sind und es kein »anderes« gibt, impliziert doch sicher, dass Getrenntheit nur Illusion sein kann. Wenn es Trennung in Wirklichkeit nicht gibt, muss das Bemühen, nicht getrennt oder gesondert zu sein, auf einer dualistischen Sicht der Dinge beruhen. Wenn es demnach eine Lehre unternimmt, einen illusorischen Zustand der Getrenntheit in einen des Geeintseins zu überführen, geht sie zwangsläufig vom Glauben an eine geteilte Wirklichkeit aus und kann sich nicht als nicht-dual ausgeben.

Selten finden wir zu diesem Thema Aussagen, die keine dualistischen und deshalb irgendeine Vorgehensweise vertretenden Lehren sind. Selten finden wir ein Buch, das nicht insgeheim vorhat, den Wunsch des Suchenden nach einem Pfad und einem Ziel zu befriedigen. Richards jüngstes Buch ist solch eine Seltenheit, ebenso wie seine beiden früheren.

In *Wer braucht eigentlich Nirwana?* zieht sich *ein* Prinzip durch alles, was über Nicht-Dualität gesagt wird. Jede Antwort auf die vielen, ein breites Spektrum abdeckenden Fragen verweist unbeirrbar auf die nicht-duale Sicht der Dinge. Richard gibt die Gespräche wieder, zu denen es im Verlauf seiner Reise durch Deutschland kam, und erzählt dazu interessante, das jeweilige Thema noch weiter ausleuchtende Geschichten. Beim Lesen fühlt man sich angespornt und inspiriert von einer Sicht der Dinge, die tiefer und reichhaltiger Erfahrung des Lebens mit all seiner Vielschichtigkeit und auch Komik entspringt. Man liest weiter und weiter, und da zeigt sich etwas Durchgängiges, eine kompromisslose Geradlinigkeit, die ganz unmittelbar von etwas »anderem« kündet. Man empfindet eine Resonanz, die über die Worte und das, was sie zu besagen scheinen, hinausgeht.

Richard beantwortet Fragen über den Tod, den natürlichen Seinszustand, das Guru-Spiel, das Wesen der Liebe, den Unterschied zwischen natürlichen und neurotischen Gefühlen, den Hang des Sucher-Bewusstseins zu unnötigen Komplikationen und unnötigem Ringen und und und.

Hier ist ein Buch zum genüsslichen Schmökern und Schmunzeln, ein Buch, das man behält und auf das man als ein seltenes Beispiel für unverwässerte Nicht-Dualität zurückgreifen wird.

Tony Parsons
Mai 2010

Einleitung

Mein deutscher Verleger, Carl, hielt sich 2008 zum Besuch einer Buchmesse in London auf. Er rief mich an und schlug vor, wir sollten uns doch einmal treffen. So fuhr ich denn am Sonntagnachmittag nach London, und wir verbrachten ein paar Stunden bei Gesprächen und Kaffee in der Bar des Hotels Radisson in Covent Garden.

Die deutsche Fassung meines zweiten Buchs über Nicht-Dualität, *Das Buch Niemand*, war für das kommende Frühjahr zur Veröffentlichung vorgesehen, und Carl meinte, ich könne doch in dieser Zeit zu einer Reihe von Vorträgen mit Diskussion nach Deutschland kommen, um das Buch bekannt zu machen. Er würde mich begleiten und als Dolmetscher fungieren. Ich bewege mich nicht sehr oft weiter von meinem Zuhause in Kent weg, eigentlich nur zu Abstechern in die Berge und an die Küste von Wales, aber das hier klang mir so, als könnte es Spaß machen, und ich sagte zu. Wieder in Deutschland, rief Carl mich an und schlug vor, die Meetings während meiner Tour aufzuzeichnen, und dann könne ich die Transkription zu einem dritten Buch ausarbeiten. Was dabei herauskam, ist das, was Sie jetzt irgendwo, vielleicht im Bus oder Zug, in den Händen halten, oder es liegt auf Ihren Knien, auf dem Kaffeetisch, auf der Bettdecke vor Ihnen oder eben an einem sonnigen Tag im Park neben Ihnen.

Ich habe in neun Tagen sieben Städte besucht, immer mit dem Zug von einer Stadt zur nächsten, wobei ich, wie Sie noch lesen werden, zwischen den Städten vier und fünf, Berlin und Hamburg, krank wurde. Das brachte ein wenig unverhoffte Aufregung in die Tour. Und das ist nun dieses Buch. Jedes Kapitel entspricht der Aufnahme von einem Meeting, nur beim letzten Treffen hatten wir kein Aufnahmegerät, sodass es hier nicht als ein Kapitel, sondern nur durch ein paar von mir erzählte Geschichten vertreten ist, an die ich mich noch erinnere. Da eigentlich jedes Treffen eine Einführung in die Nicht-Dualität war, enthält der Text unvermeidlich auch ein paar Wiederholungen. Ich wurde während der gesamten Tour sehr gastfreundlich behandelt, in Hotels untergebracht, zum Essen oder in Bars ausgeführt, mit cremefarbenen Mercedes-Taxis vom Bahnhof zum Hotel und vom Hotel zum jeweiligen Versammlungsort chauffiert.

In Deutschland besteht wie in England ein lebhaftes und intelligentes Interesse an der Nicht-Dualität. Das gilt nicht für alle Länder. Als mein erstes Buch, *I Hope You Die Soon* (deutsche Fassung: *Erleuchtet – und was jetzt?*), in Frankreich herauskam, dämpfte jemand meine Auflagen- und Tantiemenerwartungen mit den Worten: »Die haben es da immer noch mit Morgenurin trinkenden Yogis.« Inwieweit das stimmt, kann ich nicht beurteilen, aber die Voraussagen im Hinblick auf meine Einnahmen erwiesen sich als zutreffend.

Ein Freund, der so nett war, dieses Buch in der Endphase der Fertigstellung zu lesen, machte mich darauf aufmerksam, dass unter den Lesern vermutlich Sucher sein würden, »die bereit sind anzuhalten«. Eines ist jedenfalls sicher: Wenn die spirituelle Suche Ihnen noch von Herzen Freude macht, ist es vielleicht besser, wenn Sie dieses Buch jetzt beiseite legen und auch gleich den festen Entschluss fassen, nie – auch nicht ausnahmsweise – zu einem Vortrag über Nicht-Dualität zu gehen. Wenn nämlich das hier Geschriebene oder bei solchen Meetings Gesagte wirklich gehört wird, ist damit das Ende der spirituellen Suche besiegelt, Ihr Kopf ist dann »im Rachen des Tigers«, und da gibt es kein Entkommen mehr. Spirituelle Suche kann sehr unterhaltsam sein und Spaß machen. Sie versorgt uns mit Hoffnung, sie bietet Sinn und Zweck, einen Rückhalt gebenden Kreis von Gleichgesinnten, die Gesellschaft strahlkräftiger Lehrer und Gurus und nicht zuletzt die Chance, überschüssiges Einkommen loszuwerden. Außerdem wissen wir dann, wie die zwischen Geburt und Tod verbleibende Zeit sinnvoll einzuteilen ist, und es bietet sich so manche willkommene Gelegenheit, mit den Segnungen der Tropenmedizin und einem Rucksack voll Durchfallmittel versehen aller Herren Länder zu bereisen.

Freilich sorgt das Suchen auch dafür, dass wir nicht finden, schließlich trägt es uns ja von dem weg, was hier und jetzt ist. Solange wir Erleuchtung anderswo suchen, irgendwo weit weg und in der Zukunft, kann uns nicht auffallen, dass sie Dies – genau hier, genau jetzt – bereits ist. Das hier ist bereits das Gesuchte, das gelobte Land, das erhoffte Paradies. Eine Person kann das nicht sehen. Es ist erst zu sehen, wenn die Person wegfällt. Solange da ein Ich ist, das mit seinen Neurosen und seinem ewigen Heischen nach Zuwendung keinen klaren Blick zulässt, kann nicht gesehen werden, dass Dies bereits das Gesuchte und damit völlig genügend ist.

Ich kenne keinen kürzeren Nenner für das, was wir Befreiung nennen, als diese sieben Worte: »Das hier ist es, und es genügt.« Wo Einssein gesehen wird – und das ist nur möglich, wenn keine Person da ist, die es sieht –, zeigt sich sehr klar, dass Dies alles ist und dass es genügt. Ohne den schmuddeligen Schleier der Person, der das Alltägliche so weit trübt und zum öden Einerlei macht, dass dann nach etwas Kurzweiligerem gezetert werden muss, offenbart sich das Gewöhnliche als dieses wunderbare Spiel des Bewusstseins.

Wo das Eine gesehen wird, ist die Suche zu Ende, denn jetzt ist der Alltag das Wunderbare, und man braucht die Würze des Lebens nicht mehr anderswo zu suchen. Im Wind raschelndes Laub, das Gefühl des Hundefells unter der Hand beim Streicheln im Park, der Geschmack des Kaffees auf der Terrasse – jetzt genügt das. Befreiung hat keine zwangsläufigen Folgen, aber wenn die Person weggefallen ist, besteht Neigung zu einer entspannteren Haltung und zu tiefer Freude an einfachen Dingen.

Viele lösen sich heute vom alten Gegensatzdenken der Religionen und forschen nach dem Grundbestand, der allen Religionen und spirituellen Wegen gemeinsam sein muss. Wir starren nicht mehr bloß auf die bunte Vielfalt, die an der Oberfläche zu erkennen ist. Darunter, so scheint uns, muss sich eine gemeinsame Wahrheit verbergen – worin besteht sie? Es muss etwas geben, was all die so verschieden wirkenden Bilder verbindet, die Kreuzigung, den elefantenköpfigen Gott Ganesh, Vater Sonne und Mutter Mond, das Abendmahl, Kali mit der Halskette aus Menschenschädeln, Mandalas, wirbelnde Sufi-Mystiker, goldene Buddhastatuen, Medizinräder und die Flussgöttin Isis.

Nicht-Dualität oder Einheit ist das, was die unbewegte Mitte aller Religionen und spirituellen Pfade ausmacht, auch wenn sie selten erkannt wird und im Lauf der Geschichte von ihr nicht viel die Rede war. Wir alle werden in die Ganzheit hineingeboren, legen uns aber schon in jungen Jahren ein Selbstbewusstsein zu, wodurch es zu einem Gefühl von Trennung und Verlust kommt. Irgendwie, scheint uns, sind wir aus dem Paradies vertrieben worden, und so verbringen wir, ob es uns bewusst ist oder nicht, den Rest unseres Lebens mit dem Bemühen, wieder ganz zu werden und ins Paradies zurückzukehren. Wir ersinnen wundersame Vorstellungen und spinnen Unmengen von Geschichten, und all das Umherirren und Suchen bringt den gesamten Stammbaum der Religionen und spirituellen Pfade, der Epen von Propheten und Göttern und Heiligen und seltsamen Heiligen hervor.

Aber die Suche ist hoffnungslos, denn das Paradies ging uns nie verloren. Das Paradies, in das wir zurückfinden möchten, ist immer bei uns, aber von diesem Bewusstsein eines gesonderten Ich überlagert. Wir brauchen kein Paradies zu finden. Wenn das Gefühl der Trennung verschwindet, sehen wir, dass Dies bereits das Paradies ist. Natürlich kann das eingebildete Ich sich nicht selbst verloren gehen, schließlich ist es ja bloße Einbildung. Wie sollte ein bloß eingebildetes Ich die Wirklichkeit sehen können?

Das Auge vermag sich nicht selbst zu sehen,
es sei denn als blasses Abbild im Spiegel.
Das Ich kann sich nicht finden,
es sei denn als blasses Abbild in einem Traum.

Aber das nur als Vorstellung vorhandene Ich kann ohne erkennbaren Grund oder Anlass wegfallen, und in diesem Tod der Person wird dann wieder Ganzheit, Einheit, Nicht-Dualität gesehen. Das gesonderte Ich kann wegfallen, solange der Mensch noch lebt, und wenn es nicht geschieht, macht das auch nichts, denn nach dem Tod des Körpers herrscht ohnehin nur noch Freiheit. Ich schreibe diese Worte fünf Tage nach dem Tod von Ramesh Balsekar, und der schrieb: »Was bedeutet eigentlich der Tod? Er bedeutet das Ende des täglichen Ringens. Er bedeutet das Ende der Dualität.«

Wenn Nicht-Zweiheit oder, was dasselbe ist, Freiheit erlebt wird, ist klar, dass keine selbstbestimmte und verantwortliche Person vorhanden ist, die irgendwelche Entscheidungen zu etwas »mein Leben« Genanntem trifft. Klar ist dann auch, dass alles aus nichts hervorgeht, dass Leere das Herz dieser wundervollen Manifestation ist. In vielen Traditionen ist diese Leere erfahren worden, im Buddhismus, Taoismus und Hinduismus zum Beispiel und sogar im Christentum. Wir haben Zeugnisse davon. Gesprochen wurde darüber in manchen Fällen offen, in anderen aber nur flüsternd, denn es gab Zeiten, in denen es wegen der nahezu unumschränkten Herrschaft einer Priesterschaft sehr gefährlich war, über solche Dinge zu sprechen. In jüngster Zeit sieht die Sache etwas anders aus. Inzwischen steht nämlich die Wissenschaft hinter manchen der allzu mystisch klingenden Aussagen, etwa dass niemand je irgendeine Wahl trifft oder dass alles aus Leere hervorgeht.

Neuere Entwicklungen auf dem Gebiet der Neurowissenschaften deuten stark darauf hin, dass es so etwas wie eine einheitliche autonome Person als Zentrum unserer Erfahrung unmöglich geben kann. Viele Psychologen sind heute der Meinung, dass der freie Wille Illusion ist. Und die Quantenphysik malt uns das Bild eines Universums, in dem sich die allerkleinsten Bausteine der Materie in nichts als schwingende Energie auflösen, sodass alles gleichsam aus Klang entsteht. In der Yoga-Tradition gilt das Wurzelmantra AUM als der erste Laut, die Ur-Schwingung des Universums. Am Anfang war das Wort, und das Wort war AUM.

Doch selbst wenn sich hier eine Konvergenz von Naturwissenschaft und Mystik abzeichnet, die naturwissenschaftliche und die nicht-dualistische Sicht des Bewusstseins sind einander diametral entgegengesetzt. Aus naturwissenschaftlicher

Sicht ist Materie das Primäre, und Bewusstsein wird als Nebenprodukt oder Begleitphänomen der Materie gesehen. Danach sind wir im Wesentlichen stoffliche Strukturen, denen durch Zufall, nämlich durch immer komplexer werdende Organisationsstrukturen von Zellen, Neuronen, Botenstoffen und elektrischen Impulsen in unserem Gehirn, Bewusstsein zuteil wurde. In der Befreiung zeigt sich aber, dass da nichts als Bewusstsein ist, man könnte auch sagen Leere, aus der alle Phänomene einschließlich der physikalischen Phänomene hervorgehen. Anders gesagt: Ohne Bewusstsein keine Materie. Das Stoffliche ist also nicht das, was Bewusstsein entstehen lässt, sondern umgekehrt bringt Bewusstsein das Stoffliche hervor. Die Naturwissenschaft hat keine Chance, das je zu entdecken. Es lässt sich nur unmittelbar sehen, wenn die Person wegfällt.

Trotz all ihrer Instrumente wird die Naturwissenschaft auch kaum aufdecken können, dass die Leere in ihrem Wesenskern bedingungslose Liebe ist.

Wenn Freiheit gesehen wird, zeigt das Leben eine Tendenz zu weniger Komplikationen. All die »Storys«, die unserem Leben bis dahin Antrieb gaben, entfallen, und was uns bleibt, ist einfach Dies. In dieser Einfachheit werden die kleinen, unbedeutenden Dinge des Lebens zum Hochgenuss. Ich werde oft um Rat gefragt, und meist gebe ich keinen. Wenn ich aber zu etwas raten würde, könnte es nur so klingen: Entspann dich und finde Freude an den kleinen Dingen, die du gern tust. Es muss nicht Teetrinken und Kuchenessen sein. Es kann auch Kaffeetrinken und ein Parkspaziergang sein. Jedenfalls entgeht uns das wunderbare Dies, solange wir das Alltägliche nicht genießen können.

Im Zen sagt man: »Vor der Befreiung Holz hacken und Wasser holen. Nach der Befreiung Holz hacken und Wasser holen.« Meine Vorlieben sind etwas anders gelagert: »Vor der Befreiung Tee trinken und Kuchen essen. Nach der Befreiung Tee trinken und Kuchen essen.« Es läuft aber auf dasselbe hinaus. Unterschiede bestehen nicht. Vor der Befreiung und nach der Befreiung, schlafen oder wach sein, es ist dasselbe.

Zur Kommunikation und ihren Schwierigkeiten

Eine Idee zu vermitteln, auch eine simple, das hat für den anderen so seine Tücken. Erstens kann es sein, dass die Worte, die ich spreche oder schreibe, meine Gedanke und Gefühle nicht richtig wiedergeben. Zweitens können die Worte, die Sie hören oder lesen, für Sie eine leicht oder deutlich andere Bedeutung haben als für mich. Irgendwie versuchen wir uns einem für beide Seiten gültigen Bedeutungsgehalt anzunähern, aber wir wissen nie, wie weit uns das gelingt. Hier wie auch überall sonst leben wir jeder in seiner ganz eigenen Wirklichkeit. Jeder lebt in einer Welt, die nur seine Welt ist.

Beim Reden über Nicht-Dualität werden die Probleme noch verwickelter. Nicht-Dualität ist keine Erfahrung, sie ist kein Phänomen, in welchem Sinne auch immer. Nicht-Dualität ist vielmehr das, was alle Erfahrung entstehen lässt und zugleich alle Erfahrung umfasst. Worte können nur Phänomene umschreiben. Vor der Nicht-Dualität müssen sie folglich versagen. Selbst die simple Frage, ob man nun besser »Nicht-Dualität« oder »Einheit« oder »Nichts« oder »Niemand« oder »Sein« oder »Bewusstsein« oder »Gewahrsein« sagt, verwirrt nur noch weiter und gibt Anlass zu den abenteuerlichsten Konflikten und Debatten, die sich auf den entsprechenden Internetforen auch schon mal zu bitterbösen Fehden auswachsen können. Im Fall dieses Buchs wird das Ganze noch heiterer durch den Umstand, dass während der gesamten Tour alles ins Deutsche oder vom Deutschen ins Englische übersetzt werden musste. Da öffnet sich ein weites Feld möglicher zusätzlicher Missverständnisse. Stellen Sie sich bitte den armen Carl vor. Da gibt es in einer Sprache Begriffe, die die andere nicht kennt, es gibt Anspielungen, die beim Übersetzen zwangsläufig auf der Strecke bleiben – lost in translation, oder wie es Ionesco knapp formulierte: »Französisch für London ist Paris.« Und Carl hatte ja nicht nur meine Worte für die deutschen Zuhörer und deren Fragen und Beiträge für mich zu übersetzen, sondern es kam erschwerend hinzu, dass manche Zuhörer des Englischen mehr oder weniger mächtig waren und es auch benutzten. Wenn sie dann auf Englisch etwas fragten oder Zwischenbemerkungen machten und ich natürlich auf Englisch antwortete, musste Carl einschreiten und uns beiden das Wort abschneiden, um erst einmal alles für die nicht Englisch sprechenden Teilnehmer zu übersetzen. Es kam sogar vor, dass er mir eine Frage übersetzte, die er nicht einmal auf Deutsch verstanden hatte und folglich auch nicht in seiner eigenen wörtlichen Übersetzung verstand. Kein Wunder, dass ihm manchmal der Schädel brummte. Aber ich denke, ich muss das nicht weiter ausführen. Sie verstehen schon, oder?

Liebe im Pelzmantel
Köln

Wo immer es geht, reise ich mit der Bahn. Man muss einen Zug nicht selber steuern, das unterscheidet ihn vom Auto. Ein Zug gerät nicht plötzlich in Turbulenzen, das unterscheidet ihn vom Flugzeug. So empfing mich denn mein deutscher Verleger Carl eines sonnigen Freitagnachmittags am Kölner Hauptbahnhof und verfrachtete mich sofort per Taxi in mein Hotel. Dort packte er ein winziges Aufnahmegerät aus, um mit größter Konzentration und, wie mir schien, erheblicher Ratlosigkeit die Gebrauchsanleitung zu studieren. Für ihn ging es bei dieser Tour in der Hauptsache darum, meine Vorträge und die anschließenden Gespräche zu einem weiteren Buch zu verarbeiten, und das hing nun alles am Funktionieren dieses Apparätchens sowie an Carls Fähigkeit, es richtig zu bedienen.

Ein paar Stunden später saßen Carl und ich im Nebenraum eines ansprechenden Ladens (nebst Therapiezentrum), in dem man Bücher, Engelkarten, kleinen Buddha-Zierrat, Kristalle und Räucherwerk kaufen kann. Zwischen uns auf dem Tisch das etwas windig wirkende Aufnahmegerät. Es war gleich klar, dass Laden und Zentrum eher aus Liebe zur Sache als mit Gewinnerwartungen betrieben wurden. Der kleine Nebenraum füllte sich bereits, und man musste die große Buddhastatue in der Ecke mit der gebührenden Ehrerbietung nach nebenan in den Behandlungsraum tragen, damit mehr atmende Lebewesen untergebracht werden konnten. Ich würde hier mit kenntnisreichen und wissbegierigen Leuten sprechen, darunter auch die liebenswürdige Inhaberin des Ladens und ein paar junge Männer, die auf dem Gebiet der spirituellen Philosophie sehr bewandert wirkten. Eine weitere Teilnehmerin war, wie sich schnell herausstellte, zutiefst verstört. Sie wirkte unglücklich und zugleich sehr erbost.

Freitagabend

Wenn ich jetzt hier so sitze, kommt mir der Gedanke, dass ich der Einzige in diesem Raum bin, der nicht weiß, um was es hier geht. Es fühlt sich für mich ganz richtig an.

Ich erinnere mich noch an die Zeit, in der ich mir eingebildet habe, ich wüsste eine Menge, aber jetzt weiß ich nur noch sehr wenig, und es wird mit der Zeit sogar noch weniger. Ich hoffe, dass einmal der Punkt kommt, wo ich gar nichts mehr weiß.

Übrigens haben Carl und ich noch nie in dieser Weise zusammengearbeitet. Das ist also heute Abend ein großes Experiment.

Ist das nicht ein hübscher Raum hier? So schön, so eine gute Energie.

(Eine Stimme, scherzhaft:) Vielleicht sollten wir den Buddha wieder reinholen.

Ja, das könnten wir, aber vielleicht wollt ihr dann alle euer Geld zurück.

Vielleicht seid ihr hergekommen, um mich über irgendetwas reden zu hören, aber was mich angeht, ich bin hier, um über nichts zu reden. Ich meine das ganz wörtlich. Ich werde über nichts reden, über das Nicht-Ding, aus dem alles kommt. Wenn die Person nicht da ist, wenn das Ich nicht da ist, das ist der Gedanke, den ich euch nahebringen möchte, dann zeigt sich deutlich, dass alles aus nichts hervorgeht.

Es ist ja eigentlich rätselhaft, weshalb das nicht auf der Hand liegt, solange die Person vorhanden ist, aber es gibt dafür einen simplen Grund: Die Person verstellt den Blick auf *nichts*. Die Person wirkt so massiv und verstellt den Blick so gründlich, dass *nichts* keinen Fuß in die Tür bekommt. Es bekommt nicht die Chance, gesehen zu werden.

(Zu Carl:) Das ist wirklich ein interessantes Experiment für mich. (Lacht in sich hinein) Ich habe ein sehr schlechtes Gedächtnis, und jetzt merke ich, wenn ich versuche einen Satz zu Ende zu bringen, dass ich mich nicht mehr an den Anfang erinnere. Dieser Stop-and-go-Betrieb aufgrund der Übersetzungen, daran muss ich mich wirklich erst gewöhnen.

Also, ich rede jetzt ein bisschen, und dann kann man fragen und diskutieren. Natürlich könnt ihr mich auch zwischendurch jederzeit unterbrechen, wenn ihr Fragen oder Anmerkungen oder Einwände habt.

Machen wir also weiter mit nichts und alles, dem Nichts, aus dem alles hervorgeht, und dem Alles, das aus nichts hervorgeht. An dieser Stelle wird gern die Metapher vom Meer und den Wellen angeführt, um das Gemeinte zu verdeutlichen. Sicher ist diese Metapher den meisten von euch geläufig. Die Wellen stehen für alles, was im Alltag der Person vor sich geht, sie repräsentieren den Stoff unserer täglichen Erfahrung. Da kann es, wie jeder weiß, mitunter ziemlich dick kommen, die Wellen werfen uns hin und her. Das Meer steht für das Eine, die Stille, das Unbewegte, aus dem alles kommt. Solange uns die Wellen so sehr in Anspruch nehmen, dass es außer ihnen überhaupt nichts zu geben scheint, haben wir keinerlei Aussicht, das Meer als solches wahrzunehmen. Wir wissen natürlich, dass die Wellen einfach Meer sind, dass zwischen ihnen und dem Meer kein Unterschied besteht. Wir könnten sagen, die Wellen (engl. *waves*) sind das Meer, wenn es winkt (engl. *the ocean waving*). Sie sind das Meer, wenn es »Hi« sagt.

(Carl, lachend:) Das sind im Deutschen zwei verschiedene Wörter. Man »wellt« nicht zum Gruß.

(Lacht ebenfalls) Oh, haben wir schon ein Übersetzungsproblem?

(Carl, immer noch lachend:) Ja, wir haben ein Problem. Okay, das Experiment ist gescheitert.

Dann will ich es mit einem anderen Vergleich probieren. Stellt euch vor, ihr sitzt in einem kleinen Boot auf dem Meer. Die Wellen schaukeln euch auf und ab, wie es ja das Leben auch tut, und da ist es einfach nicht möglich, die Stille der Tiefe zu erfahren. Im Normalfall bemerkt man nur die Wellen. So ist das Leben für die meisten von uns überwiegend. Es ist der Trennungszustand, in dem fast alle leben.

Dieser Zustand des Getrenntseins setzt nicht unmittelbar nach unserer Geburt ein. Wir sind Einheit, wenn wir geboren werden, es besteht keinerlei Erfahrung von Zweiheit oder Getrenntheit. Nach einiger Zeit setzt dann das Selbstbewusstsein und damit ein Gefühl von Trennung ein. Sie entstehen zusammen, wir sind da noch sehr klein.

In gewissem Sinne sind Selbstbewusstsein und das Gefühl des Getrenntseins dasselbe. Überlegt mal, was Selbstbewusstsein ist. Es bedeutet, dass ich mir meiner selbst bewusst werde, und von da an sehe ich mich als verschieden und getrennt von Mama, Papa, Bruder, Schwester, von allen und allem in meinem Umfeld.

Wenn die Trennung vollzogen ist, bin ich auf dem Weg in dieses große Abenteuer namens »eine Person sein«. Alle Erwachsenen, all die großen Leute ringsum, tun sich zusammen, um mir in diesem großen Abenteuer des Getrenntseins, an das sie ja ebenfalls glauben, beizustehen. Sie sehen sich selbst als gesonderte Einzelwesen und sehen es als ihre Pflicht an, mich ebenfalls mit allem dafür Notwendigen auszustatten. Sie sind wirklich hilfsbereit, machen mir Geschenke, die sie als wichtig und nützlich ansehen, zum Beispiel Verantwortungsbewusstsein, Pflichtgefühl, Moral, eventuell eine Religion und schließlich ein paar Regeln, mit denen ich es beim Geschäft des Lebens zu etwas bringen kann. Sie sind wie die Feen, die zu Dornröschens Taufe kommen und deren Geschenke nicht alle von der erfreulichen Art sind.

Eine Person zu sein ist eine zweischneidige Sache. Es kann Spaß machen, es kann spannend sein, und es kann richtig wehtun.

Wenn ich erst einmal glaube, ich sei ein Individuum, fühle ich mich von der Welt getrennt und natürlich auch angreifbar und ungeschützt. Sicher bin ich mit einer langen Liste von Anweisungen versehen worden, nach denen ich ein erfolgreiches, wenn nicht gar ein glückliches Individuum werden kann – nur deutet alles darauf hin, dass es niemandem vor mir je gelungen ist.

Jeder weiß, was diese Anweisungen beinhalten. »Bitte sehr, Richard, hier bist du nun, und du bist ein Individuum. Sieh zu, dass du eine Ausbildung bekommst, dann einen Job und eine Beziehung. Anschließend Kinder, und dann schaffst du dir einen dicken Wagen an.« Da wir in Deutschland sind, will ich einen Mercedes haben.

(Zwischenruf:) Wir stehen mehr auf Bentleys.

Ein Bentley! Zieh dir einen Bentley an Land, und du bist wirklich erfolgreich.

Sobald ich ein Individuum bin, habe ich auch mit Unzufriedenheit zu kämpfen, und da ist es natürlich Honig in meinen Ohren, wenn man mir Erfolg in Aussicht stellt.

(Bemerkt Carls ratlose Miene. Wie sich später herausstellt, hat Richard diese klebrige Metapher gerade unwissentlich erfunden und bringt Carl damit in Übersetzungsnöte.) »Honig in meinen Ohren« haut nicht hin?

(Carl ringt noch mit der Materie.) »Honig in meinen Ohren« klingt ein bisschen abwegig. Wir haben den Ausdruck »Musik in meinen Ohren«, aber Honig ist vielleicht auch nett ...

Bleiben wir einfach bei Honig – mir kommt allerdings der Verdacht, dass ich das Bild eben erst erfunden haben könnte.

Eine Person sein, ein Individuum sein, das ist zwangsläufig mit einem Gefühl des Ungenügens verbunden. Wenn ein Gefühl von Getrenntsein aufkommt, ist das hier (deutet mit ausladender Geste das Gewöhnliche und Alltägliche ringsum an) nicht mehr genug. Wenn wir einen Monat alt sind, ist es genug; und wenn die Person wegfällt, ist es plötzlich auch wieder genug.

Das ist es eigentlich schon. Mehr habe ich nicht zu sagen. Wir könnten jetzt auch nach Hause gehen.

Das ist der Kern dessen, worum es bei unserem Treffen geht. Das Wegfallen der Person ist die Rückkehr ins Paradies, weil das hier (wieder die Geste) als vollständig ausreichend gesehen wird. Es wird gesehen, dass in dem hier nichts fehlt, wie könnte es dann etwas anderes als das Paradies sein? Das Trennungsgefühl, zu dem es schon so früh kommt, ist die Vertreibung aus dem Paradies. Das meint der biblische Schöpfungsbericht, und das meinen auch andere Schöpfungsmythen. Das keimende Selbstbewusstsein trennt uns von der Einheit, und dann ist das hier, Dies, nicht mehr genug. Wir brauchen dann Dies und dazu einen Bentley oder Dies und dazu eine bessere Beziehung oder einen besseren Job, mehr Geld, ein größeres Haus. Wir brauchen Dies mit einer Kirsche obendrauf.

Mit dem Wort »Befreiung« meine ich nichts weiter als die Rückkehr ins Paradies, und dazu kommt es, wenn das Gefühl, eine gesonderte Person zu sein, verschwindet. Und bei der Rückkehr ins Paradies fällt auf, dass das hier genug ist. Da muss nichts mehr hinzugefügt werden, es ist bereits das gelobte Land. Das hier ist bereits das, wonach wir alle suchen.

Wirklich, so einfach ist es.

Was machen wir dann hier? Wonach suchen wir hier? Dies (deutet mit der Hand das ganze Zimmer an), dies (zeigt auf die Wand) und dies (umarmt den Raum um sich) ist das gelobte Land. Das hier ist bereits das Faszinierende, die sagenhafte Vollkommenheit, hinter der wir her zu sein glauben. Wenn wir es nicht sehen, dann nur deshalb, weil wir eben danach suchen und weil wir selbst im Weg sind.

Es liegt doch sicher auf der Hand: Solange wir suchen, kann uns nicht auffallen, dass das hier bereits das Gesuchte ist – eben weil wir suchen. Suchen heißt, dass wir anderswo danach Ausschau halten, und wie könnten wir dann sehen, dass es Dies ist?

Seht mal. (Nimmt eine Blume aus der Vase und streicht darüber) Ist sie nicht schön? Was könnten wir dieser Blume durch Suchen hinzufügen? Sie ist so, wie sie ist, vollkommen. Wir sehen die Vollkommenheit nicht, weil wir glauben, dass »ich« eine Person bin, die irgendwie für diese schreckliche Last namens »mein Leben« verantwortlich ist.
Kürzlich habe ich eine E-Mail von einer Frau in Amsterdam bekommen, die mit Begeisterung von ihrem Erkennen der Hoffnungslosigkeit schrieb. Es leuchtet sicher nicht ohne Weiteres ein, wie man von Hoffnungslosigkeit begeistert sein kann, aber ich möchte euch den Gedanken nahebringen, dass Hoffnung eine furchtbare Last ist. Hoffnung und Unzufriedenheit sind die beiden Seiten derselben Medaille. Sie begleiten uns ein Leben lang Hand in Hand. Unzufriedenheit schürt Hoffnung, Hoffnung mündet fast immer in Unzufriedenheit. Diese Frau erzählte, wie sehr das Erkennen der Hoffnungslosigkeit sie erleichterte. Wenn wir zu unserer Hoffnungslosigkeit gefunden haben, kann wirklich viel von dem, was wir durchs Leben schleppen, von uns abfallen (zur Demonstration ein tiefer Seufzer der Erleichterung).

Aber sie kann das nicht selber machen? Sie kann diese Erleichterung nicht selbst herbeiführen?

Nein, das kann sie nicht. Das ist an dieser ganzen Sache so besonders frustrierend.
Viele wollen von mir etwas empfohlen haben, aber ich habe nichts zu empfehlen. Außerdem brauche ich gar nichts zu empfehlen, denn wie ihr wisst, stehen Hunderte von Lehrern und Gurus bereit, die euch nur allzu gern mit Empfehlungen versorgen. Ihr braucht sicher nicht noch einen, der hier sitzt und Empfehlungen gibt.

Aber wenn ich was zu empfehlen hätte, würde ich sagen: Entspannt euch. Nur leider, du hast es selbst gerade gesagt, kann die Person das nicht tun.

(Eine Teilnehmerin äußert sich sehr ausführlich auf Deutsch. Carl fragt sie:) Soll ich versuchen, das zusammenzufassen?

Das ist wirklich eine komische Sache (lacht). Bei meinen Meetings in England habe ich oft das Gefühl, dass ich eigentlich nicht weiß, was los ist. Das Gefühl ist hier noch stärker.

(Carl:) Also, ich versuch's mal. Fast alle Menschen plagen sich mit Angst herum. Wenn du sagst, dass Entspannung empfohlen werden kann, muss man wohl annehmen, dass Entspannung auf dem Weg zur Erlösung eine Hilfe ist. Auch Meditation sollte angstmindernd wirken und uns helfen weiterzugehen, bis wir da sind. (Lachen bei einigen, denen offenbar allmählich aufgeht, wovon Richard spricht.)

Wo? Was für eine Erlösung? Es gibt keine Erlösung. Ich weiß ja nicht, was du unter Erlösung verstehst, aber manche sehen Erlösung als den Bentley der spirituellen Künste.

(Die Teilnehmerin versucht zu erklären, was sie meint:) Wenn ich meditiere, komme ich manchmal in einen Bewusstseinszustand, wo ich mich befreit fühle, und dann meine ich, dass ich einen Geschmack davon bekomme.

Aber Befreiung ist kein Zustand. Sie ist nichts, was »ich« je fühlen könnte. Freiheit, könnten wir auch sagen, ist das, was bleibt, wenn ich nicht mehr da bin. Wir könnten auch sagen, dass alles sowieso immer Freiheit ist, ob ich da bin oder nicht.

Allerdings habe ich auch eine Meditationsgeschichte, eine lange sogar. Meditation kann allerlei wunderbare Erfahrungen mit sich bringen. Ich würde sogar sagen, sie kann für manche Menschen enorm hilfreich sein, wenn es darum geht, psychische und seelische Probleme zu lösen. Für mich als Person war es so.

Ich kenne auch Leute, denen Meditation zuwider ist, sie hatten nie den Eindruck, dass Meditation ihnen etwas bringt. Aber wir mögen meditieren oder nicht und die Erfahrungen mögen tief sein oder nicht, das hat trotzdem alles nichts mit dem zu tun, worum es hier heute Abend geht. Es hat nichts mit dem Verschwinden der Person zu tun. Beim Meditieren kann die Person wegfallen oder eben nicht. Wir können nicht meditieren, und die Person kann trotzdem wegfallen oder auch nicht.

Was wir heute Abend besprechen, hat keinerlei Verbindungen zu all dem, was der Verstand über Ursachen und Wirkungen erzählt, oder zu irgendetwas von dem, was wir so unternehmen. Es geht einzig und allein um das Wegfallen des Gefühls, dass es ein Ich gibt. Das Ich-Gefühl ist von vornherein ein Irrtum und kann sich folglich nicht selbst zum Verschwinden bringen. Ein bloß vorgestelltes Ich kann unmöglich etwas Reales erkennen.

(Lacht plötzlich laut auf) Mir fällt eben auf, dass ich ja nicht weiß, ob Carl auch nur entfernt das wiedergibt, was ich hier sage. (Gelächter) Vielleicht erzählt er was über dialektischen Materialismus.

Dann ist also das, was du Befreiung nennst, im Endeffekt völlig unabhängig von allen Umständen. (Das sagt einer der eher philosophischen jungen Männer.)

Ja, das ist eine gute Formulierung. Ursache und Wirkung greifen hier nicht, aber der Verstand widersetzt sich diesem Gedanken erbittert. Er will ihn nicht und er mag ihn nicht, da er stets darauf aus ist, sich die Dinge zurechtzulegen; schließlich will er uns ja an ein Ziel führen, und da braucht er einfach das Zusammenspiel von Ursache und Wirkung. Keine Frage, dass Ursache und Wirkung in weiten Bereichen des Lebens tatsächlich am Werk zu sein scheinen.

(Derselbe junge Mann:) Wenn die Person wegfällt, fühlt sich das so an wie ein Aufhören der Identifikation mit dem Körper? Trennung kommt doch daher, dass man sich im Körper eingesperrt fühlt.

Das Gefühl, eine Person zu sein, kann völlig wegfallen, und die Identifikation mit dem Körper ebenfalls. Danach setzt aber der Eindruck, eine gesonderte Person zu sein, häufig wieder ein, und dann haben wir eine tief enttäuschte und ziemlich ratlose Person, die nur weiß, dass etwas Grundlegendes passiert ist. Dann möchte man da wieder hin, aber es gibt rein gar nichts, was man unternehmen könnte.

Das vorübergehende Wegfallen der Person wird gern als »Erwachen« bezeichnet.

Später kann es wieder zu so einem Wegfallen und dann zum endgültigen Verschwinden der Person kommen. Auch danach fühlt man sich noch irgendwie in einem Körper, aber dieses Beengte, dieses für die Person typische Gefühl von Gefangensein, ist weg. Das Gefühl, in einem Körper zu sein, kann erhalten bleiben oder nicht, meist bleibt es in gewissem Umfang bestehen. Aber es ist nicht wichtig, es spielt keine Rolle.

Das zweite Verschwinden, nach dem die Person nicht zurückkehrt, wird meist »Befreiung« genannt. Es muss übrigens nicht genau so laufen. Es müssen nicht zwei bestimmte Ereignisse dieser Art sein. Es kann auch ein ganz allmähliches Hineinwachsen in das Sehen der Freiheit sein.

Du benutzt das Wort »Gott« nicht. Wir haben die Metapher von den Wellen und dem Meer und die Bootmetapher. Kannst du über diese Metaphern noch etwas sagen?

Wenn Freiheit gesehen wird, wenn die Person weggefallen ist, werden die Stille und das Schweigen der Tiefe nur zu deutlich. Das Bötchen des täglichen Lebens ist dann noch da und dümpelt mit den Wellen, aber zugleich sind die Stille und das Schweigen des Meeres sehr bewusst.

Das Boot ist noch da, das heißt, das Leben geht weiter. Alles ist in Betrieb, alles Mögliche passiert nach wie vor. Natürlich nur, wenn die Befreiung nicht mit dem Tod des Körpers zusammenfällt.

Warum sind wir aus der Einheit gefallen und haben uns in die Dualität verstrickt? Weshalb müssen wir leiden? Warum müssen wir das alles durchmachen, um dahin zu kommen, wohin wir wollen? (Es ist erkennbar eine wirklich bohrende Frage.)

Dazu muss ich mehrere Antworten geben. Erstens kommen wir nirgendwo hin und machen nichts durch.

Alle Fragen stellt der Verstand, aber Warum-Fragen fesseln ihn ganz besonders. Was passiert, das passiert einfach. Aber ich will doch noch ein bisschen mehr sagen, nur müsst ihr im Blick behalten, dass Warum-Fragen ihre Tücken haben.

Wir könnten sagen, dass das Eine, die Nicht-Dualität, das Nichts oder Nicht-Ding einfach Spaß an all den Sachen hat, die so passieren. In der Tradition des Advaita-Vedanta wird

dafür manchmal das Wort »Lila« verwendet, das wir mit »Spiel« oder »Schauspiel« oder auch »Sport« übersetzen können. Wir lesen gern Romane und sehen uns Theaterstücke oder Filme an, und genauso hat das Eine sein Vergnügen an dieser Unterhaltung. Das Eine ist verspielt. Das hier ist seine kosmische Kurzweil, das Spiel der Einheit.
Ich bin auf deine Frage nach dem Leiden nicht eingegangen. Möchtest du darauf zurückkommen? Formuliere die Frage noch einmal, wenn du möchtest.

(Lächelnd) Nein, das brauchen wir nicht.

(Lächelnd, vielleicht auch erleichtert, dass nicht über das Leiden geredet werden muss) Gut, dann lassen wir das mit dem Leiden erst einmal weg.

(Andere sind damit gar nicht einverstanden. Es ist ja auch ein Thema, das einiges hergibt. Jedenfalls heißt es jetzt:) Nein, wir müssen das ansprechen. Wir wissen nicht, was das für ein Gott ist, der das hier erträumt hat, aber Lila muss doch wohl ein sehr perverses Spiel sein ...

Schon, ja.

... und der Gott, der es spielt, kann doch auch nicht ganz normal sein.

Also, ich habe Gott nicht ins Spiel gebracht.

Na ja, Gott, ich meine Bewusstsein, irgendeine Macht, die das hier spielt.

Eine Macht, die dieses Spiel spielt – das ist eine ziemlich dualistische Frage, oder? Was für eine Macht denn? Du spielst dieses Spiel. Dir muss man das alles anlasten. Aber vielleicht möchtest du das Thema »Leiden« ganz direkt ansprechen.

(Man berät sich und kommt zu dem Schluss, das Thema direkt anzugehen.)

Es führt sowieso zu nichts. Hat es noch nie. Aber versuchen wir es ruhig, auch wenn uns der Misserfolg sicher ist. (Mit leicht ironischem Unterton:) Seit Jahrtausenden sucht der Mensch zu ergründen, ob es für seine Leiden einen Grund gibt oder nicht. Glaubt ihr wirklich, wir können all dem tiefen Denken heute Abend noch etwas hinzufügen?

Aber es ist natürlich wie bei so vielen anderen Dingen, der Verstand findet es völlig normal, Fragen über das Leiden zu stellen. Wie ich in diesem Buch hier schreibe, ein sehr empfehlenswertes Buch übrigens (hält zu allgemeinen Erheiterung sein eigenes Buch hoch), sind die vielen Fragen zum Thema »Leiden« im Grunde nur drei Fragen. Vielleicht sollte ich sagen, dass zumindest mir keine weitere einfällt. Aber vielleicht ist dies ja der Tag, an dem jemand auf eine vierte Frage kommt.

(Jemand wird ungeduldig, wohl in dem Verdacht, dass Richard um den heißen Brei herumredet:) Was sind denn nun diese drei Fragen?

(Der Ungeduld mit einem spitzbübischen Grinsen standhaltend:) Vielleicht nenne ich sie, vielleicht auch nicht. Aber sie sind eigentlich sehr naheliegend. Ihr alle kennt sie, und der Verstand weiß auch sehr naheliegende Antworten.

Die erste Frage lautet: »Was kann ich gegen mein eigenes Leid unternehmen?« Wir haben schon ein paar Dinge angesprochen, die man tun kann, um Leiden zu lindern. Zum Beispiel haben wir über Meditation gesprochen. Keine Frage, es gibt eine Menge, was wir unternehmen können, um weniger zu leiden – wenn es denn das ist, worauf wir aus sind. Natürlich kommen wir damit nicht an die Grundursache unserer Leiden heran, und die ist ja das Gefühl, ein Ich zu sein.

Wir können meditieren, wir können uns Psychotherapie genehmigen, wir können uns mehr bewegen, wir können in unserer Ernährungsweise ein bisschen aufräumen.

(Plötzliches aufgeregtes Stimmengewirr. Carl fragt Richard:) Meinst du zu Hause aufräumen? Was hat das mit Ernährung zu tun?

Mit Ernährungsweise aufräumen meine ich: sich gesünder ernähren. Nichts von wegen Staubsaugen. (Johlendes Gelächter ringsum)

Man muss keinen Hochschulabschluss haben, um sich zu überlegen, was man tun kann, um das Leben etwas behaglicher zu machen und weniger zu leiden. Man kann doch nur staunen, wie viele Regale in wie vielen Buchläden unter all diesen Tonnen von Selbsthilfebüchern ächzen. Hier könnte doch sicher jeder sein eigenes Selbsthilfebuch schreiben. Wendet euch an meinen Verleger (deutet auf Carl). Er wird sie bestimmt für euch auf den Mark werfen. (Allgemeine Heiterkeit) Wenn das hier eine etwas andere Veranstaltung wäre, hätte jeder Stift und Papier dabei, und ich wette, wir könnten in ein paar Minuten ein Selbsthilfebuch auf die Beine stellen, das mit allen anderen mithalten kann, sogar mit Rennern wie *The Secret*.

Was könnte in unserem Buch nicht alles drinstehen! (Es folgt eine augenzwinkernde Aufstellung:) Tu etwas Selbstloses. Sei nett zu den Leuten. (Einige lachen.) Engagiere dich für irgendetwas, das gibt deinem Leben Sinn. Halte dich öfter irgendwo im Grünen auf – womit ich nicht meine, dass du dein Bad grün anstreichen sollst. (Anhaltendes Lachen) Wir wissen das alles intuitiv, und durch die Fortschritte der Neurowissenschaft ist es inzwischen auch wissenschaftlich belegt. »Wenn du dich besser fühlen möchtest, dann mach einen Spaziergang im Park« – das ist keineswegs abstrakt oder Wischiwaschi oder rosa Zuckerwatte. Wir wissen heute, dass durch den Spaziergang im Park andere Enzyme produziert werden, Endorphine werden ausgeschüttet, und die Hirnstromkurven wechseln zu einem gesünderen Muster.

Damit haben wir aber erst eine unserer drei Fragen abgearbeitet: »Was kann ich gegen mein eigenes Leid unternehmen?« Zwei haben wir noch vor uns.

(Jemand ist offenbar unsicher, wie ernst das zu nehmen ist:) Du meinst das irgendwie schon ernst, aber irgendwie auch unernst, stimmt das?

Was meine ich ernst?

Was du eben erzählt hast, was man tun kann, im Park spazieren gehen und so.

Doch, das meine ich ernst. Probiert es auch. Oder legt euch ein Haustier zu, da ist die Wirkung ganz ähnlich. Es wirkt sich nachweislich auf die Hirnstrommuster aus. Warum leben denn Leute, die Haustiere haben, im Durchschnitt länger? Ein anderes Lebewesen zu versorgen, das tut *dir* gut.

Außerdem: Katzen beruhigen und Hunde sorgen für Bewegung.

Unsere zweite Frage zum Thema »Leiden« lautet: »Wie kann ich die Leiden anderer lindern?« Ich gebe euch diesmal nicht einmal eine Hauptvorschlagsliste, weil es ja alles so offensichtlich ist. Wer die Leiden anderen lindern möchte, kann wirklich eine ganze Menge tun. Es sind sehr einfache Sachen dabei, mit denen ihr gleich heute Abend anfangen könntet.

Unsere dritte Frage, und hier wird es jetzt richtig verzwickt, lautet: »Worin liegt der Sinn des Leidens?« Keine andere Frage gibt mehr Anlass zum Verfassen philosophischer und religiöser Werke. Wenn der Verstand das für eine vernünftige und sinnvolle Frage hält und auf einer befriedigenden Antwort besteht, was liegt dann näher, als eine Religion oder eine der vielen spirituellem Storys zu wählen? Man hat hier wirklich die große Auswahl, wenn ich auch glaube, dass sie unter ihrer scheinbaren Vielschichtigkeit eigentlich alle sehr einfach sind.

Religionen und spirituelle Traditionen liefern im Grunde nur zwei Antworten auf die Frage nach dem Sinn des Leidens. Die eine lautet, dass Gottes Wege unergründlich sind und wir seine Motive nicht kennen können. Man fragt besser gar nicht erst nach den Motiven. An solche Deutungen schließt sich oft auch noch der Gedanke an, dass es uns aus irgendeinem Grund gut tut zu leiden.

Zur zweiten Deutung des Leidens gehört die Karma-Story. Hier steht im Zentrum der Gedanke, dass wir selbst die Ursache unserer Leiden sind, die uns als eine Art Vergeltung ereilen oder eine Lernerfahrung darstellen.

Je nach Temperament werden wir einer dieser beiden Deutungen, einer dieser uralten Geschichten zuneigen. Und ich versuche euch heute Abend nahezulegen, dass es möglich sein könnte zu erkennen, dass es sich einfach um Geschichten handelt.

Hier sitzen wir. Das hier ist es. Das ist bekannt (klopft auf den Tisch), das ist bekannt (berührt die Wand). Das hier ist auch bekannt (nimmt wieder die Blume). Alles Übrige ist reine Spekulation.

(Zwischenruf:) Nicht so viel mit der Blume fummeln! Sie ist empfindlich.

Und das ist auch bekannt (stellt die Blume in die Vase zurück).
Geschichten über Karma sind genau das, Geschichten, die wir uns in dem hier, im gegenwärtig Gegebenen, erzählen. Manchmal befriedigen solche Geschichten unseren Verstand. Aber bei dem, was ich hier erzähle, spielt es überhaupt keine Rolle, was der Kopf dazu sagt. Das hier, Dies, wird dem Verstand nie genügen. Wie sollte er auch mit nichts zufrieden sein? Euch ist vielleicht schon so manches Mal aufgefallen, dass der Verstand immer gewinnt, wenn es zwischen ihm und nichts zum Disput kommt.

Ich habe vorhin gesagt, dass ich früher eine Menge gewusst habe und jetzt viel weniger weiß und hoffentlich irgendwann gar nichts mehr weiß. (Pause wie in tiefen Gedanken) Es ist halb scherzhaft, aber zugleich auch ernst gemeint.

(Mit besonderer Betonung:) Storys mit Titeln wie »Ich leide wegen meines Karmas« oder wesentlich besser »Mein Feind wird wegen seines Karmas zu leiden haben« (bleibt im Gelächter der Zuhörer ernst) oder »Gott schickt mir Leiden, um mich zu prüfen« – das sind Proben dessen, was wir zu wissen glauben. Aber wenn die Person wegfällt, nimmt sie sämtliche Storys mit und setzt nichts anderes an ihre Stelle. Dann ist da, wo die Storys waren, Leere.

(Augenzwinkernd:) Befreiung ist die Hölle. Man hat nichts davon. Sie nimmt einem nur diese Storys weg. Sie hinterlässt Freiheit, aber man könnte auch sagen Hölle. Jedenfalls herrscht totale Anarchie, wenn alle Storys verschwinden. (Süffisant:) Befreiung ist Anarchie in Reinkultur.

(Jemand hält eine Zeitschrift hoch:) Ich habe hier einen Artikel, von dir geschrieben.

Das Foto kommt mir bekannt vor. Was schreibe ich da? Hilf mir auf die Sprünge.

Nicht-Dualität, sagst du da, ist nichts anderes als das Göttliche.

Wie schön, dass ich das gesagt habe, denn natürlich, es gibt nichts anderes als das Göttliche. Alles ist gleich göttlich. Wenn alle Storys wegfallen, wie könnte dann irgendetwas göttlicher sein als irgendetwas anderes?

Wie könnte etwas göttlicher oder weniger göttlich sein als dieses Glas Wasser? Wie könnte etwas spiritueller oder weniger spirituell sein als irgendetwas sonst? Göttlich – weniger göttlich. Spirituell – weniger spirituell. Das ist Dualität. Das ist das Trennen. Es trennt in göttlich und nichtgöttlich, spirituell und nichtspirituell. Solche Begriffe können überhaupt nur in der Welt der Dualität etwas bedeuten.

(Provozierend:) In der Freiheit herrscht komplette Anarchie. Alle Glaubenssätze und Überzeugungen, *alle* Glaubenssätze, gleich ob spirituell oder nichtspirituell, werden hier zum Unsinn. »Ich sitze auf dem Meditationskissen, also bin ich spirituell.« »Ich sitze in der Kneipe, also bin ich nichtspirituell.« (Sehr engagiert und erstaunlich vehement für seine Verhältnisse:) Was für ein Blödsinn! (Aber das Folgende macht ihm sichtlich Spaß.) Es ist das Eine bei der Meditation. Es ist das Eine beim Biertrinken.

(Wieder ganz ernst:) Davon ist nichts ausgeschlossen. Sobald ihr etwas ausschließt, habt ihr Dualität. Dann habt ihr hier Einheit und da drüben etwas, das davon ausgeschlossen ist. (Wie gottergeben, dabei aber ganz gelöst:) Der Verstand kann sich keinen Reim darauf machen. Es wird immer etwas geben, was er nicht mag. Und wenn es nach ihm ginge, müsste das, was ihm nicht schmeckt, vom Einen ausgeschlossen bleiben.

Gehören demnach alle Storys, in die wir uns verwickeln, ebenfalls zu Einheit?

Ja, natürlich.

Ich versuche oft, aus der Geschichte auszusteigen oder eine bessere zu finden. Oder ich versuche eine bessere Story zu »manifestieren«, wie es in Bücher wie The Secret *oder* Bestellungen beim Universum *empfohlen wird.*

(Bleibt im allgemeinen Gelächter ernst) Dahin tendiert die Person ständig, weil sie ja, wie gesagt, mit dem hier nicht zufrieden ist. Ich will aber darauf hinaus, dass hier gar nichts geändert werden muss, denn wenn die Person nicht da ist, wird das hier als vollkommen gesehen. Woher sollte da ein Impuls kommen, die Nummer des kosmischen Bestellservice zu wählen?

Womit ich nicht klarkomme, ist dies: Wenn die Autoren dieser Bücher sagen, dass man bestellen muss, was man sich wünscht, dass man es manifestieren muss, dann muss das doch auch zum Einen gehören.

Aber ja. Es ist das Eine, das sich als Wahn von dieser oder jener Größenordnung äußert. Wahn ist genauso göttlich wie alles andere.

Wir sind alle erleuchtet, wir wissen es bloß nicht?

Ich würde nicht sagen, dass wir erleuchtet sind. Ich würde sagen, niemand ist erleuchtet. Eine erleuchtete Person, das gibt es nicht. Befreiung wird erst gesehen, wenn die Person nicht da ist.

Freiheit sehen, das ist völlig unpersönlich. Freiheit mag hier (deutet auf sich) gesehen werden, aber das hat nichts mit mir zu tun.

Wir bringen das Sehen der Freiheit gern mit der Person in Verbindung, die davon spricht. Dann suchen wir nach etwas Besonderem an dieser Person und sind natürlich irgendwann enttäuscht. Wenn wir meinen, Befreiung habe etwas mit der Person zu tun, die davon berichtet, werden wir zwangsläufig enttäuscht sein, sobald wir merken, dass es ein ganz normaler Mensch wie jeder andere ist.

(Ein Teilnehmer lässt nicht locker:) Aber du hast dreißig Jahre meditiert, und dann kamen zwei Ereignisse, und alles war anders ...

Deshalb meinst du, es muss da Ursachen und Wirkungen geben. Aber diese dreißig Jahre Meditation sind nichts weiter als ein Gedanke. (Langsam und mit Nachdruck:) Es ist nur ein Gedanke. Das hier ist es. Dies ist das Ganze, und darin findet sich auch der Gedanke, dass dreißig Jahre Meditation stattgefunden haben.

Wenn du der Idee eines möglichen Zusammenhangs zwischen Meditation und Befreiung nachgehen möchtest, gibt es da ein paar Erhebungen zu dem, was die Leute vor dem Sehen der Befreiung gemacht haben. Und nichts deutet auf einen Kausalzusammenhang zwischen irgendwelchen bestimmten Aktivitäten und dem Sehen der Befreiung hin.

Es gibt ein Buch mit dem Titel *Cosmic Conscious Revisited*, das ein paar interessante Untersuchungen dokumentiert. Offenbar gibt es nichts, was zum Sehen der Freiheit verhilft, da magst du meditieren oder bei Sonnenaufgang in ehrfürchtigem Staunen auf einem Hügel stehen.

Was steht denn in dem Buch?

Es gibt ein Kapitel zu der Frage, was Leute gemacht hatten, bevor Befreiung gesehen wurde, und wie gesagt, es ist nicht zu erkennen, dass Meditation, Hügelstehen oder andere Dinge in der Biografie etwas mit dem Sehen der Befreiung zu tun haben.

Allerdings, wenn vorher meditiert wurde, könnte es sein, dass anschließend eine größere Neigung besteht, über Befreiung zu sprechen.

Also, bei Leuten, die darüber reden, besteht eine gewisse Wahrscheinlichkeit, dass sie meditiert oder etwas Vergleichbares gemacht haben. Wir wissen aber nicht, wie verbreitet dieses Sehen heute ist oder in der Vergangenheit war. Über lange Strecken der Geschichte hat man lieber nicht davon geredet, weil das leicht zu einem unerfreulichen vorzeitigen Ende führte.

Befreiung unterläuft und negiert die Macht und Stellung jeder Priesterschaft und ist deshalb bei den Religionen nicht gerade gern gesehen. Das Wissen darum wurde vielfach gewaltsam unterdrückt. Wer in früheren Zeiten nicht den Mund hielt, dem blühte die Anklage der Ketzerei und dann der Scheiterhaufen. Wir wissen von Leuten, die nicht geschwiegen haben und von der Priesterschaft ihrer Zeit verbrannt wurden.

(Hier fragt jetzt die verstört und verärgert wirkende Teilnehmerin mit besonderem Nachdruck:) Ist dein Bewusstsein kosmisches Bewusstsein?

(Bricht in lautes Gelächter aus) Nein, ist es nicht. Ich habe kein Bewusstsein. Du hast kein Bewusstsein. Da ist nur Bewusstsein.

Dann will ich meine Frage abändern. Was ist kosmisches Bewusstsein.

Da musst du schon den Autor selbst fragen. In meinem Buch steht der Ausdruck nicht. Ich gebe ihn nur wieder.

(Sie runzelt die Stirn, vielleicht weil nicht gleich eine für sie befriedigende Antwort kommt, und fährt sehr emotional, beinahe heftig fort:) Aber du hast ihn noch selbst gebraucht ...

Ja, aber nur als Zitat, um von diesen Untersuchungen zu berichten. Ich selbst verwende den Ausdruck »kosmisches Bewusstsein« nicht, aber wir können sagen, dass es nur Bewusstsein gibt. Das hier (Rundum-Geste) ist Bewusstsein. Dies ist das Licht des Bewusstseins. All das hier kann sich nur im Bewusstsein abspielen. Nur aufgrund des Bewusstseins

kann es sich überhaupt zeigen. Das hier ist Bewusstsein, das sich als rotes Hemd zeigt, als Blume ... (Carl deutet auf das Glas Wasser auf dem Tisch.) ... ah, einer, der versteht. (Gelächter)
In dem Buch *Ich Bin* sagt Nisargadatta Maharaj, dass Dies das Wunder ist, das hier. Ihr wartet auf ein Wunder, aber ist es nicht erkennbar, dass das Wunder bereits geschehen ist? Die Explosion ins Bewusstsein, das ist das Wunder. Anthony Stevens, ein Psychologe der Jung-Richtung, hat gesagt: Nicht *warum* die Dinge sind, ist das große Mysterium, sondern *dass* sie sind. (Hebt die Stimme noch ein wenig:) Dies ist Bewusstsein.

(Jemand wirft ein:) Was wedelst du so mit den Händen? (Gelächter)

(Stutzt und lacht dann ebenfalls laut auf) Ja, richtig, ich wedele hier mehr mit den Händen als zu Hause, wo alle die gleiche Sprache sprechen. Vielleicht bilde ich mir ein, es hilft beim Übersetzen.
Also, *ich* habe kein kosmisches Bewusstsein. *Du* hast kein kosmisches Bewusstsein. Dies *ist* Bewusstsein. Dies ist Bewusstsein, das Fragen stellt und Fragen beantwortet. Dies ist Bewusstsein, das herumfuchtelt. (Schmunzelnde Zustimmung bei etlichen, heftige kopfschüttelnde Ablehnung seitens der aufgebrachten Teilnehmerin)

Wir denken immer, dass Befreiung etwas Besonderes sein muss, aber sie ist nichts Besonderes.

Ja, sie ist der ganz gewöhnliche Seinszustand.

Jeder sieht sie als etwas Besonderes. Jeder ist darauf aus, aber sie ist nichts weiter, als im Augenblick zu sein, die Dinge zu nehmen, wie sie sind – einfach lächelnd zu sehen, dass jeder sie schon irgendwie hat. Machen wir es uns doch einfach lächelnd bequem, lassen wir sie ihren Lauf nehmen und schlagen uns den Gedanken aus dem Kopf, sie müsse etwas Besonderes sein. (Das sagt die warmherzige Inhaberin des Ladens.)

Befreiung ist einfach Rückkehr zum Naturzustand. Die Vorstellung, es gebe so etwas wie persönliche Erleuchtung, ist einfach der Schatz der Schätze am Ende des spirituellen Regenbogens, wie der Bentley vielleicht der Schatz der Schätze am Ende des materialistischen Regenbogens ist. Eigentlich besteht da kein Unterschied; holt euch ruhig den Bentley.

Mich macht der Gedanke sprachlos, dass man überhaupt nichts tun kann! Es hat aber auch etwas Entspannendes.

Gut. Wunderbar.

Wenn die Person weggefallen ist, was ist dann mit Krankheit?

Körperliche Krankheit? Was soll damit sein?

Spielt das dann keine Rolle mehr?

Keine Rolle in welchem Sinne?

Verschwindet das Kranksein?

Weshalb sollte es verschwinden?

Wenn Befreiung mit dem Tod des Körpers zusammenfällt, beispielsweise wenn du unter den Bus kommst, dann gibt es keine körperliche Krankheit mehr. Ansonsten besteht ja dieser psychophysische Organismus. Das Körper-Geist-System geht weiter.

Was geschieht, geschieht. Kranksein kommt vor. Gefühle gehen weiter. Gefühle jeder Art können auftreten. Gefühle können sogar stärker werden, weil ihnen keine Person mehr im Weg steht.

Alles geht weiter wie zuvor. Es ist nur keine Person mehr da, die sich daran zu schaffen macht, um es irgendwie zu verbessern. Es passiert einfach.

Und Gedanken gehen auch einfach weiter?

Ja, warum denn nicht?

Dann ändert sich eigentlich gar nichts?

Es gibt keine zwangsläufigen Folgeerscheinungen. Aber gewisse Tendenzen lassen sich beobachten. Zum Beispiel kann es sein, dass bei den Gedanken etwas mehr Ruhe einkehrt. Allerdings könnten wir dazu sagen: »Na und?« Freilich, auf dem spirituellen Pfad neigen wir dazu, Gedanken zum Problem zu erklären. Im Extremfall wird dann von manchen Lehrern verkündet: »Das Denken ist eine Krankheit.« Aber Gedanken sind keine Krankheit. Gedanken sind das Eine beim Denken.

Natürlich können Gedanken manchmal verstörend sein. Dann ist es nur vernünftig, etwas zu unternehmen, was unsere Gedanken weniger verstörend macht. Seht euch nach Psychotherapie um. Meditiert. Geht im Park spazieren. Legt euch eine Katze zu.

Und dass man die Welt als Möglichkeit der Isolation benutzt, das hört dann auf?

Ich verstehe deine Frage nicht.

Dass man die äußere Welt als Weg in die Getrenntheit benutzt, hört das auf?

In der Befreiung besteht die Möglichkeit, von dem, was ist, getrennt zu sein, nicht mehr. Andererseits kann alles, was vor der Befreiung war – »vor und nach der Befreiung« ist eigentlich kein guter Ausdruck –, auch nach der Befreiung sein. Das hängt davon ab, wie der individuelle Körper-Geist-Organismus gebaut ist.

Das ist seltsam, es klingt paradox.

Ja, alles ist hier paradox.

(An dieser Stelle schaltet sich Carl ein:) Können wir hier unterbrechen und den Abend beenden? Vielen Dank, Richard.

☙☙☙

Wir verabschiedeten uns von der Gruppe, verließen den Buchladen und suchten uns auf der Querstraße ein Taxi, das uns zum Hotel brachte. Bevor wir unsere Zimmer aufsuchten, machte mich Carl noch mit dem berühmten Bier Kölns bekannt, dem Kölsch, ließ allerdings nicht unerwähnt, dass ich erst wissen würde, was deutsches Bier ist, wenn ich in seiner Heimatstadt München gebrautes Weißbier probiert hätte. Mir dämmerte, dass Carl wohl so etwas wie ein Gourmet ist, und es rührte sich eine gewisse Vorfreude auf eine Folge gastronomischer Höhepunkte während meiner Zeit in Deutschland. Wir waren beide der Ansicht, der Abend sei gut gelaufen, und auch das kleine Aufnahmegerät gab über den eingebauten Wiedergabelautsprecher quäkend zu erkennen, dass es von den Gesprächen etwas mitbekommen hatte.

Am nächsten Morgen bestellten wir nach dem Frühstück wieder eines der allgegenwärtigen cremefarbenen Mercedes-Taxis und fuhren zum Buchladen. Wie viele Leute mochten wohl zu einem ganztägigen Meeting kommen? Wir richteten den Tisch wieder mit Recorder, Blumenvase, Wasserkrug und Gläsern her und harrten der Dinge, die da kommen sollten.

Samstagvormittag

Eine kleine Gruppe versammelte sich im Hinterzimmer des Buchladens. Manche waren am Vorabend schon da gewesen, andere kamen zum ersten Mal. Die verstört wirkende Zuhörerin war da, deutlich wahrnehmbar, sie seufzte laut und sprach in großer Anspannung mit ihren Nachbarn, offenbar erzählte sie von ihren Problemen. Es war klar, dass ein großer Kummer sie bedrückte und sie tief verärgert war. Kein Zweifel, sie suchte Linderung und Heilung und versprach sich von diesem Tag irgendeinen therapeutischen Nutzen. Da die Gruppe so klein blieb, war ihr Zuwendungsbedürfnis wirklich raumfüllend. Das ist immer das Dilemma bei Gesprächen über Nicht-Dualität: Man kann noch so oft versichern, dass kein Nutzen davon zu erwarten ist, trotzdem, und das ist ganz natürlich, kommen die Leute genau deshalb. Sie versprechen sich etwas davon. So kommen denn manche mit Hoffnungen und sind verzweifelt, wenn sie wieder gehen. Doch so widersinnig es klingen mag, der Absturz von der Hoffnung in die Verzweiflung kann ein Segen sein. In einem Drehbuch von Michael Frayn sagt die Hauptfigur: »Die Verzweiflung ist es nicht. Verzweiflung halte ich aus. Was ich nicht aushalte, ist Hoffnung.«

Dieses Samstagtreffen in Köln und, wie sich dann zeigte, auch das nächste in Essen waren viel kleiner als die weiteren Abende in anderen Städten. In München stieg die Teilnehmerzahl deutlich an, aber bis dahin wussten wir nicht, ob die Zusammenkünfte eher familiär bleiben würden und eigentlich in etwas größeren Wohnzimmern stattfinden könnten. Sehr kleine Gruppen können etwas anheimelnd Persönliches haben, aber es besteht da auch immer die Möglichkeit, dass Einzelne das Treffen zu einer Art Therapiegruppe für sich umzufunktionieren versuchen, und dann kann es schnell etwas stickig werden. Bei den ganztägigen Treffen in Köln und Essen war jeweils eine Person dabei, die zumindest einen Teil der Zeit für persönliche Therapie in Anspruch zu nehmen versuchte.

Carl erwähnte, wie köstlich absurd es doch sei, dass jemand aus England anreist, um in einer deutschen Großstadt in einem Hinterzimmer zu sitzen und vor einer Gruppe, die nicht viel größer als eine Durchschnittsfamilie war, über nichts zu sprechen.

Am Ende dieses Tages zeigte sich die ganze Großzügigkeit der Inhaberin des Esoterikladens, die ihre Räumlichkeiten zur Verfügung gestellt hatte. Erstens wollte sie dafür kein

Geld haben, doch darüber hinaus bezahlte sie auch noch die Teilnahmegebühr für das von ihr selbst ausgerichtete Treffen.

☙☙☙

Wenn wir eine Veranstaltung wie diese besuchen, denken wir gern, dass es da um Philosophie gehen wird, vielleicht sogar um spirituelle Philosophie. Es kann zwar sein, dass es heute Abend auch philosophisch zugehen wird, aber es geht bei dem, was wir besprechen, nicht um Philosophie, und es ist auch selbst keine Philosophie.

Es handelt sich um eine Beschreibung, besser oder klarer kann ich es nicht ausdrücken. Wir leben in einem Zustand der Trennung, und ich kann euch lediglich einfach schildern, wie es ist, wenn dieser Zustand der Trennung endet. Diese Beschreibung wird für den Verstand möglicherweise paradox oder rätselhaft klingen, also sage ich vielleicht lieber gleich, dass der Verstand hier grundsätzlich nichts auszurichten vermag.

Im günstigsten Fall kommt es bei einem Treffen wie diesem zu einer Resonanz mit dem, was mitgeteilt wird. Was hier dargestellt wird, sagt euch entweder etwas oder es sagt euch nichts. So einfach ist das. Was dieses Individuum hier angeht (deutet auf sich und lächelt), für diesen Körper-Geist-Organismus, wie man auch sagen könnte, bestand sechsundfünfzig Jahre lang keine Resonanz mit dem hier Gesagten – und dann plötzlich doch. Dem Verstand ist das unerklärlich; allerdings sucht er trotzdem nach Erklärungen, er kann nicht anders.

Der Verstand wird immer seinen eigenen Kram machen, nämlich nach Erklärungen suchen, nach Gründen. Was diesen Fall hier angeht (deutet wider auf sich), glaube ich, kann man am ehesten sagen, dass plötzlich eine Resonanz mit dem da war, was unter Nicht-Dualität verstanden wird. Später kam dann ein Sehen von dem hier, das Sehen der Befreiung. Erst kam die Resonanz, dann das Sehen.

Ich benutze zeitliche Begriffe wie »erst« und »dann«, weil der Verstand in der Zeit lebt und man es ihm nur mit solchen Wörtern beschreiben kann. Da Zeit aber einfach eine Konstruktion des Denkens ist, kann alles, was ich euch gerade erzählt habe, nur eine Story sein, die dem Verstand einleuchtet. Wir haben also sechsundfünfzig Jahre ohne Resonanz, dann Resonanz und dann ein Sehen – Zeit, Zeit, Zeit. Es ist nur eine Geschichte, weiter nichts.

Wir könnten sagen, dass nichts von all dem je passiert ist, denn solange sich der Verstand nicht einmischt, gibt es nur das Sehen, dass Dies alles ist. Dies (Gebärde, die den ganzen Raum umfasst) ist alles, und es gibt sonst nichts. Der Verstand möchte das erfassen, aber er kann es nicht. Unser Treffen hier ist als Ganztagesveranstaltung angesetzt, aber eigentlich ist nichts weiter zu sagen als: »Dies ist es, und es gibt nur Dies und sonst nichts. Macht's gut.« (Lachen) Aber es lässt sich natürlich auf vielerlei Weise sagen, und das werden wir wohl auch tun.

Was ich hier sage, mag euch erschreckend klar erscheinen oder dunkel bleiben, jedenfalls fällt alles schlicht und einfach weg, wenn Dies gesehen wird und zugleich gesehen wird, dass es alles ist. Alles wird bedeutungslos. Wir sind zwar hier, um Fragen zu stellen und zu beantworten, aber die Fragen, die der Verstand stellt, werden gegenstandslos, wenn gesehen wird, dass Dies vollständig ist. Es ist genug. Es ist ausreichend.

Für alle, die hinter Geheimnissen her sind: Das hier ist das Geheimnis.

Wir alle sind ja auf diese oder jene Art einem Geheimnis auf der Spur. Wir möchten es ergründen, damit das Ungenügen aus unserem Leben verschwindet, und unsere Suche nimmt alle nur erdenklichen Formen an. Aber das hier (hält das Glas Wasser hoch und trinkt langsam) *ist* das Geheimnis. Ich lehre nicht die Wassererdiät. (Großes Hallo über den Gedanken der Erleuchtung durch Wasserfasten) Das Geheimnis kann genauso in dieser Duftkerze oder dieser kleinen Buddhastatue liegen (hält erst das eine, dann das andere hoch).

(Zwischenruf:) Sollen wir die Kerze essen? (Wieder großes Hallo)

(Betont ernst:) Ich empfehle keine besondere Ernährungsform.

(Jemand möchte jetzt doch ernsthaft zu den anstehenden philosophischen Fragen kommen:) Der Verstand ist eindeutig nicht in der Lage zu verstehen, was du da erzählst. Und wie du schon gesagt hast, können wir dem, was du meinst, nur über eine Art Resonanz näherkommen. Jetzt sitze ich da und frage mich: »Wozu ist der Verstand dann überhaupt gut?«

Innerhalb der Story, innerhalb des Traums, den wir für Realität halten, ist der Verstand durchaus in vieler Hinsicht sehr nützlich.

Es ist ja nicht zu übersehen, dass unser Verstand so mancherlei kann. Da darf es uns nicht wundern, dass er sich einbildet, er werde auch Dies irgendwann verstehen. Das stimmt insofern, als der Verstand alle möglichen *Vorstellungen* von dem hier verstehen kann. Aber Vorstellungen verstehen, davon haben wir hier überhaupt nichts. Befreiung kann gesehen werden, ohne dass sie verstanden wurde, oder sie wird verstanden, ohne dass sie gesehen wird. Letzteres ist eine ganz dumme Sache weil es häufig zum Verfassen dicker und komplizierter Bücher darüber führt. Es kann auch zu sehr verwickelten Aufgabestellungen führen, denn wenn der Verstand sich einbildet, er habe verstanden, denkt er gleich, er könne es anderen auch verständlich machen.

Dann ist plötzlich eine lange Liste spiritueller Leistungen zu erbringen, und diese Liste unterscheidet sich in keiner Weise von den Listen, die uns wohlmeinende Menschen von Kindesbeinen an zukommen lassen, damit wir eine Chance haben, unser Leben auf die Reihe zu bekommen.

Schon sehr früh fängt das an, dass wir eingeimpft bekommen, wir seien ein Individuum mit einem Leben, das man in die richtigen Bahnen lenken kann, und dann zählt man uns all das auf, was dazu erforderlich ist. Wenn wir keine ausgesprochen ungewöhnlichen Eltern haben, sind unsere ersten Aufgabenlisten wahrscheinlich nicht spiritueller Natur. Es geht darin eher um Schule, Hausaufgaben, Prüfungen, Studium, wie man einen guten Job an Land zieht, wie man die richtige Beziehung findet und wie dann die Kinder großzuziehen sind. Bei etwas anderen Eltern werden wir vielleicht eher lernen, wie man Banktresore knackt oder Drogen in größeren Mengen aus Kolumbien importiert. Es spielt keine wesentliche Rolle, was genau auf den Listen steht, weil es letztlich doch immer das gleiche ist: »Man hat dir etwas namens ›dein Leben‹ geschenkt, und du bist jetzt ein Individuum. Deine Pflicht ist es, ein funktionierendes Leben daraus zu machen.«

Wir klammern uns zäh an diese Vorstellung, wir könnten unser Leben in Gang bringen, auch wenn alles dafür spricht, dass niemand es je geschafft hat. Niemandem ist es je gelungen, das mit dem Personsein verbundene Gefühl des Ungenügens zu beenden. Manche scheinen dem recht nah zu kommen, und manche erleben Zeiten, in denen das Leben ganz gut läuft. Aber niemand, keine Person, hat dieses Ungenügen je ganz hinter sich gelassen.

Dafür gibt es einen simplen Grund. Im Kern unseres Ungenügens liegt dieses Gefühl – oder besser dieses Erleben –, dass ich eine gesonderte Person bin. Und erst wenn dieses Empfinden von Getrenntsein wegfällt, kann auch das Ungenügen enden.

Wir haben vielleicht unser Leben lang das Gefühl, in einem Gefängnis zu sitzen. Dann stellt sich heraus, dass dieses Gefängnis, in dem wir uns sitzen sehen, aus nichts weiter als dem Glauben besteht, wir seien eine Person. Es gab nie ein Gefängnis, außer eben in der Gestalt unseres Wahns von Getrenntsein, unseres Glaubens, wir seien ein Individuum.

Natürlich kann jemand, der sich als Gefangener fühlt, das nicht sehen. Aber sollte das Gefühl von Trennung irgendwann verschwinden, wird man uns ausrufen hören: »Mein Gott, es gab gar kein Gefängnis! Es gab gar keine erdrückenden Mauern und Gitter!«

Wir können auch sagen, dass wir unser Leben lang das Paradies suchen. Dann fällt vielleicht plötzlich auf, dass das hier schon das Paradies ist – und dass wir es nie verlassen haben. Wir suchen immer nach dem, was schon der Fall ist. Kein Wunder, dass wir es nicht finden!

Noch eine weitere Metapher wird gern gebraucht, um den Umstand zu umschreiben, dass Dies nicht zu sehen ist, bis es offenbar wird: Nach Befreiung streben, das ist so, als wollte das Auge sich selbst sehen. Das Auge ist bereits das, was alles sieht. Befreiung ist bereits das, was alles ist.

(Jemand winkt, um sich zu Wort zu melden.) Ich habe gehofft, dass eine Frage kommt. Ich bin nämlich fertig mit meinen einleitenden Worten.

Wer sind wir? Wenn wir als Kind nach den Vorgaben unserer Eltern zur Person werden, ist es dann deshalb so, weil wir sonst in diesem Chaos nicht überleben könnten? Müssen wir uns als Person definieren, um zu überleben, weil das Leben sonst überhaupt nicht funktionieren würde? Welche Instanz, wenn nicht der Verstand, ist es denn, die vielleicht schließlich realisiert, dass wir schon im Paradies sind?

Ich möchte mit der letzten Frage anfangen. Diese »Instanz« ist das Eine, das sich selbst erkennt. Das Eine spielt mit sich selbst Verstecken – was natürlich auch eine Metapher ist. Es vergisst, dass es das Eine ist, und spiegelt sich selbst vor, es habe sich in lauter Stückchen zersplittert. Und irgendwann merkt es plötzlich: »Oh, das bin ja ich! Ich habe mich gefunden.«

Jetzt zu deinen ersten Fragen. Nein, wir brauchen keine Trennung, um uns vor dem Chaos schützen und unser Leben auf die Reihe bringen zu können. Es kommt sogar vor, wenn auch sehr selten, dass dieses Gefühl von Trennung gar nicht erst entsteht. Das Leben solcher Menschen kann auf uns übrige sehr befremdlich wirken, weil ihnen die Antriebe fehlen, die wir für normal halten – aber sie leben deswegen nicht unbedingt im Chaos.

Befreiung lässt etwas sehr Wichtiges offenbar werden. Das Gefühl, eine Person oder ein gesondertes Individuum zu sein, ist absolut nicht notwendig, um das Leben ins richtige Fahrwasser zu bringen. Es ist jederzeit so, dass das Leben sich einfach abspielt. Wir glauben, wir seien es, die dafür sorgen, dass es vonstatten geht, aber so ist es nicht.

Das Durchschauen der Trennung ändert also am Leben selbst gar nichts, weil das Leben die Trennung nie benötigt hat. Das gesonderte Individuum war immer schon pure Einbildung, falsches Denken, eine bloße Erscheinung. Und eben *weil* das gesonderte Individuum nur eine Erscheinung ist, kann es das nicht durchschauen. Ein falscher Gedanke kann nicht sehen, dass er falsch ist. Er kann die Wirklichkeit nicht sehen. Deshalb lassen wir uns fantastische Geschichten einfallen, mit denen wir uns einerseits versichern, dass wir die Sache in der Hand haben, und andererseits zu erklären versuchen, was eigentlich los ist. Mit »fantastische Geschichten« meine ich die Religionen, die Philosophien, die spirituellen Storys, die Storys vom menschlichen Fortschritt. Der Verstand ist geradezu süchtig nach solchen Geschichten, weil sie unsere Erfahrung sinnvoll einzuordnen scheinen.

Der Verstand hat allerlei Süchte, aber am allerstärksten ist dieses Verlangen, sich als wichtig zu sehen und sich einzureden, er könne die Dinge zum Besseren wenden. Und dann wird vielleicht plötzlich gesehen, dass alles immer schon einfach passiert und der Verstand immer schon unerheblich war.

Wenn ich selbst nichts ändern kann, wer dann?

Niemand kann etwas ändern.

Ich habe immer gedacht, ich sei verantwortlich für den ganzen Quatsch um mich herum und in mir, ich sei es, der das alles so eingerichtet hat. Aber wenn ich es nicht war, wer dann?

Das kann einen furchtbar belasten, dieser Glaube, ich hätte das alles so gemacht und müsse jetzt zusehen, dass etwas daraus wird. Wenn wir auf das stoßen, was hier mitgeteilt wird, kann es sein, dass tiefe Hoffnungslosigkeit über uns kommt. Und erstaunlicherweise kann das sehr erleichternd wirken.

Es gibt Reaktionen auf das hier Mitgeteilte, zu denen es häufig kommt. Vier der häufigsten Reaktionen sind Verzweiflung, Ärger, Überdruss und Erleichterung. Bei mir sind alle diese Reaktionen immer wieder mal vorgekommen. Dass eine plötzliche Begegnung mit der Hoffnungslosigkeit Verzweiflung auslösen kann, liegt nahe. Dass sie auch erleichternd wirken kann, ist nicht ganz so offensichtlich. Aber seht es euch einmal an. Hoffnung ist immer auf die Zukunft ausgerichtet. Hoffnung kann nicht erfüllt werden. Oder sollte sie doch erfüllt werden, stellt sich gleich wieder eine neue ein. Und weil Hoffnung immer auf die Zukunft zielt, entfernt sie uns von der Präsenz. Solange wir hoffen, kann uns nicht auffallen, dass Dies bereits das Ganze ist, dass Dies bereits vollendete Präsenz ist, als solche ganz und erfüllt. Und schließlich ist Hoffnung Schwerarbeit. Wenn wir um die Hoffnung erleichtert werden, wenn wir nicht mehr hoffen müssen, kann das einen tiefen Seufzer der Erleichterung nach sich ziehen und sogar eine gewisse Entspannung auslösen.

Umgekehrt ist jedes Bedauern rückwärtsgewandt und bannt uns in die Vergangenheit. Bedauern und Hoffnung sind die beiden Seiten derselben Medaille; sie halten uns davon ab, präsent zu sein.

Wie ich bereits gesagt habe, kann der Verstand mit seinem Erfassen von Begriffen überhaupt nichts zur Befreiung beitragen. Aber es gibt Leute, bei denen das simple Verstehen der Hoffnungslosigkeit tiefe Erleichterung und Entspannung bewirkt.

(Hier entsteht ein gewisser Tumult unter den Zuhörern, ein Stimmengewirr aus Einwürfen und Kommentaren hin und her, manche sogar unzufrieden und ärgerlich. Die verzweifelte und tief verärgerte Teilnehmerin spricht zuerst:) Er soll uns sagen, was wir tun können! (Andere schließen sich an:) Wie kann ich meine Probleme denn nun lösen? Wir können das, was er sagt, nur glauben oder nicht glauben. Sollen wir hier einfach sitzen und darauf warten? (Aber es gibt auch einige, die offenbar mehr von dem bisher Gesagten aufgenommen haben und lachen. In manchen Gesichtern ist ein drolliger Ausdruck von Gottergebenheit angesichts dieser ganzen profunden Hilflosigkeit und Hoffnungslosigkeit.)

Du wirst deine Probleme niemals lösen, denn dieses Du ist der Irrtum, das Ich-Gefühl ist der Irrtum. Der Eindruck, ein Ich zu sein, ist das Problem.

(Die Ladeninhaberin möchte vermitteln:) In Deutschland sagen wir: »Die Hoffnung stirbt zuletzt.« Sagt man das in England auch?

Ja, die Hoffnung kann sich sehr zäh halten. Für viele von uns ist gar nichts anderes als Hoffnung möglich, denn solange wir uns getrennt fühlen, können wir nur unzufrieden sein. Und wenn wir unzufrieden sind, möchten wir daran natürlich etwas ändern, und darauf hoffen wir dann. Allerdings hat die Hoffnung einen Gegenpol, nämlich Verzweiflung. Ob wir hoffnungsvoll oder verzweifelt sind, ist vielleicht eine Frage des Persönlichkeitstyps oder der Umstände. Viele springen zwischen Hoffnung und Verzweiflung hin und her. So manches Leben spielt sich in diesen Grenzen oder zwischen diesen beiden Polen ab.

Bei anderen, die mehr auf die Vergangenheit aus sind, ist es übrigens das Bedauern, was zuletzt stirbt.

(Die Ladenbesitzerin:) Ich wollte darauf hinaus, dass Hoffnung gerade in diesem Land etwas tief Eingefleischtes ist und wir nicht so leicht davon loskommen.
(Zustimmendes Gemurmel. Jemand ergänzt:) Sie entfernt uns immer vom Jetzt.

Das hat nichts mit einem bestimmten Land oder einer bestimmten Kultur zu tun. Hoffnung liegt in der Natur dieses Gefühls, eine gesonderte Person zu sein.
Das ist die Geschichte vom Sündenfall, von der Vertreibung aus dem Paradies. Wir essen vom Baum der Erkenntnis, und das bedeutet, dass wir uns unserer selbst bewusst werden. Mit dem Selbstbewusstsein kommt das Trennungsgefühl. Und da wir uns getrennt fühlen, meinen wir, wir hätten das Paradies verloren, und von da an hoffen wir wieder zurückzufinden. Das ist das Dilemma des Menschseins.

Ich spüre meinen Körper, aber meine Gedanken sind überall und ich weiß eigentlich nicht, wo. Wo ist das Denken, der Verstand, der Geist?

Bedenkt bitte, dass wir uns hier der Sprache bedienen müssen, und das kann zu Missverständnissen führen. Schon in einem Sekundenbruchteil des Erwachens, wird sehr deutlich, dass es eine Instanz namens »das Denken« nicht gibt. Aber es liegt in der Natur der Sprache, dass sie verdinglicht und wir folglich den Verstand als eine umschriebene »Instanz« ansehen. Wir glauben, der Verstand sei ein Etwas, dem Gedanken entspringen. Der Verstand ist aber keine Instanz, sondern ein Prozess. Der Verstand ist nichts anderes als der Denkprozess.

Im Erwachen wird diese Denkinstanz durchschaut, und es fällt auf, wahrscheinlich zum ersten Mal, dass Gedanken einfach aus nichts aufsteigen. Tatsächlich geht alles aus nichts hervor. Gedanken sind nichts, das als Gedanken erscheint, und dieses Glas Wasser hier ist *nichts*, das als Glas Wasser erscheint. Wir könnten auch sagen, es sei das Eine, das als alles erscheint.

Aus dieser Erkenntnis speist sich eine der bekanntesten spirituellen Techniken. Dabei stellt euch der Guru die Hausaufgabe, in euch zu gehen und euch da nach der Stelle umzusehen, von der die Gedanken kommen. Der Guru weiß, was ihr finden werdet, nämlich dass da drinnen niemand ist; und wenn euch das klar geworden ist, wisst ihr, dass Gedanken aus nichts aufsteigen und die Person irreal ist.

Wenn jedoch der Eindruck besteht, da sei eine Person, dann ist das alles so fest gefügt, dass man es nicht durchschauen kann. Schließlich macht ja die Person die Hausaufgaben. Und wenn die Person bereits durchschaut worden ist, besteht kein Anlass zu solchen Hausaufgaben, weil bereits gesehen und realisiert wurde, dass alles aus nichts hervorgeht.

Wenn man sich eine Weile mit solchen Hausaufgaben abgemüht hat und dann gestehen muss, dass man nicht vom Fleck kommt, wird man wohl vom Lehrer und anderen vorgehalten bekommen, man bemühe sich nicht richtig. Vielleicht heißt es dann, der Fehlschlag sei deine Schuld, weil du dich nicht genügend engagierst. Die Erleuchtung ist dir nicht wichtig genug. Du hast nicht genügend Disziplin. Das Versagen der Technik wird also dir angelastet. Wer sich diesen Schuh anzieht, wird sich noch unzulänglicher fühlen.

Alles geht aus nichts hervor. Aber dass Mauern und andere Dinge aus nichts hervorgehen sollen, ist wirklich schwer zu sehen. Das Hervorgehen von allem aus nichts ist bei euren Gedanken leichter zu sehen als bei dieser Wand oder diesem Glas Wasser.

Ich habe im Laufe der letzten dreißig Jahre eine Menge Workshops besucht und kaue immer noch an der vielfach ausgesprochenen Behauptung, dass zwischen meinen Gedanken und meinem Leben eine Resonanzbeziehung besteht. Das besagt ja letztlich, dass ich nur anders denken muss, um ein anderes Leben zu manifestieren. Wenn mein Leben bleibt, wie es ist, kann das nur bedeuten, dass ich mein Denken nicht im Griff habe oder mit meinen Visualisationen etwas nicht stimmt.

(Darüber kommt es zu einer aufgeregten Diskussion, etliche Leute reden durcheinander. Die verzweifelte Teilnehmerin kommt bei dieser Diskussion ganz besonders in Fahrt, sie schüttelt den Kopf und schnaubt und wiederholte ihre Argumente immer wieder mit großem Nachdruck. Hier einige der Stimmen:)

Ja, in vielen Büchern steht das so.

Gedanken ziehen die Realität für dich an, die ihrer Energie entspricht.

Ja, es kommt ganz auf uns an. Welche Realität wir im Leben manifestieren, das hängt von unseren Gedanken und ihrer Energie ab.

Also, was hältst du von dem Ganzen?

(Der Aufruhr bricht ab, und alle warten gespannt darauf zu hören, ob Richard wohl dieser populären spirituellen Theorie

zustimmen wird, die besagt, dass es von der Natur unserer Gedanken abhängt, welche Realität wir für uns selbst herstellen. *Für diese Theorie stehen Bücher wie Die Natur der persönlichen Realität, The Secret, Bestellungen beim Universum und viele andere, die immer weiter auf den Markt drängen, um von der derzeitigen Konjunktur des Themas zu profitieren.)*

(Mit fester Stimme, aber auch amüsiertem Unterton:) Eine sehr ansprechende Story, ganz bestimmt.
(Dann ernster:) Beachtet aber, dass es einfach eine Story ist.

(Wieder ein Gewirr von Stimmen, teils leicht schockiert, teils fast schon entrüstet. Gerade die verstörte Teilnehmerin wird hier recht laut.)
Aber es funktioniert!
Wir wollen eine Erklärung!

Geben wir ihm doch ein Beispiel aus dem Buch Bestellungen beim Universum, *mit dem viele anfangen: einen Parkplatz durch Visualisation manifestieren, wie ich es hier direkt vor dem Laden gemacht habe. (Mit vollkommener Überzeugung:) Bei mir klappt das!*

(Grinst und hat offenbar seinen Spaß an dieser Herausforderung) Sicher klappt das bei dir. Eine Zeitlang jedenfalls. Im Traum scheint es wirklich Ursache und Wirkung zu geben. Es passiert ständig so viel durcheinander – es ist nicht schwierig, für jede Story, die einem zusagt, etwas Beweiskräftiges zu finden. Wenn wir an Ordnung glauben, finden wir Anhaltspunkte dafür. Wenn wir an Chaos glauben, finden wir auch dafür Anhaltspunkte. Und wenn wir glauben, dass unsere Gedanken Realität manifestieren, werden sich auch dafür Anhaltspunkte finden.

Wenn irgendetwas klappt, wie du sagst, neigen wir dazu, es wieder zu tun. Das ist ganz natürlich. So ticken wir. Aber sobald die Person durchschaut ist, wird das alles völlig belanglos. Dann wird nämlich gesehen, dass nie eine Person vorhanden war, die visualisiert, ihre eigene Realität kreiert oder Parkplätze manifestiert.

Dann sagst du, dass meine Visualisation einfach passiert ist und ich nichts manifestiert habe?

Das sage ich, ja.

Und es stellt sich einfach ein Gedanke ein, der mich glauben lässt, ich hätte es getan?

Ja, so könnte man sagen. Ich hätte da eine Geschichte über das Manifestieren. Ein Mann ist zu einer sehr wichtigen Besprechung unterwegs und schon spät dran, und jetzt sucht er verzweifelt einen Parkplatz. Irgendwann hebt er den Blick gen Himmel und betet: »Herr, gib mir ein en Parkplatz, ich hör dann auch auf zu trinken und gebe das Rauchen und meine Geliebte auf und spende ein Zehntel meiner Einkünfte der Kirche.« Kaum hat er das gesagt, tut sich ein Parkplatz auf. Der Mann blickt wieder nach oben und sagt: »Schon gut, Herr, ich hab grad selber einen gefunden.« (Lachen)

Ich möchte es mit einem weiteren Beispiel probieren. (Offenbar möchte dieser Teilnehmer gern weiterhin an Sinn und Zweck und Ordnung glauben.) Irgendetwas hat uns heute hier zusammenkommen lassen.

Dieser Satz geht von so vielen Annahmen aus – ich weiß gar nicht, wo ich anfangen soll. Zunächst einmal ist vorausgesetzt, dass es ein »wir« gibt. Weiterhin wird Zeit vorausgesetzt, in der wir hierher kommen können; sowie ein hier, zu dem wir kommen können. (Lachen über die Anhäufung von Annahmen) Richtig ernst wird es aber bei der Annahme, es gebe da etwas, das all das herbeigeführt hat.

Für den Verstand ist es eine ganz natürliche Sache, das Vorfallende mit Storys erklären oder rechtfertigen zu wollen. Dazu neigen wir als Menschen ganz einfach.

Die Welt muss Illusion sein! Wenn man bestimmte Pillen nimmt, kann man sie auch ganz anders sehen.

Ja, je nach Pille. Wer die Welt ganz anders sehen will, könnte es mit LSD probieren.

Aber ich glaube, wir brauchen hier nicht das Wort »Illusion« zu verwenden. Es bringt eigentlich nichts, wenn wir das hier Illusion nennen (klopft an die Wand). Die Wand wirkt doch überhaupt nicht illusorisch. Ich spreche lieber von »Traum« oder »Story« oder »Erscheinung«. Auch die Metapher eines Theaterstücks oder Films ist gut geeignet.

Denkt einmal an nächtliche Träume. Solange wir träumen, scheint alles außerordentlich real zu sein. Aber wenn wir am Morgen aufwachen, wissen wir gleich, dass es nur Erscheinung war, nur Schein.

Und wie ist es im Theater? Wenn das Stück selbst überzeugend ist und gut gespielt wird, lassen wir uns bereitwillig hineinziehen und nehmen es völlig ernst. Zugleich wissen wir aber, dass nicht jeden Abend ein neuer Hamlet engagiert werden muss, denn sein Tod am Ende des fünften Akts ist eben nur Schein.

Ein gut gespielter Hamlet wirkt sehr überzeugend, nur ist eben kein Hamlet da. Hamlet ist nichts weiter als eine Folge von Gedanken und Aktionen. Im gleichen Sinne ist kein »du« vorhanden. Du bist auch nur eine Abfolge von Gedanken und Aktionen. (Breitet die Arme in einer die ganze Szene einschließenden Geste aus) Auch das hier finden wir sehr überzeugend. Das Eine spielt diese ganzen Rollen ganz schön überzeugend heute Abend. Na ja, das Eine ist immer sehr überzeugend.

Worin besteht der Unterschied zwischen Bewusstsein im Traumzustand und Bewusstsein im Wachzustand?

Im Wachzustand scheinen die Dinge viel folgerichtiger zusammenzuhängen, weshalb er viel schwerer zu durchschauen ist. Die Träume der Nacht sind sehr unzusammenhängend, sodass man am Morgen gleich weiß, um was es sich handelte. Man könnte sagen, dass wir abends, nach dem wir eingeschlafen sind, in alle möglichen Träume aufbrechen, aber jeden Morgen wachen wir in denselben Traum hinein auf.

Das Ineinandergreifen der Dinge lässt uns glauben, dieser Wachtraum sei real. Aber wenn wir in der Nacht träumen, sind die Träume ebenso real, solange sie dauern. Erst nachträglich bemerken wir, dass die Traumhandlung ziemlich weit hergeholt war, und so können wir solche Träume mühelos als Träume erkennen.

Wir sprachen von Pillen, mit denen man die Realität verändern kann. Da ich grundsätzlich keine Empfehlungen gebe, empfehle ich auch nicht die Einnahme von LSD. Aber wer von euch je LSD genommen hat, wird wissen, wie schnell dabei klar wird, dass unsere Alltagswahrnehmung uns auch nur eine Realität unter anderen, ja ganz anderen vermittelt. Eine kleine

Dosis LSD, und schon sehen wir, dass Zeit, Raum und Festigkeit (klopft wieder an die Wand) in Wirklichkeit äußerst fließend sind. Unter LSD sehen wir nicht unbedingt, dass es Raum und Zeit gar nicht gibt, aber was wir da an Raum und Zeit erleben, kann sich so sehr von unserer gewohnten Erfahrung unterscheiden, dass uns Zweifel kommen, ob diese »Normalität« wirklich die einzige Wirklichkeit ist.

Wenn ich ein Problem habe, es aber nicht mehr beachte oder mich nicht mehr daran festklammere, kann es dann sein, dass es einfach vergeht?
(Jemand anderes unterbricht ungeduldig. Einige Leute haben hier offenbar schon länger miteinander zu tun, und es besteht eine gewisse Rivalität:) Aber das sagt er doch!

(Zur Fragestellerin:) Das ist völlig richtig. Eine gute Beschreibung.

Wenn ich das Problem nicht mehr sehe, dann habe ich es nicht mehr?

Mmm (lacht, als würde ihm nichts dazu einfallen). Was kann ich da sagen? Ein Problem ist etwas, das der Verstand als Problem wahrnimmt. Würde er es nicht als Problem erfahren, wäre es gar nicht erst vorhanden.

(Dieselbe Fragestellerin, leicht pampig:) Dann soll ich wohl einfach daran arbeiten, das Problem nicht mehr zu sehen!
    (Jemand anderes schaltet sich ein:) Da haben wir jetzt offenbar ein Missverständnis. Wie wollen wir denn unterscheiden, ob sie das Problem wirklich nicht mehr hat oder ob sie es bloß nicht mehr sieht?

Was ist denn ein Problem? Ein Problem ist ein Gedanke oder ein Gefühl, meist allerdings eher ein Gemenge aus beidem. Gedanken und Gefühle steigen wie alles andere aus nichts auf. Aber dann dichten wir ihnen eine Geschichte an, und wenn sie erst eine Geschichte haben, sind sie auf einmal »mein Problem«. Es gehört dann zu uns, wie haben es.

Nehmen wir beispielsweise eine schwierige Beziehung. In einer schwierigen Beziehung bekomme ich das Gefühl, dass ich nichts tun kann, um sie zu verbessern. Das habe ich in einer Beziehung vierzig Jahre lang versucht.

(Lacht und breitet die Arme zu einer großen Umarmung für alle aus) Willkommen im Club!

Und wenn ich dieses Problem löse, wartet das nächste ja schon. Oh, diese ganzen Beziehungsprobleme! Mit denen kommt keiner zurande.

(Ironisch:) Niemand ist in einer Beziehung.

Viele schlaue Lehrer sagen, wir müssten nur unsere Schwingung auf mehr Liebe einstellen, dann wäre alles in Butter.

Eine sehr anheimelnde Geschichte, das gebe ich zu. Jammerschade, dass niemand es je geschafft hat.
  Versteh mich nicht falsch. Innerhalb des Traums gibt es natürlich eine Menge Dinge, die wir tun können. Manche können nen das Gefängnis komfortabler machen, andere machen es noch ungemütlicher. Was wir heute besprechen, hat dafür in gewisser Weise überhaupt keine Bedeutung. Befreiung gibt nichts für die Story her.

Nehmen wir doch etwas Einfacheres als Beziehungen, etwas, das man vielleicht in weniger als vierzig Jahren gebacken bekommt. *(Das Lachen ringsum wird entspannter.)* Wenn ihr heute Abend nach Hause kommt und das Wasser im Schlafzimmer steht, weil das Dach undicht ist, werdet ihr doch sicher den Dachdecker anrufen. Ihr werdet eher nicht sagen: »Oh, das ist alles bloß Erscheinung, das überlässt man am besten sich selbst. Ich werde gar nichts unternehmen.« Der Verstand kennt so viele Schliche. Wenn er sich die Idee der Befreiung unter den Nagel reißt, erfindet er die verrücktesten Geschichten dazu, darunter auch so manche, die einem das Leben ruinieren kann. »Klare Sache, alles ist Eins, und das Leben wird mich jetzt einfach tragen und ich muss gar nichts mehr tun.« Fünf Jahre später, und der Job ist futsch, das Haus ist futsch, die Frau ist futsch, die Familie ist futsch – wer hätte das gedacht?

Ich kenne Leute, denen es so gegangen ist, nicht wegen der Nicht-Dualität-Story – Nicht-Dualität ist natürlich auch eine Story –, sondern wegen Guru-Storys, spiritueller Storys, Erleuchtungs-Storys. Ich kenne Leute, die sich mit dem, was ihr Kopf aus irgendwelchen Ideen gezimmert hat, das Leben ruiniert haben.

(Jemand kann das alles offenbar nicht mehr hören:) Jetzt reicht's aber! Auch das ist in Ordnung, weil es eben einfach passiert ist.

Ja, stimmt.

Es gab keine Person, die ihr Leben ruiniert hat.

Richtig. Aber hier haben wir wieder das Problem der Sprache. Selbst wenn wir uns der Sprache sehr gezielt bedienen, stoßen wir auf Schwierigkeiten. Was hier gesagt wird, muss mit Wörtern von sehr begrenztem Bedeutungsumfang arbeiten, etwa »Person« oder »ich« oder »du«. Einer Beschreibung mit den Mitteln der Sprache nahe kommen zu wollen, das muss misslingen, weil Dies einfach keine Berührungspunkte mit den Worten hat.

Wenn das Leben ein Spiel in der Dualität ist, müssen wir bei diesem Spiel mitmachen, damit wir nicht unser Leben ruinieren?

So kann es aussehen. Es scheint so, dass wir müssen.

Dann müsste das Leben doch für einen wie dich, der die Einheit sieht, viel einfacher sein. (Munteres Lachen der Übrigen, die anscheinend schon mit dieser Falle gerechnet haben)

(Lacht mit und antwortet dann mit besonderer Betonung; alle warten gespannt, ob er sich herauswinden kann.) Was ich jetzt sagen werde, ist äußerst wichtig, und ich muss ganz besonders gut überlegen, wie ich es ausdrücke.

(Unterstreicht die besondere Wichtigkeit seiner Ausführungen noch mit Handgesten) Es gibt nichts, was aus dem Sehen der Befreiung zwangsläufig folgt. In der Freiheit geht die Geschichte einfach weiter, (ernster werdend) es sei denn, dass Sehen der Einheit fällt mit dem Tod des Körpers zusammen. In dem Fall ist die Story natürlich zu Ende, und es gibt keine Probleme mehr mit undichten Dächern oder mit Beziehungen.

Aber solange weitergelebt wird, geht auch die Story weiter. Sie kann leichter werden, sie kann gleich bleiben, sie kann sogar schwieriger werden.

Vielleicht zeigen sich bei der Story oder bei dem, der sie anscheinend lebt, Änderungstendenzen, aber es sind wirklich nur Tendenzen, keine notwendigen Folgen. Eine der schlimmsten Wahnideen über die Befreiung besagt, dass am Ende des spirituellen Regenbogens ein Schatz wartet, der da heißt »eine befreite Person, die ein glückliches Leben führt«.

Es geht nie darum, dass ich mein Leben auf die Reihe bekomme. Es geht darum zu sehen, dass es kein Ich gibt, das ein Leben hat, das auf die Reihe zu bringen wäre. Das Leben geschieht einfach.

Mit dem Sehen der Befreiung ist kein Blumentopf zu gewinnen. Es besteht kein Grund zu der Annahme, es gebe etwas, wofür sich das Weiterrackern auf dem spirituellen Weg lohnt wie das Weiterrackern auf dem Managementweg deiner Firma. Dahinter stehen Gedanken an eine bessere Zukunft, die doch nie kommt.

Anthony Stevens schreibt: »Die meisten von uns verbringen ihr Leben mit dem Warten auf eine Zukunft, die nie kommt.« Ist es etwa nicht zu sehen, dass diese Zukunft nie kommt? Aber wenn jemand sein Leben als unbefriedigend empfindet, ist es nur natürlich, dass er in die Zukunft blickt. »Dieses Leben ist so unbefriedigend, bitte, bitte, lass mich eine Zukunft finden, in der dieses Ungenügen nicht mehr da ist!«

Als Person wünschen wir uns Erfüllung, keine Frage.

Deshalb erfinden wir all diese Geschichten, religiöse Geschichten, spirituelle Geschichten oder Geschichten von Erfüllung durch Wohlstand mit allem Komfort. Es spielt wirklich keine Rolle, von welcher Art Glück die Geschichte erzählt – glücklich, wenn ich Erleuchtung finde, glücklich, wenn ich tot und in den Armen des Heilands bin, oder glücklich, wenn ich endlich den Bentley habe. Es ist alles die gleiche müßige

Hoffnung, irgendwann in der Zukunft glücklich zu sein. Aber *ich* werde niemals glücklich sein, weil es dieses Ich nicht gibt. Glück kann sich einstellen oder nicht, aber bei dem, was wir hier besprechen, geht es nicht um Glück.

Jetzt kommt mir ein Gedanke, den auszusprechen sicher nicht sehr klug ist. Mir scheint, dass ich es bedauern werde. Also gut, Folgendes ... (windet sich, bis er sich den unklugen Gedanken schließlich doch abringt:) Wir könnten sagen, dass es bei dem hier Mitgeteilten letztlich um das Annehmen geht. Es ist deshalb unklug, so etwas zu sagen, weil der Verstand dann natürlich gleich sagt: »Aha, annehmen! Das also ist das Geheimnis! Von jetzt an setze ich alles daran, das Annehmen zu lernen.« Dann stehen noch einmal zwanzig Jahre nutzloses Rackern an. (Ringsum große Heiterkeit bei der Vorstellung, sich durch grimmig entschlossenen Einsatz das Annehmen zu erarbeiten)

Ich spreche also nicht von einem Annehmen, nach dem wir bewusst streben. Ich meine ein Annehmen, das sich von selbst einstellt – die Person kann nichts dazu beitragen. Das natürliche Annehmen kann sich einstellen, wenn gesehen wird, dass das, was ist, ist. Was ist, ist. Etwas noch Offensichtlicheres wird man kaum je mitteilen können. Es ist so offensichtlich, dass einem der Verstand stillsteht.

Meinst du mit annehmen dann so etwas wie das Wegfallen der Person? Ist das Annehmen dann in gewissem Sinn das Ganze? Meinst du das mit annehmen?

Solange eine Person vorhanden ist, kann es sich immer nur um Anläufe zum Annehmen handeln. Aber diese Anläufe laufen sich tot, denn solange *wir* (stark betont) es sind, die anzunehmen versuchen, kann es sich nur um eine Ablehnung dessen, was ist, handeln. Annehmen *wollen* ist Widerstand gegen das, was ist.

Aber wenn die Person nicht mehr da ist und folglich nicht im Weg stehen kann, wird einfach nur vermerkt, was da ist. Das Streben nach anderem als dem, was ist, fällt dann eher weg.

Dann gibt es so etwas wie ein Annehmen eigentlich gar nicht. Die Person fällt weg, und dann ist nichts da, was auch nur ans Annehmen denken könnte.

Ja, das Annehmen braucht eine Person. Es setzt ein Subjekt und ein Objekt voraus, ein Ich hier drinnen und ein Objekt da draußen oder ein Ich, das ein Gefühl oder einen Gedanken akzeptiert. Ich sagte ja, dass es unklug ist, so etwas überhaupt ins Spiel zu bringen (lacht) und dass ich es bedauern würde.

Deshalb möchte ich etwas hinzufügen, was ich für sehr wichtig halte. Wir haben über Veränderungstendenzen nach dem Sehen der Befreiung gesprochen, und ich möchte noch einmal hervorheben, dass in der Befreiung alles sein kann, jedes Gefühl und jede psychische Eigenheit. Bei dem, was hier gesagt wird, geht es nicht darum, dass fortan alles glatt läuft. Ärger kann es immer noch geben, Frustration und Kummer kann es immer noch geben. Ich zitiere gern Dudjom Rinpoche, der gesagt hat, dass selbst beim größten Yogi noch Kummer und Freude vorkommen.

Wenn ihr es also am Telefon mit einem groben und überhaupt nicht hilfsbereiten Firmenmitarbeiter zu tun habt, werdet ihr vielleicht schließlich das Telefon durchs Zimmer feuern oder sagen wir lieber: wird es vielleicht schließlich dazu kommen, dass das Telefon durchs Zimmer gefeuert wird (Lachen). Es ist nach dem Sehen der Befreiung sogar tendenziell eher so, dass Gefühle in ihrer rohen Form erlebt werden. Wenn ihr wollt, können wir darüber sprechen, weshalb das so ist.

Ja, ich wüsste gern, weshalb Gefühle stärker werden.

Sie *können* stärker werden, aber das ist auch nur eine Tendenz. Das war hier (legt eine Hand auf die Brust) zu bemerken, und aus Gesprächen mit anderen weiß ich, dass es bei ihnen auch so war. Die Frage ist, weshalb das so ist. Weil sich die Person häufig sehr gut darauf versteht, den Naturprozess des Fühlens zu behindern. Und je neurotischer die Person ist, desto mehr Übung hat sie wahrscheinlich, was hinderliche Einmischungen in den natürlichen Lauf der Gefühle angeht. Dadurch wird die Intensität der Gefühle gemindert, aber sie halten auch entsprechend länger an.

Nehmen wir irgendein Gefühl, etwa Angst als Beispiel. Angst in ihrer Rohform ist zweifellos ein notwendiges und nützliches Gefühl, aber ein Neurotiker wird es eher in so etwas wie chronische Beklemmung überführen. Dann ist es nicht mehr die nützliche Angstreaktion, die uns zur Seite springen lässt, wenn ein Lastwagen auf uns zukommt, sondern eine vage Beängstigung, die uns um vier Uhr früh weckt und nicht mehr schlafen lässt. Oder nehmen wir Ärger, der in seiner natürlich Form für Sekunden oder ein paar Minuten aufbraust, aber beim Neurotiker zu einer Grundhaltung der Gereiztheit führen kann, die ihn vielleicht über Jahre begleitet. Traurigkeit wird zu neurotischem Bedauern und noch häufiger zu neurotischen Schuldgefühlen. Wenn jemand neurotisch genug ist, kann er sogar Glück in Ängste verwandeln. Was bei einem nicht neurotischen Menschen normalerweise

Glücksgefühle auslöst, kann von einem Neurotiker als beängstigend empfunden werden.

Also, das ursprüngliche rohe Gefühl kann in neurotische Gefühle umschlagen, die sich dann festsetzen, während ursprüngliche Gefühle einfach ihren Lauf nehmen und wieder vergehen. Es gibt alle möglichen Formen der Psychotherapie, in denen versucht wird, festgefahrene neurotische Gefühle wieder in Fluss zu bringen. Leider geht Psychotherapie in aller Regel davon aus, dass eine Person vorhanden ist, die neurotische Gefühle hat und etwas dagegen unternehmen kann, während ich einfach sage, dass die Person wegfallen kann und dann möglicherweise die neurotischen Gefühle ebenfalls ganz oder teilweise wegfallen. Sobald sich keine Person mehr in die natürlichen Gefühlsabläufe einmischt, kann es sein, dass man sie einfach in ihrer Rohform erlebt und dann vielleicht zehn Minuten lang richtig wütend ist, anstatt tagelang zu schmollen.

Ich habe ein Problem, was die sogenannte Wirklichkeit angeht. Wenn sie als Traum oder Erscheinung beschrieben wird, assoziiere ich damit etwas Flüchtiges, wie wenn man nachts im Schlaf träumt. Soweit ich verstehe sind meine Gedanken und Gefühle im Wachzustand auch nicht stetig, oder vielleicht kann man sagen stabil. Sie kommen und gehen. Aber wenn ich im Schlaftraum vor einen Zug laufe, kann der Traum trotzdem weitergehen. Aber im Wachzustand, wie jetzt ... du weißt, was ich meine, oder? Deshalb kann ich so schwer glauben, dass das hier auch ein Traum sein soll. Es wirkt alles so fest gefügt!

Du hast völlig recht, die Person kann das nicht sehen. Die Person kann das hier nicht als Traum erleben. Aber in deinem nächtlichen Traum, wirkt da nicht alles genauso überzeugend wie hier in diesem Wachzustand?

Im Traum kann ich durch Wände gehen …

Ja, das kann vorkommen, und es wirkt dann im Traum ganz überzeugend. Dann wachst du aus dem Nachttraum in diesen Traum auf, und da ist es genauso überzeugend, dass du nicht durch Wände gehen kannst.

Am Ende dieses Wachtraums steht das, was wir den Tod des Körpers nennen. Aber wir wissen alle, was Tod ist. Jede Nacht träumen wir, und dann ist der Traum zu Ende. Das ist Tod.

Sehen, dass niemand da ist, das ist der Tod der Person. Leo Hartung hat ein Buch über Nicht-Dualität geschrieben und es *Zum Traum erwachen* genannt. Im Erwachen zum Nicht-Dualen geht einem auf, dass das hier ein Traum ist. Das hat Ähnlichkeit mit dem luziden Träumen, denn im luziden Traum oder Klartraum bemerkt man, dass man träumt, aber der Traum geht weiter. Luzides Träumen ist eine treffende Metapher für das, was wir hier besprechen.

Leo hat sein Buch nicht »*Vom* Traum erwachen« genannt; das Erwachen *vom* Traum ist der Tod. Im luziden Traum träumt man weiter, aber es wird jetzt gesehen, dass es ein Traum ist. Beim Aufwachen am Morgen endet der Traum.

Auch luzides Träumen ist nur eine Metapher, aber eine gute.

Und wenn der Traum schließlich ganz aufhört und der Tod eintritt, was ist dann?

Da gleiche wie jetzt. Nichts. Nichts passiert.

Nichts passiert, es gibt keine Zeit, in der *etwas* passieren könnte.

Alles, was wir sonst noch über den Tod erzählen mögen, ist Story. Natürlich spinnt der Verstand zu gerne Geschichten über das, was nach dem Tod ist – er fürchtet nichts so sehr wie sein eigenes Ende. Er wünscht sich dringend eine Geschichte, die besagt, dass es das Individuum nach dem Tod weiterhin geben wird. Sobald jedoch gesehen wird, dass es nicht einmal vor dem Tod ein Individuum gibt, besteht das Problem nicht mehr. Wie könnte der Fortbestand des Individuums nach dem Tod ein Problem sein, wenn es vor dem Tod schon kein Individuum gibt?

(Belustigte Zurufe von allen Seiten:)
Na, ist doch sonnenklar!
Vielen Dank!
Was denn sonst? (Johlendes Gelächter)

Beachtet bitte auch, dass es zwar viele Storys über den weiteren Gang der Dinge nach dem Tod gibt, aber eigentlich nur zwei Arten solcher Geschichten. Die eine erzählt von fortlaufender Entwicklung über etliche Leben bis hin zu einem etwas abstrakten Zielpunkt der Vollkommenheit. Bei der anderen dreht es sich in dieser oder jener Form um den Frieden in den Armen des Herrn und die Seligkeit des Paradieses – oder eben, wenn man die Prüfungen des Herrn nicht besteht, um Verbannung in einen lodernden Abgrund.

(Die warmherzige Inhaberin des Ladens meldet sich zu Wort:) Nach meinem Gefühl ist die einzige Wirklichkeit dieser Augenblick in diesem Raum mit diesen Leuten darin. Die

übrige Welt ist für mich nicht vorhanden. Ich kann an meinen Mann, meine Katze, mein Haus denken, aber das ist alles weg. Ist das einfach eine Geschichte, die sich selbst erzählt?

Ja, alles Geschichte. Sehr gute Beschreibung. Das hier ist es. Dies ist das Ganze.

Ich habe früher viel mehr gesucht.

Ich auch.

Aber dann kam eine Wende, und seitdem ist einfach da zu sein völlig ausreichend. Die Dinge sind o.k., wie sie sind. Aber jetzt in deiner Gesellschaft ist noch etwas anderes, Frieden und Stille. Wie kommt das?

Keine Ahnung. (Kichern unter den anderen Teilnehmern) Aber Frieden und Stille sind immer da. Es ist nur manchmal schwierig, das zu bemerken. Frieden und Stille äußern sich nämlich oft als Krach und Chaos.

Dann ist das mein dualistisches Denken, das Frieden und Stille gut findet, aber Chaos und Unordnung nicht mag und beseitigen möchte.

Ja, es sind Urteile, zu denen der Verstand kommt. Wenn Befreiung gesehen wird, zeigt sich, dass kein Unterschied besteht. Lärm ist Stille, die Lärm macht. Chaos ist Frieden, der sich als Chaos manifestiert.

(Eine andere Teilnehmerin schneidet ein abstrakteres Thema an:) Wir sprachen von Hamlet.

Das muss daran liegen, dass ich in einem anderen Leben Vorlesungen über englische Literatur gehalten habe.

Der Schauspieler ist vielleicht überzeugt, dass er Hamlet sehr gut spielt. Vielleicht fängt er sogar an, sich einzubilden, er sei wirklich Hamlet. Ist das ungefähr so wie der Wachtraum, in dem wir sind?

Ja, guter Vergleich. Aber ich bin mir nicht sicher, ob das Schauspielern wirklich öfter passiert. Deshalb wähle ich als Vergleich lieber den Traum der Nacht, da wissen alle, was gemeint ist. Trotzdem, ja, das hier (deutet auf sich) ist das Eine, das einen gewissen Richard gibt. Wie heißt du?

Kirsten.

(Deutet auf Kirsten:) Das ist das Eine, das Kirsten spielt und sich eine Zeitlang einreden kann, es sei wirklich Kirsten. Aber irgendwann kommt es ihm dann: »Ach, ist ja nur gespielt!«
 Das Spiel heißt Verstecken. Das Eine versteckt sich, und dann sucht es sich vielleicht fünfzig oder sechzig Jahre lang. Und dann begreift es plötzlich: »Ach, es gab gar nichts zu suchen! Das ist ja ein Ding!«

Ich komme immer noch nicht damit zurecht, dass die Person mit ihren Erfahrungen und Einsichten gar nicht da sein soll, dass sie in Wirklichkeit nicht existiert, dass alles nur Erscheinung ist. Mir kommt es so vor, als würde ich nach allem, was ich durchgemacht habe, heute viel besser mit dem Leben zurechtkommen als früher. Neulich gab es zum Beispiel etwas von der Größenordnung des von dir zitierten undichten

Dachs, vielleicht sogar schlimmer. Aber ich war erstaunlich schnell in der Lage, es einfach so zu nehmen und mir zu sagen: »Passiert ist passiert, fertig.« Früher hätte mich so ein Problem in den Wahnsinn getrieben. Ich musste nicht einmal etwas für diese Reaktionsweise tun. Sie kam einfach. Ich tat schlicht das, was in der Situation zu tun war. Ich habe mir nicht das Hirn zermartert. Ich habe es nicht einmal nach den heute von allen Seiten kommenden Empfehlungen betrachtet, so nach dem Muster: »Du musst untersuchen, ob du das selbst manifestiert oder deinem schlechten Karma zu verdanken hast« – ihr kennt das ja alle. (Die Übrigen hören mit spürbar intensiver Aufmerksamkeit zu.)

Wir haben alle möglichen Süchte. Besonders süchtig sind wir nach Sinn und Bedeutung. Wir möchten gern einen tieferen Sinn, der unser Leben erklärt.

In mir geht das auch noch um, irgendwo im Hintergrund. Warum? Um was geht es da?

Das hängt damit zusammen, dass wir uns für wichtig halten. »Es muss doch«, denken wir, »einen Grund dafür geben, dass die Dinge so laufen, wie sie laufen. Es gibt sicher Gründe für das, was mir passiert. Das Universum muss zu irgendeinem Zweck gemacht worden sein – zum Beispiel zu meiner spirituellen Erziehung.« Wenn wir uns einmal ansehen, was das im Kern ist, kommen wir nicht an der Einsicht vorbei, dass spirituelle Storys mitunter ganz besonders egozentrisch sind.

Da sind sogar die politischen Storys manchmal noch weniger egozentrisch. Sie reichen vielleicht bis zu der Überlegung, dass ich mich in irgendeinem kleineren Land zum Diktator aufschwingen kann und dann alles nach meiner Pfeife tanzen muss. Aber in den spirituellen Storys kann es sein, dass das ganze Universum dazu da ist, mir Lehren zu erteilen.

Wir brauchen das Gefühl, dass es in unserem Leben um etwas geht. Ohne Sinn und Zweck überkommt uns Verzweiflung.

Der Existenzialismus hat dieses Problem eingehend betrachtet. Es gibt heute sogar etliche Richtungen der Philosophie, die sich mit den Storys befassen, hinter denen wir uns verschanzen. Sie sagen, dass religiöse Geschichten oder Geschichten vom Fortschritt der Menschheit einfach nur Geschichten sind und nicht etwa eine Realität abbilden. So etwas kann freilich bei der Person zu dem Gedanken führen, ihr Leben sei sinnlos.

Davon rede ich hier nicht. Eine Person, die ihr Leben als sinnlos sieht, wird womöglich verzweifeln. Ich sage dagegen, dass es Sinn nicht gibt (spricht mit großem Nachdruck, unterstreicht seine Worte gestenreich), *weil keine Person existiert*. Das muss nicht Verzweiflung nach sich ziehen. Es zieht eher Begeisterung nach sich, weil es der Gipfel der Freiheit ist.

Freiheit vom Zwang, eine Person sein zu müssen, das ist das Nonplusultra an Freiheit. Jede andere Freiheit ist dagegen Sklaverei. Die Freiheit, zu tun, was wir wollen, bedeutet ja, dass wir tun müssen, was wir wollen. Wie ermüdend das sein kann!

Aber der Abschied von der Person bringt Angst mit sich ...

Das kann sein. Ich habe ja schon ein paar der häufigsten Reaktionen auf Mitteilungen wie diese genannt. Angst gehört dazu. Das Erwachen, also ein erster kleiner Eindruck von Freiheit, kann Angst auslösen, aber das muss nicht so sein.

Das Erwachen hat schon manch einen zum Psychiater geführt. Wenn wir ihm das Erwachen beschreiben und er keine Ahnung davon hat, kann es ein, dass er eine Psychose diagnostiziert.

(Die Organisatorin des Workshops ergänzt das durch eine humorvolle Anmerkung:) Deshalb musstet ihr heute Morgen alle diese Verzichtserklärung unterschreiben. (Großes Hallo und Applaus)

Hilfen gibt es letztlich nicht, aber in der Story kann es doch nützlich sein, ein bisschen was von Nicht-Dualität zu verstehen. Wenn es dann zu einem Erwachen kommt, ist zumindest ein gewisses Vorverständnis da, und wir erkennen vielleicht, um was es sich handelt. Dann können wir uns überlegen, was wir unseren lieben Angehörigen darüber mitteilen, um zu verhindern, dass sie in ihrer ganzen Fürsorglichkeit den psychiatrischen Notdienst rufen. Schließlich glauben sie ganz fest daran, dass wir eine Person sind, und da ist es ihnen schon wichtig, dass auch wir weiterhin daran glauben. Es ist ja auch in Ordnung, solange wir das Spielchen gemeinsam spielen und alle einer Meinung sind, aber wenn einer die stillschweigenden Übereinkünfte aufkündigt, kann es richtig Ärger geben.

Sonst bricht das ganze System zusammen.

So die Befürchtung, ja. Aber es passiert schon nicht. (Lacht) Das System braucht keine Leute. (Lacht noch lauter) Es sind nämlich keine Leute da. Aber das ist die Befürchtung.

Aber man liest doch in vielen großen Werken, die gewaltigste aller Formeln sei »Ich bin«.

(Betont:) Ja.

Siehst du das auch so?

Nein, ich bestätige nur, dass es in vielen Büchern so steht.

Vor allem in spirituellen Büchern.

O ja. In der Welt der spirituellen Bücher taucht man in eine ganz spezielle Story und einen ganz speziellen Wahnsinn ein.
 Nisargadatta hatte diesen Ausdruck »Ich bin das«. Wie ihr euch wohl erinnert, habe ich eingangs gesagt, dass das hier keine Philosophie ist, sondern einfach der Versuch, etwas zu beschreiben. »Ich bin das« ist eine wunderbare und knappe Beschreibung dessen, was gesehen wird, wenn die Person wegfällt. Aber der Verstand möchte sich daran zu schaffen machen. Er möchte darüber philosophieren, er möchte herumrätseln, was es wohl bedeutet.
 Aber wenn die Person wegfällt, wird »Ich bin das« einfach gesehen. Es wird gesehen, was tatsächlich der Fall und mit den Worten »Ich bin das« sehr treffend beschrieben ist. »Ich bin das« ist Nicht-Getrenntsein. Da wird gesehen, dass zwischen mir und allem anderen kein Unterschied besteht, weil es mein Ich nicht gibt. Ich und alles Übrige, alles Übrige und ich sind dasselbe.

Ich bin vom »Ich bin« ausgegangen. Wenn du sagst »Ich bin das«, dann bist du schon da, du hast das Ziel erreicht. Ich muss bei »Ich bin« ansetzen. So steht es in vielen Büchern. »Ich bin«, »Ich bin Gott«, »Ich bin« ist die Kraft. Es ist die Kraft Gottes. Ich bin göttlich, sonst würde ich nicht existieren.

So könnte man es sagen. Du könntest sagen: »Ich bin göttlich.« Aber »Es gibt nur das Göttliche« würde es besser treffen.

Ich bin das Eine.

Ja, ich bin das Eine. Das hier ist das Eine, das als alles, was gerade existiert, zum Ausdruck kommt. Aber die Formel »Ich bin das Eine« hat einen großen Nachteil: Solange wir uns als Person mit einem persönlichen Bewusstsein sehen, werden wir »Ich bin das Eine« zwangsläufig zu unserem persönlichen Ich in Beziehung setzen. Aber die Formel hat rein gar nichts mit uns zu tun, weil in Wirklichkeit alles unpersönlich ist.

(Langsam und mit großem Nachdruck:) Ich möchte das wiederholen: Alles ist unpersönlich.

Wir klammern uns an unsere kostbare Individualität, aber zugleich möchten wir auch unsere Probleme los sein. Aber das Festhalten an dieser kostbaren Individualität *ist* das Problem. Nur dass wir daran nichts ändern können, weil es eben kein Ich gibt.

Versteht ihr, wie sich dieser Verstand in Wahnsinn verstrickt? Es ist, als säßen wir da in der schlimmsten aller Fallen, nur gibt es halt kein Wir und folglich keine Falle.

Man könnte auch sagen, dass es nur ein Problem gibt, nämlich zu glauben, es gebe ein Problem.

Das einzige Problem ist das Ich.

Ja, kann man so sagen. Eigentlich liegt das einzige Problem mit dem Ich aber in der Annahme, es stelle ein Problem dar.

Ich will euch ein Beispiel dafür geben, wie der Verstand Probleme erfindet, die einen dann jahrzehntelang quälen. Manche Leute, vor allem wenn sie einen spirituellen Weg gehen, verfallen der Vorstellung, es sei schlecht zu denken. Dann mühen wir uns die nächsten zwanzig Jahre, unser Denken anzuhalten. Aber das Denken *ist* kein Problem. Denken ist das Eine beim Denken. Wenn wir uns aber einreden oder von spirituellen Büchern und Gurus einreden lassen, das Denken sei schlecht, haben wir unter Umständen zwanzig Jahre Quälerei vor uns.

In der Religion haben wir das auch. Wir erfinden unnötige Probleme und quälen uns dann jahrzehntelang damit herum. Ich bin mal einem Mann begegnet, der von seiner Frau verlassen worden war, und dann folgte die Scheidung. Das war drei Jahre vor unserer Begegnung passiert. Jetzt hatte er eine Frau kennen gelernt, mit der er gern einmal ausgegangen wäre, aber er wand sich verzweifelt, weil er meinte, Gott sähe ihn vielleicht für alle Ewigkeit mit seiner geschiedenen Frau verheiratet und würde es ihm übelnehmen und ankreiden, wenn er mit einer anderen ausginge. Sein Priester bestärkte ihn auch noch in diesem albernen und lebensfeindlichen Wahn. In Therapiekreisen nennt man das »giftige Pädagogik«.

Vielleicht fällt euch auch auf, wie narzisstisch es ist zu glauben, dass Gott, sofern es ihn gibt, nichts Besseres zu tun hat, als sich mit solchen Fragen abzugeben.

Es muss in dieser Welt gute und schlechte Kräfte geben.

Das liegt in der Natur des Dramas. Hamlet wäre ohne Claudius nicht Hamlet.

Kommen wir auf das Denken zurück ...

Denken ist einfach Denken.

Zur Zeit wird uns in vielen Büchern etwas nahegelegt, nämlich »Pass auf, was du denkst, es könnte eintreten«. Das wird manchmal noch zugespitzt: »Es passiert nur das, was du denkst. Du selbst bist der Grund für alles, was dir widerfährt.« (Es geht wieder um den Glauben, wir erzeugten selbst unsere persönliche Realität und könnten sie folglich manipulieren. Einige Teilnehmer werden hier immer besonders hellhörig; offenbar spielen solche spirituellen Geschichten eine große Rolle in ihrer Fantasie.)

Das ist eine sehr ansprechende Geschichte, eine mitreißende Geschichte.

Es gibt gerade jetzt viele Lehrer, die genau das sagen. (Die »vielen Lehrer« sollen der Aussage offenbar Gewicht geben, und der Tonfall ist zustimmend, als sollte Richard zu weiteren Gegenargumenten animiert werden.)

Ja, das ist eine Geschichte, die es in sich hat. Sie macht *mich* zum Nabel der Welt. Sie schmeckt unserem spirituellen Egoismus und zeigt einmal mehr, wie wir uns mit weiteren Problemen, Schuldgefühlen und Selbstvorwürfen versorgen können.

Wenn wir uns mehr zu einem religiösen Weg als zu, sagen wir, »frei schwebender Spiritualität« hingezogen fühlen, sind auch da viele Gelegenheiten, imaginäre Probleme zu konstruieren und uns damit zu quälen. Nehmen wir an, wir gehen ganz harmlos eine Straße entlang, und dann fällt uns da dieses überaus attraktive Mädchen ins Auge. Wir betrachten sie, es kommen Vorstellungen von erotischer Natur ins Spiel, und dann geißeln wir uns erst einmal zwei Monate, weil wir so sündig sind. Sind wir da nicht wieder mal den Versuchungen Satans erlegen? Wird es nicht Zeit, sich dem Opus Dei anzuschließen? (Applaus)

Übrigens habe ich vor, nächstes Jahr als katholischer Priester wieder nach Deutschland zu kommen. (Buhrufe, eindeutige Ablehnung) Die Stimmung schlägt hier bei euch ganz schön schnell um, finde ich. Aber um euch zu beruhigen: Auch das wäre wieder nur eine Story.

Wie wär's mit Selbstfolter für das Vergehen, dieses Mädchen nicht angesprochen zu haben?

Ja, das wäre für manche die wahrscheinlichste Form der anschließenden Folter. Der Verstand hat alle möglichen Tricks auf Lager und findet immer irgendetwas, wofür er dich fertigmachen kann. Als Buddhist würdest du dich vielleicht verurteilen, weil deine lüsternen Gedanken dein Karma noch schwerer machen.

Aber ein Gedanke ist einfach ein Gedanke. Ein erotischer Gedanke ist einfach ein erotischer Gedanke.

Und wieder ist das Ich schuld, dieselbe alte Leier. »Ich hab was falsch gemacht.«

Die Grundüberzeugung lautet, dass ich irgendwie unzulänglich bin und daran etwas ändern muss. Ich bin dafür zuständig. Wenn ich irgendwann Klarheit über alles habe, was mit mir nicht stimmt, vielleicht kann ich mir dann endlich mein Ichsein austreiben.

Ich sage dagegen, dass es keine Unzulänglichkeit geben kann, weil keine Person vorhanden ist, die unzulänglich sein könnte. Da ist nur das Eine, das sich als Kirsten und Richard und Carl zeigt.

Das Eine könnte sich jetzt gelegentlich mal als Mittagessen zeigen. Meinem Gefühl nach brauche ich jetzt bald mal was zu essen.

Klar, das Eine kann sich auch als Mittagessen manifestieren.
Wie könnte das Eine unzulänglich sein? Wir sehen das hier nicht als Paradies, weil wir meinen, es sei unvollkommen. So urteilt der Verstand, er muss immer alles in gut und schlecht einteilen. Dann sieht er natürlich immer Unvollkommenheit.

Gilt das auch für den Amoklauf neulich in einer deutschen Schule? Für Erdbeben? Die Finanzkrise? Das alles soll das Eine sein, das sich als diese Dinge zeigt? (Das wird deutlich herausfordernd gesagt.)

Ja.

Auch wenn du erschossen wirst oder dein Kind ermordet wird?

Hier kommen zwei Fragen zusammen, die oft gestellt werden und viel miteinander zu tun haben. Die eine fragt nach dem Leiden, die andere nach dem Bösen. Wenn wir das anschneiden wollen, dann vielleicht doch lieber nach dem Essen. Für den Moment können wir vielleicht einfach festhalten, dass der Verstand Komplikationen liebt und wir uns dann auf etwas rein Gedankliches »da draußen« konzentrieren und nicht auf das Einfache, was tatsächlich ist, Dies. Es gibt immer nur Dies, aber darin spinnt der Kopf eine Story über etwas Furchtbares, das da draußen passiert.

(Die mit ihren seelischen Nöten kämpfende Teilnehmerin, die den ganzen Vormittag einen recht verstörten Eindruck gemacht hat, ist eindeutig dagegen, dass wir jetzt schon zum Essen gehen. Sie seufzt tief, ringt die Hände und zieht die Stirn kraus:) Aber ist es denn nicht furchtbar, wenn man ermordet wird? Allerdings, soweit ich verstanden habe, was hier gesagt wird, empfindest du das nicht so. *(Gequältes und leicht genervtes Lachen der Übrigen, die inzwischen richtig Hunger haben. Aber die Sprecherin, die sich mit dem Problem offenbar wirklich plagt, bleibt dabei:)* Ich finde, wir sollten vor dem Essen noch eine Antwort auf diese Frage bekommen!

(Seufzend:) O Gott, muss das sein?

(Jemand anderes schaltet sich ein:) Gehen wir doch zu dem Amoklauf in der Schule zurück. Hast du gesagt, dass der Verstand die Geschichte von diesen Todesschüssen spinnt?

Nein. Ich möchte für den Augenblick nur festhalten, dass uns hier auffallen könnte, wie gut sich der Verstand darauf versteht, Probleme zu konstruieren.

Wir sitzen hier, und das hier ist alles, Dies ist das Ganze. Dann wirft der Verstand allerlei Fragen auf, die uns von dem, was tatsächlich gerade der Fall ist, ablenken.

»Uns von dem ablenken, was gerade der Fall ist« – das ist natürlich kein sehr sorgfältiger Umgang mit der Sprache. Es gibt kein Uns, das abgelenkt werden könnte.

Ich beschwöre Probleme herauf, weil etwas in mir die Dinge immer anders haben will, als sie sind.

Ja.

Alles ist, wie es ist, und das ist in Ordnung. Aber dann will ich schlau sein und es ändern. Ich bin mir sicher, dass es anders sein sollte, als es ist. Da liegt das Problem.

Ja, so funktioniert das Denken. Aber selbst wenn gesehen wird, dass Dies das Ganze und genug ist, kann es noch Vorlieben geben: Man hätte lieber etwas anderes als das, was gerade ist. Wir trinken gerade Wasser, und dann kommt vielleicht der Gedanke: »Ein Schlückchen Wodka wäre jetzt nicht schlecht.«

In den Religionen und spirituellen Traditionen ist oft nicht nur das Denken als solches schlecht – noch viel schlechter sind Wünsche und Vorlieben. Darin sind sich sehr viele Lehrer dieser Traditionen einig.

Aber Wünsche sind eben einfach das Eine, das Wünsche hat. Vorlieben sind das Eine, das Vorlieben hat. Deshalb war mir nicht ganz wohl dabei, den Begriff »annehmen« oder »akzeptieren« ins Spiel zu bringen. Sobald so ein Wort ertönt, fängt der Verstand an, allerlei Sollen und Müssen damit zu verbinden. Wir haben hier ein gewaltiges Paradox: Wenn wir »annehmen« hören, denken viele gleich, man dürfe keine Wünsche haben – aber wie steht es da mit dem Annehmen ihrer selbst?

Buddhisten erstreben »Freiheit vom Begehren«. Sie wünschen sich Wunschlosigkeit. Absurd, oder?

Wenn wir es im Leben ein bisschen besser haben wollen, ist es sicher gut, möglichst wenig Sollen und Müssen um uns zu haben. Alle diese Vorschriften können einem das Leben vermiesen. Und die Psychologen und Psychotherapeuten werden darauf heute auch zunehmend aufmerksam.

Aber jetzt sollten wir wirklich akzeptieren, dass das Eine eine deutliche Vorliebe fürs Mittagessen hat.

✥✥✥

Wir gingen die paar Schritte über die Straße in ein kleines als Familienbetrieb geführtes italienisches Restaurant, wo ein Tisch reserviert worden war, damit Niemand zu Mittag essen konnte. Nach hausgemachten Cannelloni und italienischem Eis taute selbst die verstört wirkende Teilnehmerin auf und schien ein wenig in Frieden mit sich und der Welt zu sein. Nach Cappuccino und Biscotti breitete sich eindeutig satte Behaglichkeit aus. Die Raucher gingen nach draußen, einige machten einen kleinen gemächlichen Spaziergang in der Sonne, dann versammelten wir uns wieder in dem kuscheligen kleinen Nebenraum des New-Age-Shops – zur nächsten Runde im Ringen mit dem Problem des Leidens.

Samstagnachmittag

(Sofort meldet sich jemand zu Wort und lässt keinen Zweifel daran, dass am Thema »Leiden« kein Vorbeikommen ist:)
Die Frage des Leidens ist wichtig.

(Betont:) *Wir* finden sie wichtig. Sie scheint für *uns* von besonderem Belang zu sein.

(Angriffslustig:) Ein junger Mann hat vor zwei Wochen mehr als ein Dutzend Schüler in seiner Schule erschossen. Ich stelle uns allen die Frage: Wer hat das getan?

Was lässt sich da sagen, womit der Verstand zufriedenzustellen wäre? Der Verstand möchte, dass da ein Sinn zu erkennen ist, er will eine Erklärung. Vor allem braucht er dann einen Sinn, wenn es dramatisch wird. Es gibt nur eine sehr begrenzte Auswahl an sinnhaltigen Storys, aus der wir uns bedienen können, wenn es gilt, dramatischen Ereignissen einen Sinn beizumessen, und je nachdem, wie wir veranlagt sind, wird es uns mehr zu dieser oder mehr zu jener hinziehen. Wir könnten die Muster-Storys ziemlich schnell aufzählen.

Eine ist der Zufall; alles passiert einfach so zufällig. Eine zweite wäre Gottes Wille. Gott geht immer so vor, dass es über unseren Verstand geht. Dann haben wir noch die Kräfte des Bösen, Satan, der irgendwie Macht über diese Welt besitzt. Als nächstes die verschlungenen Wege des Karma. Es steht auch eine darwinistische Story zur Wahl, die eine Art Evolutionspsychologie konstruiert; oder die marxistische Story der gesellschaftlichen und ökonomischen Kräfte; und vergessen wir nicht die freudsche Story von den unbewussten Konflikten.

Ich glaube, das waren sieben; mehr fallen mir im Moment nicht ein. Bitte um Zuruf, falls euch noch mehr einfällt. Jedenfalls glaube ich, dass die meisten Geschichten, mit denen unser Kopf daherkommt, in eine dieser sieben Schachteln passt. Und je nach Veranlagung wird man eher diese oder eher jene Geschichte ansprechend finden.

Im Sehen der Freiheit dagegen ist einfach nur großes Nichtwissen. Alles, was man zu wissen glaubte, fällt flach, alle Geschichten werden durchschaut. Da ist nichts als Sein im Zustand des Nichtwissens.

Das wird dem Verstand nie genügen. Kein Streit möglich, nicht einmal eine Diskussion.

Wir haben uns beim Essen darüber unterhalten, dass man nach dem Sehen der Befreiung immer weniger reden mag, weil so vieles, was früher wichtig erschien, jetzt unwichtig geworden ist. Dazu können auch Fragen über das Leiden oder zu den Ursachen bestimmter dramatischer Ereignisse gehören. Wir quälen uns mit solchen Fragen ab, und dann löchern wir auch noch andere damit. Wir möchten gern wissen, was es letztlich mit dem Leiden auf sich hat, aber irgendwie ist uns auch klar, dass es vergeblich ist, es sei denn, wir machen uns eine Geschichte zu eigen, die dann vielleicht zu einem inhaltslosen, nicht beweisbaren System von Überzeugungen gehört.

Wir können anhand unserer Gedanken über unsere Beziehung zu solchen Ereignissen reden, aber wir haben ja auch Gefühle dazu. Was sind Gefühle? Sind sie von der Person getrennt oder haben sie etwas mit ihr zu tun?

Eigentlich ist alles von der Person getrennt, weil keine Person existiert. Was wir als Person ansehen, ist lediglich ein Konglomerat von Wahrnehmungen. Da haben wir Gedanken, Gefühle, Empfindungen und schließlich Wahrnehmungen des Äußeren. Hinzu kommt dann meist noch der Eindruck, dass sich all das in Bezug zu einer Person abspielt.

Aber wie ein Gedanke ein Phänomen ist und ein Gefühl ein Phänomen ist und die Wahrnehmung dieses Tischs hier ein Phänomen ist, so auch der Eindruck, es gebe eine Person, die all das erfährt. Das fühlt sich nur in der Regel nicht so an, denn der Eindruck, dass es da eine Person gibt, scheint all die anderen Phänomene einzuschließen. Deine Frage, ob die Gefühle und die Person zusammengehören, hat demnach eigentlich keinen Sinn, weil sie sich um eine Illusion dreht – um die Illusion, dass da eine Person existiert.

(Die verstört wirkende Teilnehmerin hat die letzte Frage gestellt, und bei Richards Antwort fingert sie nervös und schnauft missbilligend. Richard lacht gutmütig und sagt:) Mir scheint, dass meine Antwort dich nicht sehr befriedigt.

(Sie seufzt und schüttelt wieder den Kopf:) Nein, das ist mir zu hoch. Ich verstehe das nicht. Ich bin noch nicht auf dieser Stufe. (Sie wendet sich Hilfe suchend ihren Nachbarn zu.)

Es gibt keine Stufen, die man erreichen könnte. Nur das Vorhandensein der Person macht das so schwer verständlich. Wenn die Person wegfällt, sei es auch nur für einen Sekundenbruchteil, dann ist es völlig klar.

Man braucht da nichts zu verstehen. Es kommt überhaupt nicht darauf an, ob etwas verstanden wird oder nicht. Es zeigt sich einfach, dass hier … (zögert nachdenklich) … Raum ist. Das ist ein missverständliches Wort, aber bleiben wir mal dabei, dass einfach Raum da ist. Im Raum sind Gedanken, Gefühle, Empfindungen, Wahrnehmungen. Wir können auch sagen: Sie bilden sich in der Leere.

Befreiung braucht kein Verstehen. Verstehen ist hier ohne Wert.

(Jemand anderes sehr ironisch:) Wirklich gut gesagt. (Gelächter)

(Die verzweifelte Teilnehmerin gibt sich große Mühe, Ordnung in ihre Gedanken zu bringen. Sie ist sichtlich unglücklich:) Ich habe eine Frage, aber ich brauche eine wirklich gute Antwort.

(Einige andere schmunzeln zunächst, merken dann aber, wie aufgewühlt sie ist, und hören still und aufmerksam zu.)
Ich schleppe das schon seit Jahren mit mir herum. Und ich flehe dich an, hilf mir! Ich weiß nicht, wo ich anfangen soll. (Ihre Worte sind von geradezu bestürzender Dramatik.)
(Es folgt eine längere Pause, ihre Traurigkeit scheint überwältigend.) Ich habe schon zweimal alles verloren, alles, was ich mir so mühsam erarbeitet habe. Und jetzt ist es wieder passiert, zum dritten Mal. Ich gebe mir alle Mühe, damit zurechtzukommen, aber es ist, als würde ich in ein riesiges Loch fallen. Vielleicht hätte ich kaltblütig reagieren und mir einfach meinen Anteil sichern sollen, aber das habe ich nicht. Ich habe zugelassen, dass jemand mein Leben ruiniert. Und jetzt kann ich es weder ihm verzeihen noch mich zusammenreißen und einfach mein Leben weiterleben. Und ein bisschen Geld will ich auch!

Und die Frage lautet jetzt wie?

Was kann ich tun? Wie kann ich mit diesem Menschen umgehen?

Was geschieht, geschieht einfach. Es wird nichts mit dir zu tun haben, denn dieser Eindruck, dass du es bist, die dafür sorgt, dass etwas passiert, ist ein Irrtum. Trotzdem kann ... (Pause, als suchte er nach Worten) ... eine Energie entstehen, dieses oder jenes zu tun.

(Sehr unglücklich und mit großem Nachdruck:) Aber was kann ich tun? Ich kann ihm doch nicht den ganzen Tag Liebe schicken! Es wäre auch nicht ehrlich.

Weshalb solltest du ihm denn Liebe schicken?

Ich habe mich vielleicht nicht richtig ausgedrückt.
(Andere bestätigen sie:) Doch das hast du. Das war sehr klar.
(Die verzweifelte Teilnehmerin:) Habe ich das wirklich alles durch mentale Manifestation selbst erzeugt?

Wie kommst du denn darauf?

(Andere schalten sich ein:) Weil wir alles, was passiert, durch eigene Manifestation selbst erschaffen.

(Sehr bestimmt:) Das ist eine Story.

(Die Verzweifelte fährt fort:) Ich will dieses ewige Streiten nicht mehr. Ich habe mich bemüht, nichts Schädliches mehr zu manifestieren, aber auch das gelingt mir nicht mehr.

Zu was für einer Energie neigst du denn bei dem Ganzen?

Du meinst, ich soll überlegen, was für eine Energie in mir wirksam ist?

Nein, du sollst gar nichts überlegen. Ich frage, ob da eine Bewegung in dir ist, die in irgendeine Richtung tendiert, und mein Gedanke ist dabei, dass sich vielleicht zeigen könnte, dass niemand das bewusst wählt. Letztlich ist das, was passiert, nur einfach das, was eben passiert.

(Ein anderer Teilnehmer wendet sich an die Sprecherin:) Ich könnte mir denken, dass du das nicht ganz richtig verstan-

den hast. Er will dir nicht sagen, dass alles gleich ist, sondern dass alles, was du tust, in sich selbst richtig sein wird, weil nicht du die Entscheidung triffst, es zu tun. Es geschieht einfach.

(Richard setzt an, etwas zu sagen, wird aber von der Fragestellerin unterbrochen:) Wenn ich fünfzehn Jahre jünger wäre, könnte ich irgendwie damit zurechtkommen. Ich könnte neu anfangen. Aber in meinem Alter geht das nicht mehr. (Plötzlich sehr bitter:) Und was diesen Mann angeht, der tut so, als wäre das, was er getan hat, völlig normal!

Du bringst eine Person ins Spiel, die Entscheidungen zu treffen hat, und das ist gewisser Weise quälend.

(Ärgerlich:) Ich verstehe nicht, inwiefern ich da eine Person ins Spiel bringe! Ich weiß nicht, wie ich mir das alles gewünscht haben kann, wie ich das alles selbst manifestiert haben soll!

Weshalb solltest du das alles manifestiert haben? (Zu den Übrigen:) Das mit dem Manifestieren scheint hier eine ziemlich bedeutende Angelegenheit zu sein.

(Wieder zur Fragestellerin:) Das ist ein bisschen schwierig in Worte zu kleiden. Es kann der Eindruck bestehen, es sei eine Person vorhanden, die Entscheidungen zu treffen hat. Aber es kann auch gesehen werden, dass in Wirklichkeit niemand da ist, der Entscheidungen treffen könnte. Die Dinge passieren einfach. Und irgendetwas wird als Nächstes passieren, weil immer etwas passiert. Im Traum passiert immer irgendetwas. Aber wenn wir glauben, wir seien dafür verantwortlich, dann kann das quälend sein.

(Lange Pause. Sie scheint innerlich mit etwas zu ringen. Ihre Nachbarn nehmen sie in den Arm.)

Das ist für viele und für einen Großteil der Zeit das Problem. So ist das Leben für uns, weil wir uns getrennt fühlen – dann fühlen wir uns verantwortlich und haben Entscheidungen zu treffen.

Aber in der Befreiung wird gesehen, dass es so nicht ist, dass da einfach Leben ist, das geschieht. (Wieder sehr betont:) Das kann sehr erleichternd sein, weil dann gesehen wird, dass nichts je anders sein könnte, als es ist. Wir quälen uns dann nicht mehr mit Vergangenheit und Zukunft herum. Oder besser: Es gibt kein Herumquälen mit Vergangenheit und Zukunft mehr, weil keine Person mehr da ist, die sich quälen könnte.

Gefühle und Gedanken des Bedauerns können auch dann noch sein. In dem hier kann alles sein. Vom Dies ist nichts ausgeschlossen. Aber solche Gefühle und Gedanken werden nicht mehr ernst genommen, sie sind durchschaut. Sie werden als das gesehen, was sie sind, Bestandteil des Traums.

Wir reden hier ausschließlich über das Durchschauen des Traums, das Durchschauen all dessen, was so passiert. Wir sprechen von der Möglichkeit, das Quälende an all diesen Storys zu durchschauen und damit zugleich den Eindruck, dass all das mir passiert und mir Schmerzen bereitet. Wir sprechen vom Durchschauen all der vielen Fragen zu einer scheinbaren Vergangenheit und scheinbaren Zukunft und zu den Möglichkeiten, die ich habe, mit den Problemen zurande zu kommen, die ich als meine Probleme ansehe.

Ja, es könnte tatsächlich ein Moment kommen, in dem all das schlicht durchschaut wird.

(Jemand anderes meldet sich zu Wort:) Wenn nachts auf der Straße jemand auf mich zukommt und mir etwas tun will, werde ich wohl weglaufen oder mich zu wehren versuchen.

Das ist eine sehr vernünftige Reaktion.

Gibt das, was du heute hier vermittelst, eine Empfehlung für diesen Fall her – ob ich mich wehren soll oder nicht? Sind sozusagen alle Bezugspunkte abgezogen, sodass es überhaupt keine Empfehlungen oder Rezepte mehr gibt?

Ich würde mich genau an das Rezept halten, das du eben genannt hast – mich wehren oder weglaufen. Aber geht es bei deiner Frage um Angst oder um das, was man tun soll?

Ich wollte einfach ein Beispiel für eine Situation geben, in der man wirklich in die Enge getrieben ist – wie im Fall unserer Freundin hier, die von ihrer schrecklichen Lage berichtet hat. Ich wollte darauf aufmerksam machen, dass die Dinge sich unterschiedlich darstellen können, je nachdem, wie wir sie betrachten. Du sagst, es ist keine Person da, die etwas unternehmen könnte, aber in der Situation, die ich eben genannt habe, gibt es ja klare Handlungsalternativen – Flucht oder Abwehr.

Ja, etwas passiert dann, Flucht oder Abwehr oder noch etwas anderes.
Innerhalb der Story könnten wir wohl eine Kette von kausalen Zusammenhängen konstruieren, die scheinbar erklärt, weshalb schließlich dies und nicht jenes geschieht, aber in Wirklichkeit ist es so, dass die Dinge einfach passieren.

(Provozierend:) Dann sollen wir einfach passiv bleiben?

Wer sagt denn das? Es ist niemand da, der eine solche Empfehlung aussprechen könnte, und niemand, der sie befolgen könnte. Was geschieht, geschieht einfach. Angesichts einer Bedrohung wehren wir uns, das ist eine natürliche Reaktion. Weglaufen ist eine andere natürliche Reaktion. Angst ist eine natürliche Empfindung. Aber dann geht der Verstand dazwischen und möchte dies als richtig und jenes als falsch definieren. Der Verstand braucht immer irgendein »sollte« oder »müsste«. Er möchte festlegen, was wir tun *sollen*, wenn uns etwas oder jemand bedroht. Aber das ist Unsinn, sollte und müsste gibt es nur in der erfundenen Geschichte. Etwas wird ganz einfach geschehen. Es geschieht immer irgendetwas.

(Einer der philosophischen jungen Männer meldet sich zu Wort:) Wir leben in einer sehr interessanten Zeit. Naturwissenschaftliche Forschung und Spiritualität konvergieren in ihren Aussagen. Ich möchte gern einbringen, was die Neurowissenschaft über das Gehirn herausgefunden hat. Wie nachgewiesen werden konnte, ist es bei bewussten Entscheidungen so, dass sich im Gehirn bereits Sekundenbruchteile vorher entsprechende Erregungspotenziale bilden. Damit scheint nachgewiesen, dass sogenannte bewusste Entscheidungen von vorausgehenden unbewussten Prozessen programmiert sind und es in Wahrheit keinen freien Willen gibt.

Ja, das sind sehr interessante Forschungsergebnisse. Neurowissenschaft und Nicht-Dualität sagen beide, dass es keinen freien Willen gibt. Aber ich sage nicht, dass du keinen freien Willen hast. Ich sage, dass es dieses »du« nicht gibt, und die Frage nach dem freien Willen sich folglich erübrigt.

Es gibt auch in der Teilchenphysik eine Parallele zu dem, was wir vielleicht als spirituelles Weltbild bezeichnen können. Die Physiker sind immer subtileren Bestandteilen der Materie auf der Spur und finden heraus, dass Materie unterhalb der Ebene der Atome und subatomaren Teilchen einfach aus Energie besteht.

Allerdings werden Physiker nie ermitteln, woraus das Universum letztlich besteht, nämlich Liebe. Für Liebe gibt es keine wissenschaftlichen Detektoren, sie kann nur direkt gesehen werden. Da müssen sie schon einen Mystiker fragen.

Ich sage Mystiker, aber das ist vielleicht sehr unklug. Was heißt denn »Mystiker« überhaupt? Ich werde meine Frage selbst beantworten und mir dann auch gleich widersprechen.

Ein Mystiker ist jemand, dem auffällt, dass es nichts weiter als bedingungslose Liebe gibt. Der Widerspruch liegt natürlich darin, dass das keinem Jemand auffallen kann. Es kann nur auffallen, wenn kein Jemand mehr da ist. Nur niemandem kann auffallen, dass alles bedingungslose Liebe ist.

Sagen also die Befunde der Neurowissenschaft, dass wir in diesem Spiel des Lebens nicht die Spieler sind? Wir sind gar nicht beteiligt?

Ja, das besagen sie.

Sollen wir es dann einfach lassen?

Sollen wir was lassen?

Na, gehen wir doch zu dem von unserer Freundin vorgetragenen Fall zurück. Du hast von Atomen und subatomaren Teilchen gesprochen, und da haben wir Dualität, plus und minus. Jetzt sagst du, dass letztlich alles aus Liebe besteht. Und vorher haben wir sie erzählen hören, wie sie versucht hat, die Dualität mit Liebe zu überwinden, und es nicht schafft.

Ja, ich weiß. Die Hölle, nicht wahr?
Aber ich habe ja auch gesagt, dass eine Person das niemals sehen kann. Eine Person kann einfach nicht sehen, dass alles bedingungslose Liebe ist, und zwar eben wegen der Bedingungslosigkeit.

Eine Person lebt in einer Welt der Bedingtheit. Für eine Person gibt es immer Gegensätze wie Liebe und Hass, richtig und falsch, gut und schlecht. Deshalb gibt es immer Dinge, die wir von der Liebe ausschließen. Liebe kann für uns nicht anders als bedingt sein, weil wir das, was wir nicht mögen, davon ausschließen.

Eine Person kann nicht bedingungslos lieben. Wenn wir dann einen Guru sagen hören, wir müssten jedermann bedingungslos lieben, fangen wir an, uns selbst zu foltern, weil wir das Unmögliche versuchen.

Sobald jedoch Freiheit gesehen wird und keine Person mehr da ist, gibt es keinen Anlass mehr, sich mit der bedingungslosen Liebe zu plagen. Dann wird nämlich gesehen, dass alles seiner Natur nach bedingungslose Liebe *ist*. Vom Verstand können wir nicht verlangen, dass er das begreift, schließlich lebt er ganz und gar in der Bedingtheit. Kurzum, Dies bleibt solange ein Mysterium, bis es gesehen wird. Wenn es gesehen wird, ist es sonnenklar. Und bis dahin kann es ziemlich frustrierend sein, wenn man davon reden hört wie jetzt hier.

Lass dir einmal diesen absurden Gedanken auf der Zunge zergehen, eine Person könne die Dualität durch bedingungslose Liebe überwinden. Da versucht die Dualität die Dualität mit etwas zu überwinden, was sie niemals verstehen kann. Kein Wunder dass unsere Versuche, jeden zu lieben, uns in den neurotischen Wahnsinn treiben. Fast alles, was wir unternehmen, um liebend und gut zu werden, macht uns schier wahnsinnig, vor allem wenn ein »du sollst« dahintersteht. C. G. Jung hat über seinen Vater gesagt: »Er tat viel Gutes, viel zu viel, und so war er denn meistens reizbar.« Und über die Beziehung zwischen seinen Eltern sagte er: »Beide bemühten sich sehr um Hingabe und Innigkeit, was zum Ergebnis hatte, dass es nur allzu häufig zu Szenen zwischen ihnen kam.«

Wenn wir uns von dem Glauben leiten lassen, dass wir lieben *sollen*, bleibt uns wenig Spielraum, auch unseren Schatten als eine Seite dessen zu nehmen, was wir sind – da liegt das Problem. Wenn wir unseren Schatten von uns weisen, zeigt er einen sehr unerfreulichen Drang, uns urplötzlich an die Gurgel zu gehen. Er springt dann auch anderen gern an die Gurgel.

Wir sind aus dem Paradies gefeuert worden. Besteht überhaupt eine Chance, ins Paradies zurückzufinden?

Ja, es fühlt sich so an, als wären wir rausgeworfen worden. Nein, es gibt keine Möglichkeit zurückzufinden, einfach weil wir gar nicht wirklich rausgeworfen worden sind. Wir versuchen dahin zurückzufinden, wo wir ohnehin schon sind.

Stell dir vor, ich frage dich: »Kann ich je auf diesen Stuhl zurückfinden, auf dem ich sitze?« Du würdest mich für verrückt halten, nicht? Du würdest sagen: »Aber Richard, du sitzt doch schon drauf!« Ich sage dann: »Nein, tu ich nicht! (Gibt sich störrisch, was Gelächter auslöst) Sag mir, wie ich auf meinen Stuhl zurückkommen kann! Ich brauche das so dringend!« Dir würde dann wohl langsam die Geduld ausgehen. »Hör mal Richard, du sitzt nach wie vor auf deinem Stuhl, du bist schon da!« Und irgendwann würdest du es aufgeben.

So ist das bei diesen Gesprächen. Frustrierend, findest du nicht?

Wie die Buddhisten sagen: Samsara und Nirwana sind eins.

(Fast alle lachen, aber die verstörte Teilnehmerin ist ärgerlich und ruft:) Aber ich will wissen, was ich tun kann! Gib mir doch mal einen Tipp, wie ich aus dieser Lage herauskommen kann!

Wenn du ein Rezept möchtest, gibt es dafür tausend Lehrer und zehntausend Bücher. Da brauchst du nicht von mir auch noch eins. Na gut, hier hast du mein Rezept: Mach es dir mit ein bisschen leckerem Kleingebäck gemütlich.

Versteh mich nicht falsch. Ich will deine Empfindungen keineswegs verharmlosen. Ich sage nur, dass es keine Rolle spielt, was du tust, und warum dann nicht etwas tun, was du gern tust? Überleg dir, was du gern tust und was nicht, das ist auf jeden Fall besser, als sich herumzuquälen.

Natürlich ist es doch noch ein bisschen verwickelter. Wenn wir uns zu etwas zwingen, was wir ungern tun, steckt meist die Annahme dahinter, dass es irgendwie gut für uns ist.

Deshalb kann es geradezu ein Segen sein, all die Geschichten zu durchschauen, die uns erzählen wollen, was für uns gut ist und was nicht. Einmal durchschaut, haben sie keinen Reiz mehr.

Wenn Befreiung gesehen wird, zeigen die Dinge eine Tendenz, erheblich einfach zu werden. Das Leben kann sehr einfach werden, und dann ist es nur eben das, was es halt ist.

Die ganze Aufregung im Leben kommt größtenteils vom Wollen und Streben.

Irgendwer hat das mal so gesagt: »Wir müssen nicht aufwachen, sondern vielmehr einschlafen.« Da spielt wohl der Gedanke mit, dass es ein Ich gibt, das einschlafen muss.

(Mit erhobener Stimme:) *Wir* können nicht aufwachen. (Erhebt die Stimme noch mehr:) Aber wir können sterben, und dann ist da einfach ein Erwachen.

(Langes Schweigen, bis jemand sagt:) Das ist ja hier wie bei einer Beerdigung. Ist das der heimliche Zweck dieses Meetings? (Die Vorstellung, womöglich einer Beerdigung oder Totenwache beizuwohnen, löst allgemeines Gelächter aus.) Das passt auch gut zum englischen Titel deines ersten Buchs, I Hope You Die Soon. *Finde ich viel besser als den deutschen Titel. Der Verlag hatte wohl Angst davor.*

Mit dem übersetzten Originaltitel hätten sie zumindest dir eins verkauft. (Lachen) Mit diesem Meeting verbindet sich überhaupt kein Zweck, kein heimlicher und auch sonst keiner. Wenn es einen gäbe, dann wäre es: zu sterben.

Dann ist es also doch eine Art Beerdigung?

Ja, eine fröhliche Beerdigung.

Wir reden hier über das Ende von etwas, woran wir uns einerseits verzweifelt klammern und das wir andererseits unbedingt loswerden möchten. Wieder so ein großes Paradox. Wir halten zäh an uns selbst fest, mehr als an allem anderen, und zugleich wären wir uns gern los.

Es klingt ganz schön abgedreht, das hier eine Art Beerdigung zu nennen, aber genau diesen Humor mag ich. Da schließt auch gleich meine Frage an. »Sterben« wir plötzlich oder geht das in Phasen vor sich?

Da gibt es keine Regeln. Alles kann sein. Hier (deutet auf sich) hat es zwei plötzliche Ereignisse gegeben. Andere haben Ähnliches berichtet. Häufig kommt es zu einem Erwachen, bei dem die Nichtexistenz des Ich gesehen wird, aber anschließend kehrt die Person zurück. Später wird dann vielleicht die Nichtexistenz des Ich erneut gesehen, und dann bleibt die Person weg. Bei diesem zweiten Mal wird gesehen, dass alles erfüllt ist, alles ist mit Liebe angefüllt.

Aber es muss nicht so sein. Manchmal geschieht ein allmähliches Wegfallen des Ichgefühls, ganz ohne einschneidende Ereignisse.

Ganz selten kommt es auch vor, dass ein Gefühl, eine Person zu sein, gar nicht erst aufkommt. Das kann schwierig werden, weil solch ein Mensch überhaupt nicht begreift, was uns Übrige derart umtreibt. Vielleicht lernt man, das Spiel des Lebens irgendwie mitzuspielen, und dann sieht es so aus, als wäre da eine Person.

Ich könnte mir denken, dass J.J. Krishnamurti so jemand war. Wenn man liest, wie er als Kind war, wird man den Eindruck nicht los, dass er sich nie als Person gefühlt hat. Vielleicht hatte er deshalb später so wenig zu bieten, als die Leute sich Hilfe von ihm versprachen.

Vermutlich sah er einfach, dass Dies der Naturzustand ist. Wie hilft man jemandem, das zu werden, was er schon ist? Wie verhilfst du jemandem zum Sitzen auf einem Stuhl, auf dem er bereits sitzt? Die Leute kamen scharenweise, weil sie bei ihm Hilfe suchten, aber ich vermute, dass keiner Hilfe bekommen hat.

Der andere Krishnamurti, U. G. Krishnamurti, sagte: »Die Leute kommen mit Hoffnungen zu mir. Ich schicke sie mit Verzweiflung wieder weg.« (Lacht ausgiebig und hat offensichtlich sein Vergnügen an U. G. Krishnamurtis Aufrichtigkeit und Direktheit.) Ich bin versucht zu sagen, dass Verzweiflung viel besser ist als Hoffnung und viel näher an der Befreiung.

Solange Hoffnung besteht, besteht keine Hoffnung. Wenn Verzweiflung herrscht, vielleicht besteht dann eine gewisse Hoffnung.

Das klingt absolut widersprüchlich, ist aber irgendwie auch ganz klar.

Ich sehe es eher als Paradox und nicht als Widerspruch.

Mit meiner Frage über das Sterben wollte ich auf Folgendes hinaus: Ich habe einmal unter der Dusche gestanden, und davor hatte ich gekocht. Beim Duschen war ich mit Gedanken an all das beschäftigt, was später im Büro zu tun sein würde. Und als Mutter ging mir durch den Kopf, dass ich mein Kind noch mit dem Wagen hierhin und dorthin bringen musste.

Dann stand plötzlich die Frage vor mir: »Wer bin ich?« Mir war klar, dass es da um lauter Rollen ging, mit denen ich identifiziert war, aber das alles nicht das ist, was ich bin. In dem Augenblick ging mir meine Persönlichkeit verloren. Ist es das, wovon du sprichst?

Wie hat sich das angefühlt, »Persönlichkeit verloren«?

*Es gibt keine Köchin. Es gibt keine Mutter. Das sind alles Rollen, die ich spiele. Da ist kein Chef im Büro. Da ist niemand unter der Dusche ...
(Jemand wirft ein:) Mir scheint, da war doch noch eine zu viel unter der Dusche. (Allgemeine Heiterkeit)*

War das Verstandeserkenntnis oder ein echtes Verschwinden, sodass niemand mehr da war? War es ein Gedanke, oder war einfach niemand da?

Tja, bei einer anderen Gelegenheit saß ich mit einer Gruppe zusammen, und dann war niemand mehr da, ich selbst nicht und auch sonst niemand. Es war einfach eins. Ist es das, was Einssein bedeutet. Oder ein kleiner Vorgeschmack?

Ich muss noch einmal fragen: War die Person verschwunden? Wenn die Person wegfällt, bleibt einfach das, was ist.

Ja.

Es klingt, als wäre es das, wovon ich rede. So ist das Erwachen.

Das Dumme an solchen Gesprächen ist, dass es nach einer Weile so aussieht, als wäre das Aufwachen irgendwie wichtig. Es ist nicht wichtig. Schlafen und wach sein sind letztlich dasselbe.

Wir könnten auch sagen, dass das Aufwachen nichts ändert. Nun gut, es ändert in sofern etwas, als dann klar gesehen wird, dass es nichts ändert.

Mit diesem Sehen ist die Suche zu Ende. Sobald gesehen wird, dass das Aufwachen nichts ändert, ist auch klar, dass es nichts zu suchen gibt. Wenn schlafen und wach sein letztlich dasselbe sind, weshalb sollte man dann versuchen, vom einen zum anderen zu kommen? Es geht auch gar nicht. Oder anders gesagt: Alles ist Befreiung, auch das Gefühl, das hier sei noch nicht Befreiung.

Natürlich kann das Gefühl, dass Dies noch nicht Freiheit ist, sehr unbehaglich sein.

Bist du seit deinem zweiten Erlebnis ständig in diesem Zustand?

Erstens war es nicht *mein* Erlebnis und zweitens ist es kein Zustand.

Das ist ganz schwer zu beschreiben. »Befreiung« ist der Ausdruck, den ich für das Ereignis verwende, dass die Person verschwindet und nicht zurückkommt. Es handelt sich, auch das ist wieder paradox, um eine winzige und zugleich gewaltige Verschiebung. Es ist ein ganz beiläufiges und zugleich kosmisches Ereignis.

Winzig klein, weil alles so weitergeht wie zuvor; gewaltig, weil alles, was so weitergeht wie zuvor, nicht mehr für einen Jemand weitergeht.

Das Leben geht weiter, aber nicht für jemanden – das ist die kosmische Veränderung.

In Suzanne Segals Buch habe ich gelesen, dass das angebliche Ich vor ihrem Tod zurückkehrte, als sie sehr krank wurde.

Ich glaube, das steht in einem Kapitel, das jemand anderes noch eingefügt hat, jemand, der sie kannte und der Meinung war, sie brauche Psychotherapie. Er hatte seine eigenen Überzeugungen und Dinge, die ihm wichtig erschienen.

Aber ich würde auch hier sagen, dass es unwichtig ist. Solche Fragen sind nur für eine Person wichtig, besonders für eine Person, die ihr eigenes Verschwinden ersehnt. Die fragt dann: »Wenn ich verschwinde, ist das dann auf Dauer oder könnte es sein, dass ich zurückkomme?« Aber wenn die Person verschwunden ist, spielt das keine Rolle mehr.

Wen kümmert es, ob die Person zurückkehrt oder nicht? Was soll's? (Deutet auf sich) Ich halte es nicht für sehr wahrscheinlich, dass es hier passiert, und falls doch – wen kümmert das? Die Frage nach Suzanne Segal ist Ausdruck eines Suchens, in diesem Fall des Wunschs nach der Gewissheit, dass es etwas Dauerhaftes gibt, permanente Freiheit.

Es gibt nichts Dauerhaftes. Wohin man schaut, alles ändert sich, nichts bleibt, wie es ist. Aber die Person mit ihrem tiefen Ungenügen möchte eine Art Garantie, dass dieses Ungenügen doch irgendwann endgültig vorbei sein kann. Das kann aber nur sein, wenn die Person, die es sich wünscht, nicht mehr da ist.

Es ist nicht wichtig, wer oder was womöglich zurückkehrt oder nicht. Wie schon erwähnt, das nächste Mal möchte ich als Priester der katholischen Kirche nach Deutschland kommen.

(Respektloser Zwischenruf:) Wir freuen uns schon, dich als Funktionäre von Opus Dei zu sehen (Lachen).

Schaun wir mal.

Habe ich das richtig verstanden? Das Ich verschwindet nicht unbedingt auf einen Schlag, sondern wird sozusagen immer dünner?

Ja, es gibt keine Regeln.

Kann man auch aufwachen, ohne es zu merken?

Ja. Man beobachtet dann vielleicht Veränderungen, weiß aber nicht unbedingt, um was es sich dabei handelt.

Es kann zum Beispiel sein, dass Zeit in einem Sekundenbruchteil Wachheit durchschaut wird. Die Unwirklichkeit der Zeit wird klar. Dann erlebt jemand vielleicht einen radikalen Umbau seiner Beziehung zu Vergangenheit und Zukunft, ohne jedoch zu ahnen, was da eigentlich vorgeht. Ich glaube, ich habe es schon gesagt: Wie es ein Verstehen ohne Sehen geben kann, so auch ein Sehen ohne Verstehen.

(Flehentliche Stimme aus dem Hindergrund:) Können wir jetzt vielleicht mal Tee haben?

Das verstehe ich sogar auf Deutsch.

༄༄༄

Es gibt lebhaften Beifall für die Tee-Idee. Die meisten schlendern hinüber zu einem Eckcafé, wo wir uns bei Kaffee oder Eis in der Sonne aalen. Jemand nimmt die verstörte Teilnehmerin am Arm, und sie machen gemeinsam einen Spaziergang um eine Kirche in der Nähe. Nach ungefähr einer halben Stunde finden sich alle nach und nach wieder im Versammlungsraum ein.

Nach dem Tee

(Carl:) Jetzt steht dann eigentlich nur noch das Abendmahl bevor. (Lachen)

(Richard wendet sich erst einmal an die verzweifelte und wütende Teilnehmerin. Er sagt sich, dass ein paar Augenblicke Therapie auch an einem der Nicht-Dualität gewidmeten Tag in Ordnung sein müssten:) Ich möchte auf das zurückkommen, was du vorhin erzählt hast. Ich könnte doch etwas empfehlen. Das tut der Therapeut in mir, und es ist die Empfehlung, die ich auch jedem anderen bei solchen seelischen Nöten geben würde. Viele andere Therapeuten würden die gleiche Empfehlung geben.

Sie ist sehr einfach. Bleib so gut du kannst bei den Gefühlen, die du hast. Einfach bei den Gefühlen bleiben. Du musst nichts mit ihnen machen. Dabei kann alles Mögliche passieren, es kann zu allerlei Verwandlungen der Gefühle kommen. Zum Beispiel könnte es sein, dass du andere Gefühle entdeckst, die vollständig von den dir bewussten Gefühlen verdeckt waren. Vielleicht findest du etwa unter deiner Wut Traurigkeit oder unter deiner Traurigkeit noch mehr Wut. (Die Teilnehmerin hört sehr aufmerksam zu und scheint erleichtert, weil sie endlich ein Rezept bekommt, nach dem sie in ihrer verzweifelten Lage etwas unternehmen kann.)

Ein der tiefsten Einsichten der humanistischen Therapieform besteht darin, dass wir bei Dingen, die wir nicht mögen und ändern wollen, nichts Besseres tun können, als eben bei der Sache zu bleiben, die wir nicht mögen. Hier ist ein großes Paradox verstanden worden: Wenn wir etwas ändern wollen, dann genau da zu bleiben, wo wir gerade sind. Und das müssen wir ganz bewusst tun. Der humanistische Therapeut John

Rowan sagt: »Zu Veränderungen kommt es nicht durch den Versuch, irgendwohin zu kommen, wo du nicht bist, sondern dadurch, dass du bei dem bleibst, was ist.«

So, das war jetzt eine Mitteilung von Richard dem Therapeuten. Kontrastprogramm zur strikten Unpersönlichkeit unserer Gespräche über Befreiung.

Und es ist wirklich wichtig zu verstehen, dass alles, was über Befreiung gesagt wird, vollkommen unpersönlich ist. Das bedeutet zweierlei. Erstens habe ich keine Ahnung, was ich sagen werde – bis ich dann anfange zu reden. (Gelächter) Und zweitens haben diese Mitteilungen nichts mit Persönlichkeitszügen zu tun, die ich möglicherweise habe – nichts mit meinem Charakter, meiner Persönlichkeit, meinen Interessen, meinem Verhalten, meiner Moral oder Unmoral. Zu all dem besteht keine Verbindung.

Der Verstand freilich möchte etwas Persönliches daraus machen. Dann wird es haarig, weil wir die Mitteilungen dann nach Kriterien beurteilen: Wie verhält sich der Sprecher, wie empfinde ich seinen Charakter? Wenn uns sein Charakter oder sogar sein Humor nicht schmeckt, werden wir wohl auch das, was er sagt, nicht gelten lassen. Und wenn wir ihn mögen oder sein Verhalten uns zusagt, werden wir vermutlich auch seine Mitteilungen ansprechend finden.

Tatsächlich haben der Mitteilende und die Mitteilung nichts miteinander zu tun. Wenn uns der Guru-Pfad lockt, werden wir eine enge Verbindung zwischen der Gestalt und ihren Aussagen suchen. Der Guru soll ein bestimmtes Verhalten an den Tag legen, und er wird diese Tendenz bei uns vielleicht verstärken und sich genau so geben, wie wir ihn haben wollen. Dann sind wir natürlich tief enttäuscht, wenn sich herausstellt, dass der Guru selbst etwas ganz anderes tut, als was er lehrt. Vielleicht predigt er sexuelle Enthalt-

samkeit und schleicht sich heimlich in der Nacht in die Frauengemächer.
Das alles gehört in den Mülleimer. Es hat hier keinen Platz. Das hier ist einfach ein Austausch zwischen dem Einen und dem Einen. Es hat mit meinem Charakter rein gar nichts zu tun.
Das Eine stellt Fragen, und das Eine beantworten Fragen. Das Eine trinkt Kaffee, und das Eine ist getrunken werdender Kaffee. (Zu Carl:) Geht das im Deutschen? Es geht schon englisch nur so lala.

(Carl:) Ja, geht schon. So lala. Dein »getrunken werdender« Kaffee könnte auf Deutsch auch »betrunkener« Kaffee sein.

Ich wollte nichts Missverständliches sagen.

(Zwischenruf:) Weil du nicht wusstest, was du sagen würdest, bis es dann draußen war, oder weil da kein Du ist?
(Große Ausgelassenheit und Beifall)
(Eine Stimme hebt sich heraus:) Saustark!
(Richard versteht kein Wort, bis Carl ihm übersetzt. Dann stimmt er lauthals in das Gelächter ein.)
(Danach sagt jemand:) Hier ist heute so viel über Mitteilungen mitgeteilt worden – mich beschleicht das Gefühl, dass man eigentlich nur sagen kann: »Sei still und sitz einfach da.«

Ja.

(Jemand anderes:) Aber wenn ich es mir überlege, wüsste ich doch gern, weshalb du von so weit her anreist, um solche Gespräche zu veranstalten.

Da gibt es keinen Grund. Ich habe hier nichts Bestimmtes vor. Irgendwann kam ein Anruf aus Deutschland, und da bin ich jetzt.

(Carl korrigiert:) Nicht ganz. Ich habe dich letztes Jahr bei unserem Treffen in London eingeladen.
(Eine andere Stimme:) Du bist ganz bestimmt nicht hier, um uns das Leben leichter zu machen, um uns von Schmerz und Frust zu befreien?

(Ringt melodramatisch um Fassung, greift sich an den Kopf, scheint ihn sogar auf den Tisch hämmern zu wollen:) Darauf antworte ich gar nichts. (Grinsend:) Wenn ich euch die Schmerzen nehmen könnte, wäre ich ein gemachter Mann. Allerdings wäre ich dann wohl eher ein Zahnarzt. (Schallendes Gelächter)
(Wieder ganz ernst:) Wir möchten für alles Gründe haben. Wir denken immer, es muss doch Gründe geben. Du denkst: »Ich muss einen Grund haben, dass ich herkomme, um mir das hier anzuhören, und er muss einen Grund haben, hierher zu kommen und zu reden.« Nein, es sind lauter Sachen, die nur so passieren.
Ständig passiert irgendetwas. Dann denken wir, es hätte etwas auf sich damit.
Dies und das passiert, und wir meinen, es sei wichtig. Wir hängen dem, was passiert, eine Bedeutung an. Aber wenn jetzt das hier nicht passieren würde, dann würde irgendetwas anderes passieren. Vielleicht würde ich daheim in England meinen Parkspaziergang machen. Ich weiß nicht, was ihr tun würden, aber irgendwas würdet ihr tun.

(Eine Stimme, langsam, grüblerisch:) Da sind wir also, der Verzweiflung nahe ...

Das klingt vielversprechend.

Aber solche Gespräche bringen einen doch irgendwo hin. Ich war schon bei vielen solchen Treffen, und sie helfen mir. Ich finde, ich komme weiter.

Innerhalb der Story ist das ein verständliches Gefühl. Aber vielleicht fällt uns auch auf, dass niemand da ist, der irgendwo hingehen könnte, und dass es kein Irgendwo gibt, wohin ein Jemand gehen könnte. Es ist auch nicht nötig weiterzukommen, damit Befreiung gesehen werden kann.
   Hier sind wir, und Dies ist es.

Wenn von draußen einer zuhören würde, der müsste denken, wir sind hier in einer Klapsmühle.

Ja. Für die Welt ist das hier Wahnsinn. Wenn du da draußen auf der Straße irgendeinen Kölner anhältst und im eröffnest, dass er nicht da ist, könnte das ein interessantes Gespräch werden, in dessen Verlauf er dir möglicherweise mitteilt, dass du nicht ganz da bist.

Man könnte sagen, dass der Typ, der in der Schule dieses Blutbad angerichtet hat, auch nicht da war.

(Sehr leise:) Das könnte man sagen.

Es war okay. Er war nicht da. Es musste passieren.

(Sehr bestimmt:) Wenn ich »Das musste passieren« höre, werde ich sehr misstrauisch, weil dem Geschehen da ein Sinn untergeschoben wird. Wir fügen eine Story mit Bedeutung hinzu.

Was würdest du sagen?

Das Blutbad ist passiert. Es passiert, und dann möchten wir eine Geschichte dazu. Wir möchten uns einen Reim darauf machen. Für den Verstand ist dieser Wunsch etwas ganz Natürliches. Aber wenn du einen Sinn als Erklärung für dieses Ereignis brauchst, musst du dich für irgendeine Geschichte entscheiden. Welche du wählst, spielt keine Rolle, sie sind nämlich alle unsinnig.

Wie dem auch sei, hier sind wir. Dies ist es. Im Dies steigen Gedanken über andere Orte, andere Zeiten und ein anderes Ereignis auf, und solche Gedanken führen uns von dem weg, was tatsächlich der Fall ist.

Du sagst, dass nichts etwas bedeutet, dass nichts einen Sinn hat, dass die Dinge einfach passieren. Gestern Abend hast du vom Meer und den Wellen erzählt. Diese dreidimensionale Wirklichkeit, hast du gesagt, ist wie die Wellen auf dem Meer, und zwischen dem Meer und seinen Wellen besteht keine Trennung. Dann hat die Welle die gleiche Bedeutung wie das Meer, hab ich das richtig verstanden?

Ich würde nicht sagen, dass die Welle die gleiche Bedeutung hat wie das Meer. Das Wort »Bedeutung« ist irreführend.

Wie wäre es dann mit dem Wort »Sinn«?

Das ist dasselbe. Ich wäre da sehr vorsichtig. »Bedeutung« und »Sinn« haben immer mit der Story zu tun.

Die Welle ist ein Ausdruck des Meeres …

Ja.

Hast du gesagt, dass die Welt ein Ausdruck von nichts ist, ein Ausdruck dessen, was nicht in Worten auszudrücken ist?

(Klopft auf den Tisch, zeigt auf die Wand, hebt ein Glas Wasser hoch) »Sachen« erscheinen. Das Meer erscheint als Wellen. Das Unmanifeste manifestiert sich als Form. Aber das ist kein Unterschied. Alle Probleme fangen damit an, dass die gesonderte Person Unterschiede wahrnimmt.

Wie ihr euch erinnert, war davon die Rede, dass das Denken in gewisser Weise ein Hindernis für die Befreiung ist. Aber Denken ist einfach nur das Eine beim Denken, genauso wie dieses Gespräch einfach Stille ist, die Geräusche macht. Wenn das gesehen wird, stören die Dinge das Eine nicht mehr und ein Gespräch stört die Stille nicht mehr.

Aber solange es nicht gesehen wird, werde ich wohl denken, dass ich meine Gedanken zur Ruhe bringen oder Schweige-Retreats machen muss, um das Eine zu sehen. Sobald es jedoch gesehen wird, ist auch klar, dass Einheit und Stille schon immer der Fall waren. Gedanken stören das Eine nicht, und Geräusche stören die Stille nicht. Gedanken und das Eine, Geräusche und Stille, sie sind dasselbe.

Du hast deine Worte sorgfältig gewählt, trotzdem wird sie wohl jeder von uns ein bisschen anders verstehen.

Natürlich. So ist es bei jedem Austausch.

Ist es dann richtig zu sagen, dass Worte das, worüber wir hier sprechen, nicht erfassen können?

Ja. Die Vorstellungen, die im Dies ranken, kann man erfassen, aber Dies selbst nicht. Dies wird entweder direkt gesehen oder gar nicht.

Ist das Gnade?

Dieses Wort taugt so gut wie jedes andere. Wenn Freiheit gesehen wird, kann Dankbarkeit aufkommen, wenngleich klar ist, dass da niemand ist, dem man dankbar sein könnte. Noch ein Paradox. Niemand empfindet Dankbarkeit und niemandem gilt die Dankbarkeit, aber Dankbarkeit ist da. Sie kann aufkommen, weil selbst die einfachsten Dinge, etwa das Laub eines Baums im Wind, als Geschenke gesehen werden. Jeder »Augenblick« Präsenz ist ein Geschenk. Dies ist das Nonplusultra an Geschenk, der Freitisch schlechthin – sagt man das so im Deutschen?

Nein, im Deutschen heißt das Freibier, was sonst? In dieser Stadt würde es Freikölsch heißen, und, ja, wenn es kommt, sind wir dankbar. (Gelächter)

Die Dankbarkeit hängt auch damit zusammen, dass alles immer wieder als neu gesehen wird. Wenn »Vergangenheit« durchschaut ist, dann ist das hier die erste Tasse Kaffee überhaupt. Dieser Schluck Wasser ist der erste Schluck Wasser überhaupt. Alles ist neu.

Wenn ich die Augen schließe, ist Stille, regungslose, grenzenlose Stille. Sie ist immer da in mir. Sie war vorhin beim Mittagessen in der Pizzeria da, sie war letztes Jahr da, und vielleicht ist sie auch morgen da. Wenn ich die Augen aufmache, habe ich das Gefühl, dass alles aus nichts auftaucht.

Ja. Da ist immer die Stille, aus der irgendein Geschehen aufzusteigen scheint.

Dann ist auch immer ein Zugang zu diesem Mysterium vorhanden.

Aber ja, immer. Nur können *wir* ihn nicht finden.

Kann er dich finden? (Verblüfftes Lachen)

Er kann gesehen werden. Er flüstert uns etwas zu. Er flüstert ständig: »Hier bin ich. Nimm mich wahr, nimm mich wahr.« Aber für eine gesonderte Person ist einfach immer zu viel los, zu viel Lärm, zu viel Herumrätseln an Fragen der Bedeutung, als dass solch ein Flüstern wahrgenommen werden könnte.
Etwas tippt uns ständig auf die Schulter und wartet auf den Augenblick, in dem wir es merken.

Aber wenn nichts da ist, was flüstert dann? (Großes Vergnügen und viel Zustimmung auf Seiten der Zuhörer)

Das ist doch nur eine Metapher. Alles möchte uns an Dies erinnern. Nehmen wir die Metapher des Versteckspiels: Alles ist das Eine, das sich selbst sucht, das sich zu erinnern versucht, was es ist und wo.

(Die verstörte Teilnehmerin seufzt tief. Jemand neben ihr fragt:) War das jetzt endgültige Verzweiflung oder Erleichterung?
Erleichterung, jedenfalls für den Augenblick.
Dann hat doch was geholfen!

(Lacht laut auf) O nein! Es gibt keine Hilfe und niemanden, der helfen könnte, und niemanden, dem zu helfen wäre. Hilfe und Hoffnung gehen Hand in Hand, und Hoffnung ist eine schreckliche Sache. (Eine weitere Lachsalve)

(Es bleibt lange sehr still, bis jemand sagt:) Ich hätte nicht gedacht, dass Verzweiflung ein Schritt in die richtige Richtung sein kann.

Es gibt keine richtige Richtung und keine Schritt, aber ich weiß, was du meinst.

Ich weiß, was du meinst, da ist ein Verstehen. Diese Betrachtungsweise ist neu, und es besteht ein Interesse, ein Engagement.
  (Es wird noch stiller, bis wieder jemand sagt:) Verzweiflung kann Hoffnung machen.
  (Eine andere Stimme:) Ja, ich habe die Hoffnung, nach diesem Wochenende kein Mitglied von Opus Dei zu werden.
  (Große Ausgelassenheit)
  (Eine dritte Stimme, betont ernst:) Vorsicht. Wir zimmern da vielleicht schon wieder eine Methode. Erst muss man sich Verzweiflung erarbeiten, und dann besteht Anlass zu echter Hoffnung. Und schon geht es wieder los ...

Jetzt schält sich allmählich heraus, wie das nächste Buch heißen könnte: »Sieben Schritte zur Erleuchtung der Welt«. Dann werden die Leute zu Hunderten zu diesen Treffen kommen. (Lacht und kommt immer mehr in Fahrt) Wir werden verzweiflungsinduzierende Übungen entwickeln. (Allgemeines unbändiges Lachen) Zum Beispiel eine Verzweiflungsmeditation im Gehen. Und dazu eine spezielle Mauer, an die man den Kopf schlagen kann.

Aber wir müssen uns beeilen, sonst klaut uns noch einer die Idee.

Und dann hängen wir ein Schild auf: »*Zutritt nur für völlig Verzweifelte*«.

Der Laden wird teuflisch laufen!

O ja. Geld wie Heu!

Aber wenn alles nichts ist, dann ist es mit dem Geld auch nix ...
(Nach und nach werden alle wieder ernst. Jemand sagt:) Wie würdest du den Tag zusammenfassen, Richard? (Der Gedanke an eine ernsthafte Zusammenfassung lässt alle erneut loslachen.) Trink eine Tasse Tee?

Ja, trink eine Tasse Tee.
Vier Worte. Es ist niemand da. Das ist meine Zusammenfassung.

(Die erst so verzweifelte Teilnehmerin entwickelt jetzt sogar Galgenhumor:) Und es gibt überhaupt keine Probleme, weil es sowieso nur nichts gibt und niemand da ist ...
(Bei einer anderen Teilnehmerin haben sich die Gedanken langsam zu etwas verdichtet:) Aber mein Verstand denkt, er begreift das. Kummer gibt es, Verzweiflung gibt es, aber bei niemand. Wenn ich mich nicht mit dem Ich, mit meinem Namen und all den Erfahrungen identifiziere, die ich als meine ansehe, dann ist nur Dasein vorhanden, nur ein Fühlen. Vielleicht sind andere da, die ich Tochter, Ehemann oder Mutter nenne ...

Das ist die tiefe Erkenntnis der Psychotherapie, von der ich vorhin gesprochen habe. Wenn man einfach bei dem Gefühl bleibt, bei dem, was mit ihm passiert, dann besteht für diese Zeit keine Identifikation mit der Story im Kopf.

Der Unterschied zu dem, was hier gesagt wird, liegt darin, dass in der Psychotherapie meist eine Person vorausgesetzt wird, die den Entschluss fassen kann, das zu tun: bei ihren Gefühlen bleiben.

Das hat vieles mit Achtsamkeitstechniken gemein. Man richtet sich einfach auf die gegenwärtige Erfahrung aus, auf Empfindungen und Wahrnehmungen, und dann besteht eine Zeitlang keine Identifikation mit der Story. Schon wenn das einfach als Technik angewendet wird, kann man damit eine Menge ausrichten. Deshalb wird Achtsamkeit auf dem Gebiet der Psychiatrie und Psychotherapie immer beliebter.

Aber wir sprechen hier davon, dass sich Achtsamkeit spontan einstellen kann. Als Technik betrieben, bringen wir es immer nur bis zu einer Art Ersatz-Achtsamkeit.

Ich glaube, bei diesen Gesprächen wird mir etwas klar. Nehmen wir an, ich erzähle dir, dass ich ein Problem habe und eben jetzt ganz traurig bin. Du sagst zu mir: »Fühl die Traurigkeit.« Das sagt übrigens Samarpan auch. Aber wenn du das sagst oder er das sagt, habe ich das Gefühl, dass ich das mache, und dann kommen Zweifel. Wenn du mich um eine Tasse Tee bittest, und meine Hand nimmt die Tasse und gießt Tee ein, bin ich es dann, der das tut, oder ist es eher so was wie ein Roboter?

Ganz wie ein Roboter.

(Jemand anderes spinnt den Faden weiter:) Aber dann wüsste ich gern: Wer atmet in mir? Wer denkt in mir?

Atmen geschieht. Denken geschieht. Da ist keiner, der es tut. Wenn kein Atmen mehr geschieht, bringt das einiges an Veränderung mit sich.

(Die verzweifelte Teilnehmerin bekommt einen Lachanfall, der für einige Zeit keine Fortsetzung des Gesprächs erlaubt.)

Ich habe ein Zitat mitgebracht. Eigentlich wollte ich den Nachmittag damit einleiten, aber dann kam gleich eine Frage, und ich habe es wieder eingesteckt. Soll ich jetzt?

(Laute Zustimmung von allen Seiten) Bevor ich mein Zitat vorlese, möchte ich noch sagen, dass das, wovon wir heute sprechen, sehr alt und zugleich ganz neu ist – es ist zeitlos, es ist ewig. Es taucht in der Geschichte – mal angenommen, dass es so etwas wie Geschichte gibt – an allen möglichen Stellen immer wieder mal spontan auf.

Also, das hier ist aus der Überlieferung der Upanischaden. Hätte ich das ganz am Anfang unseres Treffens vorgelesen, vielleicht wären wir dann gleich rüber ins Bistro gegangen, es gibt nämlich darüber hinaus eigentlich nichts zu sagen.

(Liest:) »Sogar die alten Schriften verkünden: ›Es gibt in Wahrheit keine Schöpfung, keine Zerstörung. Niemand ist gebunden und niemand sucht Befreiung. Es gibt keine Befreiten.‹ Das ist die absolute Wahrheit, mein lieber Schüler, Kerngehalt und Inbegriff der Upanischaden.«

Es ist das Geheimnis der Geheimnisse, es lautet: »Es ist niemand da.«

Ah, das ist die Zusammenfassung! Danke.

Das ist die Zusammenfassung, ja.

Es ist nichts aus einem deiner früheren Leben?

Kein Kommentar.

Das Geheimnis lautet: »Es ist niemand da.« Das Geheimnis besteht, anders gesagt, darin, dass es kein Geheimnis gibt. Deshalb kann das Sehen der Befreiung ein solcher Schock sein und anhaltendes Gelächter auslösen. Es wird gesehen, was für ein Witz die ganze Suche war.

Die Person, die da so verbissen um Befreiung gerungen hat, gab es nie. Das ist der Witz der Witze. Das Geheimnis der Geheimnisse ist zugleich der Witz aller Witze – sozusagen der Mutter-Witz.

(Die verzweifelte Teilnehmerin:) Dann macht meine ganze Wut also nichts! (Sie lächelt und seufzt erleichtert.) Aber dem werde ich eine Tracht verabreichen, das kann ich euch sagen! Es kann ihm nicht schaden, er ist ja nicht da ... (Einige andere pflichten ihr bei.)

Ich möchte euch von einem ganz reizenden Mann erzählen, der in Nordengland in einer ganz abgelegenen Gegend lebt. Er hat einen Hund, den er als »Liebe im Pelzmantel« beschreibt. Er hat die letzten zwanzig Jahre mit größtem Eifer eine Meditationsform geübt, mit der er sich zuverlässig in Verzückung versetzen kann.

Einmal kam er mit seinen gerade getätigten Einkäufen in die Küche, als plötzlich niemand mehr da war. Niemand fing an, die Küchenschränke abzuküssen, weil plötzlich klar war, dass da keine Trennung bestand, dass keinerlei Unterschied zwischen ihm, den Einkaufstüten, dem Hund und den Küchenschränken bestand. Klar wurde bei der Gelegenheit auch, dass es zwar ganz nett, aber völlig bedeutungslos ist, sich zuverlässig in Verzückung meditieren zu können. Das hat mit dem Sehen der Befreiung so viel oder so wenig zu tun wie alles andere, zum Beispiel Teetrinken.

(Anhaltende tiefe Stille)

(Carl:) Vielen Dank für diese Botschaft der tiefen Verzweiflung, Richard. (Lachen)

Danke, dass ihr zugehört habt. Das Eine hat seine Sache heute wirklich gut gemacht.

☙☙☙

Das Treffen war zu Ende. Die Teilnehmer kamen nach vorn, um sich zu bedanken, manche blieben noch, um sich im Laden umzusehen und vielleicht Räucherstäbchen und ein paar Kristalle zu kaufen. Ich warf einen Blick auf den kleinen Recorder, bevor Carl ihn in die Tasche gleiten ließ. Hoffentlich hatte das Apparätchen wirklich die Gespräche des heutigen Tages und gestrigen Abends irgendwo in seinen magischen Innereien gespeichert. Genaueres würden wir erst am Montag in München wissen, wenn Carl den Inhalt auf einen Computer heruntergeladen hatte. Sollte das Gerät nicht richtig funktionieren, wäre dann auch das am Sonntag in Essen stattfindende Gespräch verloren und damit insgesamt beinahe die Hälfte unserer Tour. Da würden wir dann nach dem ganzen Abenteuer nicht viel vorzuweisen haben. Aber ich dachte nicht weiter daran. Was nicht zu ändern ist, muss man einfach in Kauf nehmen. Wir verabschiedeten uns von der reizenden Veranstalterin des Köln-Gesprächs.

Das verschollene Sutra des Buddha Essen

Eine existenzielle Zugfahrt

Nach dem Treffen in Köln führte mich Carl zum Essen in ein Restaurant direkt gegenüber dem hoch aufragenden Dom. Das Essen war großartig, und danach gingen wir ohne jede Eile die paar Schritte zum Hauptbahnhof hinüber, um unseren Zug nach Essen zu besteigen, wo gleich am nächsten Morgen ein ganztägiges Treffen beginnen sollte. Der Zug erreichte Düsseldorf fahrplanmäßig, und wir durften damit rechnen, um neun in unserem Essener Hotel zu sein und gute zwölf Stunden bis zum Beginn der Zusammenkunft Zeit zu haben.

Zehn Minuten nach der Abfahrt aus Düsseldorf hielt der Zug an. Zeit verging. Der Zug stand. Noch mehr Zeit verging, und nichts regte sich. Es kamen Durchsagen auf Deutsch, die mir nichts sagten. Carl erklärte, irgendwo weiter vorn auf der Strecke müsse etwas »vorgefallen« sein. Vielleicht ein Selbstmord. Oder ein Mord. Oder auch nur ein Versuch. Jedenfalls war die Polizei zur Stelle und ließ keine Züge passieren. Wir waren gehalten, weitere Durchsagen abzuwarten.

Wieder verging Zeit. Carls Kopf sank auf den Tisch vor ihm. Müde nach einem anstrengenden Übersetzungstag? Innere Leere? Verzweiflung? Ich starrte in die Dunkelheit vor dem Fenster.

Nach endlos langer Zeit fuhr der Zug wieder an – rückwärts! Langsam tastete er sich zurück nach Düsseldorf, von wo wir vor einer Stunde aufgebrochen waren.

In dieser Dunkelheit kam es mir so vor, als würde der Zug von jetzt an sinnlos zwischen Düsseldorf und einem nicht näher bezeichneten Punkt im Irgendwo pendeln und das womöglich für alle Zeiten. Wirklich, beim Blick nach draußen in die Nacht hätte man denken können, dass wir uns hier in ein Stück von Beckett – oder noch schlimmer: Sartre – verfahren hatten. »Die Hölle, das sind die Mitreisenden.« Das war hier schließlich Europa, wo bekanntlich alles Mögliche vorkommen kann, nicht das kuschelige old England, wo bekanntlich nichts vorkommt. War dieser Zug so etwas wie ein existenzielles Jojo geworden und machte seine Insassen zu ewigen Pendlern?

Dann wurde angesagt, der Zuge werde über eine andere Strecke nach Essen fahren und dabei andere Städte ansteuern – wer weiß, vielleicht sogar andere Länder. Wie lang würde die Umleitung wohl werden? Genau wusste es keiner, aber es konnte Stunden dauern. Verzweiflung breitete sich auf den Gesichtern der Fahrgäste aus, die eindeutig genug hatten. Dann wieder warten.

Schließlich hatte die Polizei doch ein Einsehen und ließ unseren Zug durch. Es ging weiter, und nicht über Norwegen oder Finnland, wie mancher schon geargwöhnt haben mochte, sondern ganz direkt nach Essen. Wir waren dann sogar schon kurz nach Mitternacht in unserem Hotel, wo uns eine Empfangsdame die Zimmer anwies, deren ständiger bellender Husten ein ebenso sicheres Persönlichkeitsmerkmal war wie die stets zwischen den Lippen klebende Zigarette. Bei der

Anreise nach Köln hatte ich in Brüssel in einem Luxushotel genächtigt, und das Hotel in Köln war durchaus nett gewesen. An diesem Hotel in Essen stachen die verblichenen Tapeten, das billige Mobiliar und die schmuddeligen Teppiche ins Auge. Ich begann mir Sorgen zu machen, dass vielleicht jede weitere Station dieser Tour mit einem ähnlichen sozialen Abstieg verbunden sein könnte und ich am Ende der Woche in einer Penner-Absteige landen würde, wenn nicht in einem dieser schäbigen und gespenstisch ausgeleuchteten Hotels, die manchmal auch von ahnungslosen Touristen gebucht werden, aber vornehmlich Bordelle sind.

Ich sorgte mich grundlos. Das Hotel in Essen erwies sich als der untere Wendepunkt, und schon unser nächster Halt, München, wartete mir mit allem Komfort auf.

☙☙☙

Die Gespräche dieses Sonntags fanden in einem New-Age-Buchladen statt, der mitten in einer Straßenflucht aus gesichtslosen Betonbauten lag und dort ein wenig deplaziert wirkte. Ringsum an den Wänden Bücherregale, und auch auf den Tischen, die sich längs durch den Laden zogen, waren spirituelle Werke aus alter und neuer Zeit ausgebreitet. Hier und da standen auch kleine Statuen von Hindu-Gottheiten oder Buddhas, es gab allerlei Kristalle, Räucherwerk, dann Päckchen von Tier-, Engel- und Erzengelkarten sowie Fläschchen mit Heilessenzen. Geführt wurde der Laden von einem freundlichen, engagierten Paar, und das schon seit über zwanzig Jahren.

Eine junge Frau, dunkel, attraktiv und in wallender ebenso farbenprächtiger wie blütenreicher Kleidung betrat den Laden und nahm in der hintersten Reihe der aufgestellten Stühle Platz.

Sie wechselte ein paar für mich natürlich unverständliche Worte mit einem der beiden Inhaber, worauf sie sich urplötzlich erhob und den Laden verließ. Ich überlegte, ob sie hier vielleicht irrtümlich einen Aura-Reinungs-Workshop oder einen Tag des dem Göttlich-Weiblichen geweihten heiligen Tanzes erwartet hatte, aber offenbar war sie wieder gegangen, weil sie nicht wusste, dass für diesen Workshop Eintritt verlangt wurde. Sie hatte gedacht, die Veranstaltung sei kostenlos. Hätte ich das rechtzeitig gewusst, ich hätte sie ganz sicher eingeladen; sie sah so aus, als könnte sie ein paar interessante Fragen haben. Unter den Teilnehmern befand sich ein asketisch wirkender älterer Herr im Tweedjackett, der etwas von einem Philosophen hatte. Ich stellte mir vor, dass er mich den ganzen Tag mit Bhagavad-Gita-Zitaten in makellosem Sanskrit bombardieren würde, aber tatsächlich sagte er dann sehr wenig.

Einige Zeit nach dem Beginn des Treffens kam ein junger Mann herein und setzte sich. Er hatte den starren Blick und finsteren Ausdruck eines Menschen, der geistig oder seelisch stark gestört oder sogar psychotisch ist, aber er wirkte dabei auch weich und zugänglich. Ich dachte: Das könnte ein interessanter Tag werden.

Sonntagvormittag

Wir sind heute hier, um über Nicht-Getrenntsein zu sprechen. Man könnte auch sagen, wir sind hier, um über nichts (*nothing*) zu sprechen, nichts als »Nicht-Ding« (*no-thing*) verstanden. Ich spreche von dem Nicht-Ding, aus dem alles hervorgeht. In fast allen religiösen und spirituellen Traditionen ist auch von diesem Nicht-Ding die Rede, aber man musste darüber mitunter sehr leise sprechen, denn es lässt keine Autoritäten gelten und stellt für jede Art von Priesterschaft eine unerträgliche Provokation dar. In dem, was hier mitgeteilt wird, findet ihr nichts von irgendwelchen Dingen die ihr zu tun oder zu realisieren hättet.

Und es geht noch weiter. Es ist nämlich so, dass es kein »ihr« gibt, das etwas tun oder realisieren könnte. Wenn ich heute über »Erwachen« und »Befreiung« rede – und das sind in gewisser Hinsicht irreführende Worte –, spreche ich damit einfach ein unmittelbares Sehen an, ein Sehen, in dem sich zeigt, dass niemand da ist, der je etwas tun müsste, um irgendetwas zu realisieren.

Die Getrenntheit, in der so gut wie alle Menschen leben, kann von uns abfallen, und zwar unabhängig von allem, was wir unternehmen mögen oder was wir zu sein glauben. Ich hoffe, aus dem bisher Gesagten geht schon hervor, dass diese Mitteilungen nicht zum Aufbau von Autoritäten oder einer weiteren »Priesterschaft« taugen.

Priester jeglicher Art sagen uns ja, was wir tun müssen, um in irgendeiner Hinsicht besser zu werden. Priester kann es überhaupt nur geben, weil wir uns irgendwie unzulänglich fühlen und glauben, wir müssten etwas an uns verbessern. In der Befreiung wird jedoch gesehen, dass es Unzulänglichkeit gar nicht geben kann, weil alles immer schon das Eine ist. Alles ist bereits Nicht-Getrenntheit, wie und wo sollte man da noch etwas verbessern?

Davon wird also in den religiösen und spirituellen Traditionen der Welt nur geflüstert. Wenn man laut und deutlich davon sprach, konnte es nämlich passieren, dass man von den Autoritäten und Machthabern beseitigt wurde. Wir wissen, dass es viele solche Fälle gegeben hat.

Die Tradition, die am häufigsten mit dieser Mitteilung in Verbindung gebracht wird, ist der Advaita-Vedanta, aber wir hören auch im Christentum, Buddhismus, Taoismus und Zen davon. Im Buddhismus beispielsweise haben wir es als »Samsara und Nirwana sind eins«. Es kann überall und jederzeit spontan zum Sehen der Befreiung kommen, unabhängig von allem, was wir getan, geglaubt, geübt oder studiert haben mögen. Es kann in jeder Tradition dazu kommen und hat überhaupt nichts mit irgendeiner Tradition zu tun.

Ich möchte jetzt ein bisschen über den Zustand der Trennung erzählen, denn die allermeisten leben in diesem Zustand. Geboren werden wir in der Nicht-Getrenntheit, aber als Babys sind wir uns dieses Zustands nicht bewusst. Mit dem Sehen des Einen, wie es beim Erwachen oder in der Befreiung geschieht, kehren wir einfach in diesen Naturzustand zurück, nur ist er uns jetzt bewusst. Wie T. S. Eliot sagt, kehren wir am Ende unseres Forschens dahin zurück, wovon wir ausgingen, um diesen Ort erst dann wirklich zu erkennen. Wir sprechen also davon, etwas zu erkennen, was immer der Fall war, aber für gewöhnlich nicht gesehen wird.

Tut mir leid, dass es so tautologisch klingt, aber das Eine ist nicht zu erkennen, solange es nicht erkannt ist. Es ist nicht zu sehen, solange es nicht gesehen wird.

Wir werden im Einssein geboren, aber sobald sich ein Selbstbewusstsein herausbildet, entsteht auch Trennung. Selbstbewusstsein und Trennung, könnten wir sagen, sind eigentlich dasselbe. Selbstbewusstsein, das Bewusstsein meiner selbst, bedeutet ja gleichzeitig ein Bewusstsein des anderen – es impliziert ein »ich und anderes« (*other*) oder wahrscheinlicher eher »ich und Mutter« (*mother*). (Zu Carl, grinsend:) Kann man das im Deutschen auch so reimen?

(Carl:) Nein, im Deutschen reimt es sich nicht.

Wie schade. Ich fand es so nett.

Wir bemerken also, dass es anderes und andere gibt. Ich und Mama, ich und Papa, ich und Zimmer, ich und Hund, ich und Katze. Darin besteht die Trennung: Wir bemerken, dass wir ein von allem and allen anderen verschiedenes Ich haben.

Natürlich sind all die um unser Wohl bemühten Menschen ringsum darauf aus, uns in diesem Trennungsgefühl zu bestärken. Sie tun das mit viel Liebe, schließlich wiegt sich jeder von ihnen ebenfalls in dem Glauben, ein gesondertes Ich zu sein. Sie sagen: »Richard, du bist eine Person, und du hast etwas, was dein Leben heißt. Nun liegt es an dir, etwas daraus zu machen.«

Damit kann dieses »mein Leben« genannte große Abenteuer beginnen. Es ist vielleicht ganz spannend, aber irgendwie ist es auch eine ziemliche Last. Ich habe ein Leben bekommen, und jetzt habe ich mich um dieses Leben zu kümmern, um daraus das beste Leben zu machen, das mir möglich ist.

Seht es einmal so: Was, wenn ich mit einem kleinen Hund hier angekommen wäre und hätte ihn Bernhard (dem Ladeninhaber und Veranstalter unseres Treffens) anvertraut mit den Worten: »Pass bitte bis zum Mittagessen auf diesen Hund auf.« Was für eine Verantwortung das allein schon wäre! Mein Hund könnte durchbrennen und sich verlaufen. Wie würde es Bernhard dann gehen? (Bernhard gibt deutlich zu erkennen, dass ihm das überhaupt nicht behagen würde.) Dabei habe ich ihn ja nur für dieses eine Hündchen verantwortlich gemacht. Aber ein Kind, das gerade einmal eineinhalb oder zwei Jahre ist, bekommt ein ganzes Leben aufgehalst, um das es sich zu kümmern hat. Das ist doch schlimmer als eine ganze Hundemeute.

Ein Leben zu haben, das ist spannend, aber auch Plackerei. Es kann alle möglichen Gründe dafür geben, dass man schließlich bei Gesprächen über Nicht-Dualität landet, aber bei vielen Menschen ist es so, dass sie sich von einer wilden Hundemeute durchs Leben gezerrt fühlen und es einfach satt haben. Bei manchen regt sich der Verdacht, dass ihnen wesentlich leichter wäre, wenn sie nur endlich all die Leinen loslassen könnten. Wenn wir Mitteilungen wie diese hören, kann es sein, dass wir unsere Bemühungen, etwas aus diesem Leben zu machen, einfach aufgeben – und es kann eine große Erleichterung damit verbunden sein.

Man kann aus dieser Mitteilung eine Botschaft der Hoffnungslosigkeit und Verzweiflung heraushören, und so paradox es klingt, gerade das wird von manchen mit großer Erleichterung aufgenommen, denn wenn wir die Hoffnungslosigkeit wirklich spüren, kann es sein, dass wir uns im nächsten Moment entspannen.

Hoffnung kann in gewisser Weise grausam sein, weil sie uns auf die Zukunft starren lässt, und dann sehen wir nicht, was tatsächlich der Fall ist. Präsenz ist nicht möglich, solange wir in der Hoffnung leben. Außerdem verbindet sich mit Hoffnung der Eindruck, dass wir etwas unternehmen sollten, dass wir danach trachten müssen, unsere Hoffnung in der Zukunft zu erfüllen.

Solange ein Gefühl von Trennung besteht und wir dieses Leben als *unser* Leben ansehen, aus dem wir etwas machen müssen, wird es immer etwas geben, was zu tun bleibt, um dieses Leben zum Erfolg zu führen. Die fürsorglichen Erwachsenen, die wir in unserer Kindheit um uns haben, versorgen uns nur zu gern mit langen Listen von Dingen, die wir zu tun haben. Das müssten schon ziemlich exzentrische Eltern sein, die uns *nicht* erzählen, wie man dieses Leben in einem materialistischen Sinne in Ordnung hält. Wir wissen alle, um was es sich da in der Regel handelt. Es beginnt mit dem Sauberkeitstraining und setzt sich fort in Partnerwahl, Kindern, Haus, Auto und Altersversorgung.

Die Botschaft lautet: »Mach es so, und du wirst dein Glück finden.« – auch wenn alles dagegen spricht, dass es für irgendwen jemals so funktioniert. Sicher, für manche von uns scheint es manchmal zuzutreffen. Aber letztlich funktioniert es eben doch nicht ganz, denn das Auto mag noch so schön, das Haus noch so groß sein, das tiefe Unbefriedigtsein ereilt uns doch wieder. Irgendwann holt es uns ein, dieses Gefühl, dass etwas fehlt.

Daran ist nichts Geheimnisvolles, denn es fehlt ja wirklich etwas. Es fehlt die Nicht-Getrenntheit, in der wir geboren werden.

Manch einer macht sich dann irgendwann auf diesen oder jenen spirituellen Weg, um nach Hause zurückzufinden, zurück in etwas, das wir vage vermissen. Aber da gibt es dann auch wieder fürsorgliche und hilfsbereite Menschen, die uns mit Listen versorgen, und auf diesen Listen stehen weitere Dinge, die zu tun sind: Meditiere, erforsche dich selbst, reinige deine Chakren, schaff dir gutes Karma, nimmt die Erleuchtung wichtiger als das Leben als solches. Oder eben: Lass das Suchen nach Erleuchtung überhaupt sein.

Das geht immer so weiter, bis einem vielleicht auffällt, dass nichts so recht funktioniert, weil die Person, die da einen Heimweg sucht oder das Wirkliche zu sehen versucht, nur Einbildung ist. Da hat also ein bloß eingebildetes Ich versucht, sich selbst zum Verschwinden zu bringen!

Das ist hoffnungslos. Die Person kann da nichts ausrichten. Aber das Trennungsgefühl kann einfach verschwinden. Es kann schlicht wegfallen, es kann durchschaut werden. Dann erweisen sich das spirituelle Werk, das wir an uns selbst verrichtet haben, sowie all die gewissenhaft abgearbeiteten Listen, all die eifrig geglaubten Theorien und eifrig studierten Philosophien als nicht zur Sache gehörig.

Vielleicht wird dann auch klar, dass manche besonders rätselhaft klingende Aussagen, denen wir hier und da auf unseren spirituellen Pfaden begegnet sind, einfach zu umschreiben versuchen, wie das Leben sich darstellt, wenn das bloß eingebildete Ich nicht mehr da ist. Hier als Beispiel die Worte einer christlichen Mystikerin: »Solange ich nicht sehe, dass ich nichts bin, kann ich nicht sehen, dass ich alles bin.«

Doch der Verstand ist schlau. Aus diesem einen Satz macht er mühelos einen meterhohen Stapel philosophischer Bücher. Aber es handelt sich nicht um eine philosophische Aussage, und das kann in einem Sekundenbruchteil der Wachheit gesehen werden. Der Satz beschreibt die Wirklichkeit, wie sie ohne die Person ist.

Wenn gesehen wird, dass ich nichts bin – und das kann nur geschehen, wenn die Person weggefallen ist –, dann wird auch gesehen, dass ich alles bin, dass ich und alles Übrige ein und dasselbe sind. Man könnte auch sagen, dass ich und alles Übrige aus demselben Stoff sind. Falls ihr wissen wollt, was dieser Stoff ist, es ist bedingungslose Liebe. Ihr und ich und auch sonst alles sind bedingungslose Liebe.

Wenn Befreiung gesehen wird, kann es sein, dass darüber gesprochen wird – wie jetzt hier. Allerdings ist auch klar, dass es sich nur um vergebliche Liebesmüh handeln kann, weil Worte nicht an Dies heranreichen. Aber wenn das Sehen der Freiheit bei jemandem geschieht, der nicht so mitteilsam ist, kann es sein, dass überhaupt nicht darüber gesprochen wird. Wir nehmen an, dass dieses Sehen recht selten vorkommt, aber eigentlich wissen wir darüber nichts, denn viele reden nicht davon.

Also, wenn Befreiung gesehen wird, kann es bei entsprechender Veranlagung sein, dass man etwas darüber mitzuteilen versucht, auch wenn eigentlich klar ist, dass da nichts mitgeteilt werden kann. Nehmen wir als Beispiel den Buddha. Als bei ihm das falsche Ich verschwand und nichts im Sinne von »kein Etwas« gesehen wurde, empfand er zunächst keine Neigung, darüber zu sprechen; ihm war klar, dass es nicht mitzuteilen war. So jedenfalls die Legende. Dann begegneten ihm drei seiner früheren Gefährten, und denen fiel auf, dass etwas mit ihm passiert sein musste. Es wäre allerdings treffender zu sagen, dass ihm *nichts* widerfahren war. Jedenfalls wirkte er verändert. Sie überredeten ihn, darüber zu sprechen, und so haben wir jetzt, zweieinhalb Jahrtausende später, hundert verschiedene Formen des Buddhismus. Aber so ist dieser Verstand nun mal; aus schlichtem Nichts zaubert er endlose Komplikationen.

Aber es ist einfach eine Geschichte?

Ja, eine Geschichte. Ich habe hier ein Zitat der christlichen Mystikerin, die ich eben schon erwähnt habe, Marguerite Porète. Das war eine ganz schön energische Frau, die kämpfte nicht mit weichen Bandagen. Sie wurde dann von der Kirche hingerichtet, aber es gibt eine Schrift von ihr, die den Säuberungswahn der Kirche überlebte. Hier noch zwei Sätze daraus: »Wenn du nicht verstehst, kann ich dir nicht helfen. Dies ist ein Werk der Wunder, über das sich nichts erzählen lässt, es sei denn Lügen.«

Da sagt sie doch eigentlich, dass jedes Wort, das über Dies gesagt wird, gelogen ist. Sie ist wirklich kompromisslos. Vielleicht schwächen wir es ein wenig ab und formulieren es so: Was über Dies gesagt wird, kann sehr irreführend sein. Jedenfalls kann man anhand des Zitats wohl nachvollziehen, weshalb die Kirche sie loswerden wollte. Sie muss eine ziemlich lästige Frau gewesen sein. (Lachen)

(Hier schaltet sich Bernhards Freundin ein, die mit ihm zusammen den Laden führt. Sie besitzt ein sehr differenziertes Verständnis für Psychologie:) Darf ich im Zusammenhang damit etwas sagen? Du hast von bedingungsloser Liebe gesprochen und gesagt, dass der Verstand sogar daraus ein Gefängnis machen kann. Wenn ich mir einbilde, ich müsste jeden und alles bedingungslos lieben, dann wird das ein Gefängnis.

Ja, das ist ein Gefängnis. Es ist ein Glaube, der dich buchstäblich gefangen nimmt. Und ein schönes Beispiel für die Tendenz des Verstandes, alles zu personalisieren. Er hört: »Alles ist bedingungslose Liebe.«, und schon macht er daraus: »Ich muss alle bedingungslos lieben.« Jetzt hat er dir etwas verschafft, womit du dich dein Leben lang quälen kannst, denn für die Person, die du zu sein glaubst, ist es völlig unmöglich, alle anderen bedingungslos zu lieben. Darin darfst du dich für immer unzulänglich fühlen, eine spirituelle Versagerin.

Bedingungslose Liebe ist unpersönlich. Alles ist unpersönlich, aber das eingebildete Ich dichtet allem etwas Persönliches an. Manchmal wird ein kurzer Augenblick des Aufwachens anschließend als schrecklich bezeichnet. Es gibt da ein paar Beispiele. Das Schreckliche dürfte darin bestehen, dass plötzlich die absolute Unpersönlichkeit von allem gesehen wird.

(Lacht) Ich will euch keine Angst einjagen. Das Aufwachen ist nicht immer schrecklich. Hier (deutet auf sich) war es nicht schrecklich. Aber wenn ich ein Leben lang vollkommen überzeugt war, dass ich eine Person bin, und dann plötzlich sehen muss, dass keine Person da ist und alles unpersönlich ist, dann darf es uns eigentlich nicht wundern, dass damit Entsetzen verbunden sein kann.

Dann ist es auch so, dass zwar alles bedingungslose Liebe

ist, aber beim Erwachen scheint es, obwohl das Unpersönliche gesehen wird ...

(Carl unterbricht frustriert:) Ich kann dir nicht folgen. Kannst du? (Lachen)

(Lachend:) Ich weiß nicht.

(Carl:) Du fängst mit einem einschränkenden »zwar« an, und dann kommt gleich noch ein einschränkendes »obwohl«, aber worum es in dem Satz gehen soll, bleibt noch unerwähnt. Meinst du das, wenn du sagst, dass diese Mitteilung rätselhaft sein kann? (Alle haben ihren Spaß an der kleinen Kabbelei.)

(Lachend:) Kann sein. Ich versuch's noch mal. Beim Erwachen passiert es oft, dass zwar Leere und Einheit gesehen werden, aber bedingungslose Liebe nicht gesehen wird.

(Carl:) Jetzt habe ich verstanden! (Wieder Gelächter, alle sympathisieren offenbar mit dem Übersetzer.)
(Jemand anderes sagt:) Mir scheint, das ist eine sehr wichtige Sache. Kannst du das wiederholen?

Es kann zu einem Aufwachen kommen, bei dem die Unpersönlichkeit von allem gesehen wird, aber die bedingungslose Liebe nicht. Das ist die Leere, der Abgrund, von denen der christliche Mystiker spricht. In diesem Erwachen wird gesehen, dass alles leer ist. Das kann erschreckend sein. Es wirkt wie ein kaltes Nichts, in dem keine Liebe ist. Es kann aber auch eine sehr verlockende Leere sein, eben weil darin nichts von »ich« ist. Wo kein Ich ist, kann es auch kein persönliches Leiden geben, das ist das Schöne daran.

Für das, was die Person empfindet, wenn sie nach einem Erwachen wieder auftaucht, gibt es keine Regel. Bei manchen ist es Angst, andere empfinden eher: »Donnerwetter, das ist ja allerhand!« Jedenfalls ist beim Erwachen etwas realisiert worden, aber es ist noch unvollständig. Außerdem kann zu diesem Zeitpunkt nicht gesehen werden, dass es noch unvollständig ist.

Später kann es dann sein, dass das Ich erneut wegfällt und diesmal auch die bedingungslose Liebe gesehen wird. Das wird dann nicht mehr als erschreckend erlebt, denn jetzt wird erkannt, dass man eine erfüllte Leere gesehen hat. »Erfüllte Leere« klingt natürlich paradox, deshalb wird der Verstand wahrscheinlich gleich wieder losrattern und nicht lange brauchen, bis er einen weiteren Stapel philosophischer Bücher produziert hat.

Aber »erfüllte Leere« ist nicht paradox. Wir versuchen damit nur zu beschreiben, was in der Befreiung gesehen wird. Alles ist seiner Natur nach leer, aber die Leere besteht aus Liebe. Wenn der Verstand sich einschaltet und nichts weiter als diese Beschreibung hat, wird er etwas besonders Schlaues daraus zu machen versuchen.

Es ist ganz natürlich, dass man zu dieser Beschreibung Fragen stellt, nur laufen sie leider alle auf Antworten hinaus, die den Verstand nicht befriedigen können. Dem Verstand wird diese Mitteilung niemals genügen. Er wird sie immer in Diskussionen verwickeln und dabei auch noch gewinnen.

Wenn es zwischen nichts und dem Verstand zum Disput kommt, gewinnt der Verstand jedes Mal.

Damit ist meine Vorbemerkung zu Ende. Jetzt können wir fragen und antworten und diskutieren (lacht und deutet in die Runde). Wenn nicht, dann gibt es hier auch reichlich Bücher, die ihr lesen könnt (Geste zu all den Regalen und Tischen voller Bücher). Ich bin da ein bisschen im Nachteil, weil alles auf Deutsch ist, aber jedenfalls gibt es hier eine Menge geistige Nahrung. (Allgemeines fröhliches Lachen bei dem Gedanken, sich mit der Lektüre von Büchern über Buddhismus, Kristallheilung und 2012 zu vergnügen, anstatt mit Richard über Nicht-Dualität zu sprechen.)

(Lange Pause. Schließlich äußert ein junger Mann sichtlich bewegt:) Ich habe mein Leben lang nur ein Ziel gehabt, nämlich Befreiung zu finden. Aber ich hatte keine Ahnung, was das bedeuten mochte. Vor ungefähr zwei Jahren kam es zu einem Erwachen. Urplötzlich war ein paar Sekunden lang niemand mehr da. Dann schaltete sich der Verstand wieder ein, und seine erste Bewertung lautete: »Wenn das Befreiung ist, dann will ich sie nicht, davon habe ich ja nichts.«
Wenn ich Freiheit finde, möchte ich sie auch genießen. Aber es war niemand da, der sie hätte genießen können. Von da an ist es immer wieder zu Verschiebungen in meiner Wahrnehmung gekommen. Manchmal herrscht diese Hoffnungslosigkeit, die irgendwie als Gnade erlebt wird. Dann wieder kommt totale Panik auf, ein Gefühl von völliger Hilflosigkeit. Aber insgesamt wird es doch irgendwie leichter, ohne dass ich sagen könnte, wie eigentlich.

(Hocherfreut:) Das ist eine tolle Darstellung, ganz wunderbar.
Es gibt da keine Regeln. Manchmal sind plötzlich ein, zwei Sekunden Wachheit da (klatscht laut in die Hände). Später kann es wieder zu einem plötzlichen Ereignis kommen, und dann wird die Fülle der Leere gesehen. Wenn die Fülle ebenso gesehen wird wie die Leere, spielen Hoffnungslosigkeit und Sinnlosigkeit wahrscheinlich keine Rolle mehr. Sie bedrängen

die Person nicht mehr, weil keine Person mehr da ist, die von ihnen bedrängt werden könnte.

Manchmal ist es ein allmähliches Hineingleiten in dieses Sehen, ohne herausragende Ereignisse. Manchmal geschieht einfach ein blitzartiges kurzes Aufwachen und danach nichts mehr.

Es gibt hier keine Regeln. In seltenen Fällen entsteht in der Kindheit gar nicht erst ein Trennungsgefühl, oder man sieht schon als Kind das Eine und vergisst es nie wieder.

Und letztlich spielt es keine Rolle, was passiert.

Nein, letztlich spielt es natürlich keine Rolle, weil sowieso nur Freiheit da ist.

Wach sein und schlafen, das ist dasselbe. Der einzige Unterschied liegt darin, dass im Schlafzustand der Glaube herrscht, es gebe einen Unterschied. Im Wachsein ist klar ersichtlich, dass kein Unterschied besteht. Alles geht weiter wie zuvor, nur wird gesehen, dass es nicht für jemanden vor sich geht.

Das Erwachen kann als winzige oder als kosmische Verschiebung erlebt werden. Im Aufwachen fallen all die Geschichten weg, nach denen bis dahin, wie wir glaubten, unser Leben verlaufen ist. Sie werden als Traum erkannt.

Die Geschichten, nach denen unser Leben scheinbar verlaufen ist, werden immer irgendetwas mit Suche zu tun haben. Wenn gesehen wird, dass Wachsein und Schlafen dasselbe sind, fallen diese Geschichten weg, weil es dann kein Suchen mehr geben kann.

Wir suchen auf unzählige verschiedene Arten das Paradies, nämlich das Ende dieser Empfindung, dass in unserem Leben etwas fehlt. Dann wird plötzlich gesehen, dass es nichts zu suchen gibt, weil wir das Paradies gar nicht wirklich verlassen haben. Dies war immer schon das Paradies, und wir haben nach etwas gesucht, was wir schon sind.

Wir suchen, was bereits der Fall ist, und deshalb finden wir nie, was wir suchen. Wir sind auf der Suche nach dem Wunderbaren, aber Dies ist bereits das Wunder. Es war schon immer das Wunder.

Seht es euch an (wedelt mit den Händen). Was könnte wunderbarer sein als Dies? Wenn ich plötzlich Stigmata an meinen Händen hätte, wie könnte das, was bereits ist, dadurch noch wunderbarer werden? Oder wenn Sai Baba hier wäre und für jeden von euch einen Rolex-Nachbau manifestieren würde, wie könnte das bereits vorhandene Wunderbare dadurch noch größer werden? Seht euch doch nur an, was das Eine so schon manifestiert. Es manifestiert wahrhaftig Bewusstsein.

(Jemand fragt herausfordernd:) Und was ist mit Krieg?

Was mit Krieg ist?

Ja, soll Krieg vielleicht das Paradies sein?

Der Verstand konstruiert solche Fragen, damit wir nur ja nicht sehen, dass Dies das Paradies ist. Wenn es nach dem Verstand geht, sollen wir nicht sehen, dass das hier das Paradies ist. Dann hören wir nämlich auf zu suchen und die Vormachtstellung des Verstandes wäre dahin.

Aber ich will trotzdem auf die Frage eingehen. Das Schwierige an der bedingungslosen Liebe liegt eben in dieser Bedingungslosigkeit. Sie lässt alles zu, auch Krieg. Nichts ist ausgeschlossen, dann kann auch Krieg nicht ausgeschlossen sein. Darauf kann sich der denkende Verstand keinen Reim machen, denn sein Element ist die Dualität. Er teilt die Dinge auf und ein und bildet sich Urteile über sie. Er sieht Gegensätze: Krieg und Frieden, Gut und Böse, Gott und Satan.

Dann sagst du also, dass Krieg auch bedingungslose Liebe ist?

Bedingungslose Liebe umfasst alles. Nicht-Dualität lässt alles zu. Dann kommt der Verstand daher und schließt dies und das aus. Er sagt: »Das hier mag ich, also gehört es zum Einen und ist Liebe. Jenes mag ich nicht, also gehört es nicht zum Einen und ist nicht Liebe.«

Es ist ganz natürlich, so zu fragen, wie du fragst, und es geschieht häufig. Die Antwort bleibt für den Verstand immer unbefriedigend. Wir haben hier ein gutes Beispiel dafür, dass der Verstand Dies nicht begreifen kann.

Vielleicht liegt das Problem in der Sprache. Sprache kann zwar materielle Bedingungen erfassen, aber nicht das, wovon wir hier reden. Jedenfalls verstehe ich nicht, wie Liebe Krieg wollen kann.

Ich sage nicht, dass Liebe Krieg will. Ich sage, dass bedingungslose Liebe alles zulässt. Das ist etwas ganz anderes.

Und machen wir uns auch klar, was der Verstand aus seiner Abneigung gegen den Krieg macht. In seiner ganzen bestehenden Klugheit sagt er: »Wir wollen keinen Krieg, also lasst uns Krieg führen, um den Krieg abzuschaffen. Wenn wir nur genügend Krieg machen, werden wir damit am Ende Frieden schaffen.« So weit reicht der Verstand.

In der Welt der Getrenntheit besteht immer irgendein Gleichgewicht zwischen Gegensätzen, zum Beispiel zwischen

Lust und Schmerz oder Frieden und Krieg. Was uns aktiv werden lässt, ist die großartige Illusion, das Gleichgewicht könne zum Erwünschten hin verschoben werden. Wir versuchen die Welt auf jede erdenkliche Art zu verbessern. Das ist zumindest sehr spannend und dramatisch. Doch bei näherem Hinsehen wird die Welt eigentlich nicht wesentlich besser oder schlechter, höchstens dann und wann mal und immer örtlich begrenzt. Trotzdem gibt der Verstand seine Hoffnung auf Verbesserung nicht auf, und wenn er sie aufgibt, stürzt er in Verzweiflung. So pendelt er zwischen Hoffnung und Verzweiflung hin und her.

Und das Pendel schwingt und schwingt. Mit dem Sehen der Befreiung wird das völlig durchschaut. Es ist das Schwert, das alles abschneidet und auch nichts von Sinn und Bedeutung übrig lässt. Bedeutung bedeutet da nichts mehr.

Es ist eigentlich seltsam, dass überhaupt Leute zusammenkommen, um über so etwas zu reden, denn wie schon festgestellt wurde, für die Person ist hier nichts zu holen. Befreiung wirft für die Person nichts ab.

Die Vorstellung, dass wir es sind, die etwas tun und uns damit etwas erarbeiten, fällt weg, aber Schuld fällt auch weg.

Ja.

Was für eine Erleichterung!

Das kann es sein, ja.

Wie gesagt, ein kurzer Augenblick Wachheit kann Verzweiflung, aber auch Erleichterung auslösen. Wenn gesehen wird, dass niemand da ist, der je etwas getan hätte, gibt es nichts mehr, weswegen man sich schuldig fühlen müsste oder was zu bedauern wäre. Nichts hätte je anders sein können. Außerdem wird im Erwachen die scheinbare Realität der Zeit durchschaut, und damit ist klar, dass es nie eine Vergangenheit gab, in der irgendetwas hätte passieren können. Dann kann alles, was uns der Kopf über Vermasseltes und Bedauerliches erzählt, verschwinden – das ganze »Hätte ich doch nur« und »Warum habe ich bloß nicht« und »Ich wünschte, es wäre so und so gekommen«. Genauso wird auch die Zukunft durchschaut und mit ihr die Hoffnung.

Das ist unter anderem das, was mit »Präsenz« gemeint ist. Präsenz heißt Dies sehen: sehen, was gerade erscheint oder zu passieren scheint. Darin wird erkannt, dass Dies das Ganze ist, der Kosmos, das Universum – es gibt nichts anderes als Dies. Vergangenheit existiert ausschließlich als ein Gedanke, der im Dies aufsteigt. Vor zweieinhalbtausend Jahren sah der Buddha, dass da kein Ding ist – und das ist ein im Dies aufsteigender Gedanke, sonst nichts. Und der Gedanke selbst scheint nur deshalb ein paar Sekunden zu dauern, weil das Bewusstsein den Anschein von Zeit hervorbringt, die etwas benötigt, um vonstattenzugehen.

Zeit gibt es nicht. Sogar der Eindruck, dass ein Gedanke Anfang, Mitte und Ende hat, ist einfach ein im Bewusstsein erzeugter Eindruck. Ihr denkt vielleicht, ihr hättet heute gefrühstückt, aber das ist nur ein Gedanke, der sich im Dies bildet, ein Gefühl, eine Empfindung, die dann auch schon wieder weg ist.

Wir sind hier. Dies ist es. Dies ist das Ganze.

(Der junge Mann, der etwas zu spät kam und in seinem Denken und Fühlen offenbar, wenn auch auf eine stille Art, zutiefst verstört war, hat Richard die ganze Zeit starr fixiert. Jetzt spricht er sehr ernst:) Bei mir stimmt was nicht im Kopf.

Ich hab eine Stimme im Kopf. Die Stimme gehört meinem Vater. In der Stirn ist eine Energie wie von einem Laser, und die ist ... ich weiß nicht ... (Er kommt irgendwie nicht weiter, findet keine Worte. Er ist sehr unglücklich, und nach einer Pause fährt er fort:) Hat vielleicht mein Vater das Problem, und ich sollte ihm helfen? Es ist schwierig. Ich weiß nicht, wie ich das loswerden kann. Ich möchte diese Stimme nicht mehr hören. Und die Energie in meiner Stirn bringt mich ganz durcheinander. Kann man das irgendwie wegkriegen? Kannst du mir helfen?

(Blickt den jungen Mann eine ganze Weile intensiv an, wie um abzuwägen, was er ihm antworten soll.) In der Welt der Phänomene, im Stück, gibt es eine Menge naheliegende Dinge, die man unternehmen kann, um mit Problemen fertig zu werden und weniger zu leiden. Die meisten von uns wissen schon, was ihnen am besten bei ihren Problemen hilft. Irgendwann wird dann vielleicht gesehen, dass da niemand ist, dem irgendetwas widerfährt, aber das gehört nicht zu den Dingen, die wir selbst herbeiführen können.

Dieses persönliche Leid, das du erlebst, ist wie ein Gefängnis. Möglich, dass man da etwas tun kann, um es dir im Gefängnis angenehmer zu machen. Eigentlich sind wir alle in einer Art Gefängnis, solange wir uns als gesonderte Individuen fühlen. Diese Gefängnisse können sehr unterschiedlich erlebt werden. Manche sind sogar recht komfortabel. Ein gesondertes Individuum meint in aller Regel, es müsse sich das Gefängnis komfortabler machen, und zwar dadurch, dass man gegen das persönliche Leid das unternimmt, was jeweils angezeigt erscheint.

Mit persönlichem Leid, wie du es schilderst, geht man vielleicht vernünftigerweise zum Psychotherapeuten. Es kann durchaus sein, dass dein Gefängnis dadurch angenehmer wird und du eine gewisse Entlastung erfährst.

Also, man kann einiges tun, um das Gefängnis weniger leidvoll zu machen. Aber es kann auch plötzlich gesehen werden, dass da gar keine Person in einem Gefängnis ist. Das Gefängnis besteht nämlich nur aus diesem Gefühl, eine Person zu sein und dieses oder jenes Problem zu haben. Das kann eine Stimme in unserem Kopf oder eine körperliche Krankheit oder Einsamkeit oder Unzulänglichkeitsgefühle oder sonst etwas sein. Aber solange wir uns als Person in einem Gefängnis fühlen, ist es ganz folgerichtig, dass wir alles tun, was dazu führen kann, dass wir uns weniger unwohl fühlen.

Du könntest dich also nach einem Psychotherapeuten oder vielleicht auch einem Heiler umsehen. Das sind die Dinge, die naheliegen. Natürlich haben sie nichts mit Nicht-Dualität zu tun – außer in dem Sinne, dass sie nicht vom Einen ausgeschlossen sind.

(Der gestört wirkende junge Mann scheint erleichtert, nachdem er ein wenig Zuwendung bekommen hat.) Okay, danke.

Eins noch: Du bist ein bisschen später gekommen und hast einiges verpasst, aber zugleich hast du überhaupt nichts verpasst.

(Jemand anderes wagt den Sprung:) Ich bin mir nicht sicher, weshalb ich hergekommen bin.

Jedenfalls hoffe ich, dass du mit nichts wieder gehst.

(Jemand fragt auf Englisch:) Darf ich eine Frage stellen?

Sicher, du musst sie nur für die anderen übersetzen.

In deinen Büchern schreibst du, dass deine vielen Jahre mit der Meditation und auf diversen spirituellen Fragen nichts mit dem Sehen der Befreiung zu tun hatten. Ich kann mir vorstellen, dass das auf manche deiner Leser ziemlich irritierend wirkt (allgemeines zustimmendes Lachen).

Liegt darin eine Frage oder ist es eher eine Feststellung?

(Carl:) Es war nicht gerade eine rhetorische Frage, aber vielleicht eine rhetorische Feststellung mit einer versteckt eingebauten Frage. Das ist nicht so einfach.

In dieser Mitteilung gibt es so einiges, was auf den Verstand äußerst irritierend wirken kann. Bei Leuten, die der Nicht-Dualität zum ersten Mal begegnen, gibt es ein paar häufig auftretende Reaktionen, und eine besteht darin, dass man irritiert oder verärgert ist. Ich selbst war anfangs ziemlich verärgert. Aber irgendetwas zog mich doch immer wieder hin. Ich ging also zu einem Meeting wie diesem, und am Schluss war ich dann ziemlich verärgert. Dann ging ich zu einem anderen Treffen, aber auch da war ich am Ende wieder richtig wütend. Das ging eine ganze Zeit so.

Mein Verstand mochte denken, was er wollte, irgendetwas zog mich wie ein Magnet doch immer wieder hin. Es bestand einfach eine Resonanz zwischen der Mitteilung und diesem Körper-Geist hier. Und darum geht es eigentlich bei Zusammenkünften wie dieser: Irgendeine unerklärliche Resonanz führt uns her.

Wenn wir diese Resonanz erklären wollten, würden wir damit nur noch mehr Storys für den Verstand kreieren.

Eine könnte so gehen: »Ich werde heute hierher geführt, weil ich in meinen früheren Leben viel gutes Karma erworben habe.« Aber sie könnte genauso gut so lauten: »Ich werde heute hierher geführt, um die furchtbaren karmischen Sünden abzubüßen, die ich in meinen früheren Leben begangen habe.«

Alles, was wir je über Dies sagen, kann nur Story sein. Dennoch liegen die Dinge aktuell so, dass wir jetzt hier sind und vielleicht eine Resonanz entsteht. In der Resonanz kann es dann sein, dass die Storys allmählich ihren Reiz einbüßen und verschwinden.

(Versonnene Pause. Dann zum letzten Fragesteller:) Jetzt habe ich deine versteckte Frage aus dem Blick verloren. (Überlegt) Ach ja, (lächelt) da ging es um Meditation und Irritation.

Ja, ich habe nach dem Kausalzusammenhang zwischen Meditation und dem hier gefragt.

Ja, jetzt hab ich den Gedankengang wieder. Es gibt verschiedene Antworten auf deine versteckte Frage, zum Beispiel, dass Kausalität eine Story ist. Ursache und Wirkung, das ist eine Geschichte, die der Verstand erzählt. Das kann dann so klingen: »Meine dreißig Jahre hingebungsvoller Meditation haben zum Erwachen geführt.«

Aber vielleicht fällt uns auf, dass es auch anderslautende Geschichten gibt. Zum Beispiel: »Es kann zum Erwachen kommen, ohne dass je Meditationserfahrungen gemacht wurden.« Es handelt sich in beiden Fällen um Geschichten, und wir könnten eine dritte hinzufügen, nämlich: »Die dreißig Jahre Meditation hat es nie gegeben, weil Zeit nicht existiert. Dreißig Jahre Meditation – das ist nichts weiter als ein

Gedanke. Er stellt sich für ein paar lediglich eingebildete Sekunden in dem hier ein und dann ist er weg.«

Das ist für manchen Verstand nicht nur irritierend, sondern empörend. Der Verstand glaubt nämlich: »Aber natürlich kommt es darauf an, was ich tue! Der ganze Sinn und Zweck meines Lebens besteht doch darin, mich zu entwickeln, mich zu verbessern und näher zum ... (Der Satz bricht ab, der Blick wandert zum Fenster und in die Ferne, wo das liegen mag, dem es sich anzunähern gilt.)

... um näher wohin zu kommen? Näher an den Goldtopf am Ende des Regenbogens. Aber wir wissen, was passiert, wenn wir uns dem Ende des Regenbogens nähern, nicht wahr? Es wandert vor uns her, immer weiter, und wir bleiben immer gleich weit weg. Das ist ein schönes Bild für das große Ziel der Erleuchtung, zu dem wir uns hin entwickeln, wie unser Verstand meint.

Er denkt: »Ich bin hier und das Ziel ist da drüben.« Doch dann kann urplötzlich gesehen werden, dass es kein Ich und kein Ziel und kein Hier und kein Da gibt. Hier und da, dies und das sind dasselbe. Vielleicht haben einige von euch heute Morgen meditiert. Möglicherweise irritiert es sie, wenn gesagt wird, dass sogar dreißig Jahre Meditation ohne Bedeutung sind. Es verletzt einfach ihr Gefühl von zielstrebigem Voranschreiten. Es könnte sie noch mehr irritieren, wenn dann auch noch hinzugefügt wird, dass heute Morgen keine Meditation stattgefunden hat, weil gar nichts je stattgefunden hat.

Ich finde es schön, dass man das Ziel nicht verfehlen kann, weil man gar nicht erst eins gehabt hat.

Ja, da kann man wirklich aufatmen.

Hier wird keine Lehre geboten, aber gäbe es eine, dann könnte es nur die große goldene Regel sein: Lass gut sein.

Nichts ist zu tun, nichts ist zu erreichen, nichts muss man werden, da könnte man sich doch wunderbar entspannen. Überlass es einfach alles sich selbst. Natürlich versteckt sich da wieder ein ganz schlimmes Paradox, denn es ist niemand da, der diese Entspannung herbeiführen könnte.

Und Gott sei Dank. Womit würden die Entspannungslehrer weiterhin ihr Geld verdienen, wenn ihre Methoden funktionierten?

(Lacht) Das meine ich nicht ganz ernst, denn es gibt natürlich eine Menge Dinge, mit denen wir uns das Gefängnis komfortabler machen können. Aber an unserer Grundverfassung können wir letztlich gar nichts ändern, an diesem Eindruck, dass wir ein Ich haben und als gesonderte Person existieren.

Wie sah denn deine Reaktion beim Erwachen aus? Warst du frustriert? Hast du gesagt »Mist, dreißig Jahre Meditation und alles für die Katz«?

Die Person kommt nach dem Aufwachen zurück. Bei mir löste das Entmutigung und Verzweiflung aus. Ich war dreißig Jahre ein spiritueller Sucher gewesen, aber ich war nicht frustriert, ich sah das nicht als dreißig vergeudete Jahre. Die Zeit war durchschaut. Es wurde gesehen, dass es diese dreißig Jahre nie gegeben hat. Aber ich empfand Hoffnungslosigkeit, weil ganz offensichtlich alles Suchen vergeblich war. Mein Leben mit all seinen spirituellen Unternehmungen sagte mir plötzlich nichts mehr. Das alles war eindeutig gegenstandslos. Womit würde ich jetzt meine Zeit zubringen?

Verzweiflung und Hoffnungslosigkeit folgen recht häufig auf einen Moment des Erwachens. Es ist vergleichbar mit dem, was uns überkommt, wenn wir uns in den Existenzialismus vertiefen. Nach ein paar existenzialistischen Büchern werden wir wohl einige Storys, an die wir geglaubt haben, durchschauen; wir werden sie als sinnlos erkennen, als bloße Erfindungen des Denkens. Aber dann sind wir als Person noch da, und es kann gut sein, dass wir jetzt verzweifelt sind, weil wir erkannt haben, dass es Sinn nicht gibt.

Aber in der Befreiung gibt es keine Verzweiflung, einfach weil keine Person mehr da ist und folglich niemand das Gefühl haben kann, das Leben sei sinnlos. Das Leben ist jetzt sein eigener Sinn. Diese Blume hier braucht keine Rechtfertigung. (Wie in Köln stehen Blumen auf dem Tisch, und wie in Köln kann er es nicht lassen, eine aus der Vase zu nehmen, um an ihr die Sinnlosigkeit der Sinnsuche zu erläutern.) Diese Blume braucht keinen Sinn, es genügt, dass sie da ist. Das ist Sinn genug. Und da (deutet auf einen Baum vor dem Fenster) und da (deutet auf den einen oder anderen Zuhörer) ist es auch so.

(Carl:) Und bei Carl ist es auch so. Sogar Carl ist genug. (Lachen)

Ja, bei Carl dasselbe.

Die Person braucht keinen zureichenden Grund für ihr Vorhandensein. Sie braucht so wenig einen Sinn wie eine Narzisse (hält die Blume hoch).

(Respektloser Zwischenruf zu allgemeinem Gelächter:) Das ist aber keine Narzisse!

(Gibt sich überrascht:) Nicht? Was denn dann? Doch jedenfalls eine Blume, oder? Bitte, sagt mir, dass es eine Blume ist. (Fröhliches Gelächter)

Die Blume braucht keine genaue Bezeichnung.

Sie braucht auch keine Psychotherapie (Lachen). Die Blume braucht keine sinnhaltige Story, um sich damit das Leben zu versauen.

Aber sie empfindet doch, dass sie geschnitten worden ist, also ist sie irgendwie abgetrennt. Aber sie blühte weiter, als machte ihr das nichts aus.

Eine Blume kann nicht Trennung erfahren. Ein Trennungsgefühl kennt nur der Mensch. Deswegen gibt es Psychotherapeuten nur für Menschen und nicht für Narzissen oder Miezekatzen.

Aber in Zukunft könnte es durchaus Blumen- und Katzentherapeuten geben.

Oh, ganz sicher.

Und Bücher zum Thema.

Ja, aber beachte bitte, dass alle bisherigen Bücher über neurotische Symptome aufgrund von Trennungsgefühlen von Menschen geschrieben worden sind. Es gibt noch kein einziges von einer Katze verfasstes.

Nicht einmal von Menschenaffen, obwohl sie unter den Tieren das größte Gehirn besitzen.

(Jetzt wieder ganz ernst, ja beinahe düster:) Nein. Ein Trennungsgefühl und alles, was es an Gaben mit sich bringt, kennt nur der Mensch. Und was sind das für Geschenke? Unter anderem Therapien, Religionen, spirituelle Wege, Gurus, Priester und der ganze Strauß sonstiger Lehrer.

Ich habe eine Frage. Als die Person zurückkam, warst du irritiert und hast dich gefragt, was nach dreißig Jahren der spirituellen Suche jetzt überhaupt noch zu tun ist?

Den Ausdruck »irritiert« hat ein Fragesteller ins Spiel gebracht. Ich habe von Verzweiflung und Hoffnungslosigkeit gesprochen.

Wir stellen uns vor, dass wir glücklich, wenn nicht selig sein werden, wenn die Wahrheit gesehen wird. Sicher werden wir uns doch wenigstens leichter tun, die Dinge zu nehmen, wie sie kommen, und alles gelten zu lassen, wie es ist. Wie kann es also sein, dass die Probleme zurückkommen?

Einheit wird gesehen, aber nicht von einer Person. Einheit kann nur gesehen werden, wenn die Person nicht da ist. Nach dem Erwachen kann es sein, dass die Person zurückkehrt. Und die zurückkehrende Person ist es dann, die womöglich Hoffnungslosigkeit und Verzweiflung empfindet.

Während dieses Sekundenbruchteils Wachheit können Hoffnungslosigkeit und Verzweiflung nicht auftreten. Dann kommt vielleicht die Person zurück mit dem Wissen, dass etwas sehr Bedeutsames passiert ist und alles zerstört hat, woran bisher geglaubt wurde. Aber die zurückgekehrte Person weiß jetzt nicht, wie sie in die Wachheit zurückkehren soll, und das kann Hoffnungslosigkeit und Verzweiflung auslösen.

Es ist, als wäre der Boden unter einem eingebrochen. Aber das ist ein Missverständnis seitens der Person.

Ja. Die Person kann nur missverstehen. (Mit besonderer Betonung:) Die Person muss zwangsläufig missverstehen.

(Die Zuhörer lachen über Carls etwas anders lautende Übersetzung. Carl zu Richard:) Oh, das ging wohl daneben. Es gibt im Deutschen ein ganz ähnlich klingendes Wort, und jetzt habe ich aus deinem Satz versehentlich »Die Person kann nur Mist verstehen« gemacht.

(Johlendes Gelächter, aber Richard bleibt ernst.) Im Erwachen erkennt das Eine das Eine. Aber die Person, die anschließend wieder auftaucht, empfindet möglicherweise Hoffnungslosigkeit und Verzweiflung.

Ist das nicht ein bisschen schizophren? Fühlt es sich so an?

Nicht in diesem Fall (deutet auf sich). Aber alles ist möglich. Es kann erschreckend oder nicht erschreckend, beunruhigend oder nicht beunruhigend, schockierend oder nicht schockierend sein. Für die zurückkommende Person ist es völlig normal, sich wie in einer Wüste zu fühlen. Dieses Bild wird häufig gebraucht, wenn versucht wird, die Folgen des Erwachens zu schildern. Dem entspricht in der christlichen Tradition die »dunkle Nacht der Seele«. Beide Metaphern versuchen die Verzweiflung zu erfassen, die einen überfallen kann, wenn klar wird, dass man überhaupt nichts tun kann, um seine Lage zu verbessern. Die Hoffnung ist verschwunden, aber das Einssein noch nicht realisiert.

Natürlich entstehen da auch Probleme mit der Zeitplanung. Was fange ich jetzt mit meiner Zeit an, nachdem klar geworden ist, dass es keinen Sinn hat, weiterhin zu Gurus zu gehen und weiterhin alle Tage meine fünf Stunden Mantrarezitation zu absolvieren. Nicht einmal meine vegetarische Ernährung hat noch einen Sinn. Was soll ich länger Linsen essen, wenn mich das nicht ins Paradies bringt?

Das Erwachen beendet also nicht alle Probleme und Irritationen. Ist es dann der Anfang einer neuen Phase, in der wir uns neu orientieren müssen?

Es kann nach dem Erwachen, wenn kurz das Eine gesehen worden ist, dann aber die Person zurückkehrt, zu einer Phase der Verzweiflung kommen, wenn es auch nicht unbedingt so sein muss. In der Befreiung dagegen verschwindet die Person und kommt nicht zurück, und dann tritt keine Verzweiflung auf, weil die Fülle der Leere gesehen wird und sich außerdem zeigt, dass alles seinem Wesen nach bedingungslose Liebe ist.

Trotzdem kann man auch in der Befreiung nichts ausschließen. Alles kann sein. Befreiung bietet Raum für alles. Aber tendenziell, kann man sagen, treten bestimmte Probleme und Gefühle eher nicht mehr auf. Das bedeutet freilich etwas ganz anderes, als der Verstand vielleicht meint.

Es kann sein, dass Gefühle intensiver werden, auch Gefühle, die der Verstand als unerfreulich ansieht. Es gibt keine Regeln, aber wenn vor der Befreiung beispielsweise ein Zustand ständiger Gereiztheit geherrscht hat, kann es sein, dass man nach der Befreiung eine Zeitlang richtig böse ist.

Wir können der Befreiung also keine verlässlichen Merkmale zuordnen, aber hier (deutet auf sich) kann jedenfalls gesagt werden, dass bestimmte Gefühle nicht mehr auftreten.

Langeweile und Depression etwa sind unbekannt. Sie könnten noch auftreten, nichts ist unmöglich; aber es ist nicht sehr wahrscheinlich, da solche Gefühle normalerweise von der neurotischen Veranlagung der gesonderten Person ausgehen. Langeweile gehört zu den Erscheinungen, die auftreten können, wenn die neurotische Person den Naturzustand stört. Wenn wir nicht merken, dass Dies bereits das Paradies ist, bekommen wir den Eindruck, die Dinge sollten anders sein, als sie sind, und dann kann diese Langeweile auftreten. Aber wie könnte Langeweile aufkommen, wenn schlichte alltägliche Dinge wie Blätter an einem Baum oder der Geschmack eines Apfels als Wunder wahrgenommen werden?

Zu Depressionen kann es kommen, wenn wir in den natürlichen Verarbeitungsprozess von Gefühlen eingreifen. Dann lassen wir uns nicht fühlen, was wir fühlen, und die ganze Energie fließt in die Unterdrückung von Gefühlen. Bei Ärger und Wut ist das oft so. Und wenn die Unterdrückung schon eine ganze Weile besteht, ist es kein Wunder, dass wir schließlich depressiv werden. Depression besteht sehr häufig darin, dass wir unseren Zorn gegen uns selbst richten.

Wer Depression vermeiden möchte, gestattet sich am besten, seinen Ärger zu fühlen. Leider bestärken viele spirituelle Traditionen und Religionen die Leute in der Unterdrückung ihrer Wut und richten dadurch viel Schaden an. Deshalb werden Gutmenschen oft ebenso reizbar wie depressiv.

Aber Gefühle wie Ärger, Kummer, Angst und Glück sind ganz natürlich und treten in der Befreiung einfach weiterhin auf, oft sogar mit mehr Wucht als früher.

(Carl:) Hat das etwas mit dem Unterschied zwischen Emotionen und Gefühlen zu tun? Könnte man sagen, dass Emotionen zur Person und Gefühle zum Einen gehören?

Ja, das könnte man sagen.

Fein, danke. Dann gehen wir nächstes Jahr zusammen nach England und du übersetzt für mich.

Da müsste ich erst einmal ein bisschen Deutsch lernen.

Gefühle haben eher etwas Instinkthaftes, wir erleben sie mehr im Körper. Bei Emotionen ist es meist so, dass eine ganze Geschichte an ihnen hängt, weshalb sie mehr im Kopf erfahren werden. Wenn die Geschichte wegfällt, werden eher wieder die natürlichen, instinkthaften Gefühle erfahren.

Tatsächlich werden die beiden Begriffe meist austauschbar verwendet, und die wichtige Frage ist, ob sie als Story im Kopf erlebt werden – dann setzen sie sich nämlich gern fest, wie wir alle recht gut wissen. Dann wiederholen sie sich gebetsmühlenartig, und das kann sehr lange so gehen.

Aber wenn wir aus der Story aussteigen, ist da nur noch unser Fühlen, wie es jeweils gerade ist. Die Dinge setzen sich nicht mehr so schnell fest. Reine Gefühle ändern und wandeln sich, um sich schließlich selbst zu lösen – das ist der natürliche Gang der Gefühle, wenn sich keine Person einmischt. Gefühle sind von Natur aus dynamisch.

Diese Erkenntnis liegt vielen Achtsamkeitsübungen und psychotherapeutischen Techniken zugrunde. Sie können sich für eine Person wirklich als hilfreich erweisen, und folglich werden sie als etwas gelehrt, was dann von der Person geübt werden kann. In der Befreiung geschieht dagegen einfach ein natürlicher Wechsel von neurotischen Gefühlen zu natürlichen Gefühlen. Das ist nichts, was gelehrt und gelernt werden kann. Es muss auch nicht gelernt werden; es hat nichts mit der Person zu tun.

Es gibt also Techniken, die das Gefängnis erträglicher machen.

Ja. Und manche bringen wirklich etwas. Achtsamkeitsübungen finden in der Psychotherapie immer mehr Anerkennung, weil sie eben tatsächlich helfen. Ich habe eine Freundin, die in einer psychiatrischen Einrichtung Achtsamkeitstechniken anwendet. Sie hat Klienten, die sich vielleicht schon monate- oder jahrelang von ihrer Geschichte ... (macht eine Gedankenpause).

(Schließlich sagt Carl:) Kannst du diesen Satz bitte zu Ende führen. Im Deutschen kommt das Verb nämlich am Schluss, und wenn ich übersetze, was du sagst, muss ich das Verb aus dem ersten Teil deines Satzes immer erst einmal weglassen, um es dann einzufügen, wenn du zum zweiten Teil kommst. (Allgemeines Gelächter, alle scheinen viel Verständnis für Carls Nöte zu haben.)

(Vergegenwärtigt sich Carls Schwierigkeiten und nickt zustimmend, man möchte meinen liebevoll)

(Carl:) Schön zu wissen, dass du merkst, wie viel ich für dich tue.

(Gibt zu erkennen, dass er Carls hochherzigen Einsatz sehr zu schätzen weiß) O ja ... (Wieder große Heiterkeit ringsum)

(Carl:) Du musst wissen, dass das ganz schön aufreibend ist, ich muss nämlich das Verb die ganze Zeit im Hinterkopf behalten, bis du deinen Satz fertig hast.

Verstehe ...

(Carl packt jetzt richtig aus:) Das Dumme daran ist, dass sich hier alle königlich amüsieren, während ich darauf warten muss, dass das Verb endlich wieder auftaucht wie die Person nach dem Erwachen. (Weitere Lachsalven) Das kann manchmal ziemlich Nerven kosten.
(Zurufe von allen Seiten:) Danke! Vielen, vielen Dank!
(Carl:) Na ja, so schlimm ist es nun auch wieder nicht ...
(Jemand merkt an:) Jedenfalls, soweit ich das Englische verstanden habe, muss in dem Satz jetzt irgendwas mit »quälen« kommen.

Oh, wir können den letzten Satz auch einfach überspielen. Das erleichtert es vielleicht.

Eine einzige Achtsamkeits-Sitzung kann solchen Klienten manchmal zu ihrem ersten Aufatmen seit Monaten oder sogar Jahren verhelfen.

Es kann demnach sogar für die getrennte Person zu einer Verlagerung der Aufmerksamkeit kommen – weg von der Story und hin zu schlichter Präsenz in dem, was gerade gegeben ist, auch zu den Gefühlen, aber ohne dass wieder parallel die Story abläuft. Und diese Verlagerung, dieses neue Wahrnehmen, kann sehr viel dazu beitragen, das Leben angenehmer zu machen.

Aber ich kenne auch Therapeuten, die nach dem Erwachen in tiefe berufliche Krisen gerieten, weil sie merkten, dass sie ihren Klienten nicht mehr helfen konnten, was deren Story anging. Sie hatten gesehen, dass das alles gar nicht real ist – weder die Möglichkeit zu helfen noch der Klient, noch dessen Story, ja nicht einmal der Therapeut selbst.

Wenn jemand Psychotherapeut ist und bleiben möchte, könnte ich sagen, dann hält er sich besser von Nicht-Dualität fern. Ich könnte aber auch sagen, dass man keinen besseren Therapeuten aufsuchen kann als einen, der nicht da ist. Es sieht nicht danach aus, als würde ich je wieder zum Psychotherapeuten gehen, aber sollte ich es doch tun, dann hätte ich am liebsten einen, der nicht da ist. Damit meine ich einen Therapeuten, der die Person durchschaut hat. Wenn ich solche Therapeuten vorziehe, dann nicht, weil ich mir da besonders viel Hilfe verspreche, sondern weil ein Psychotherapeut, der nicht da ist, gesehen hat, dass Hilfe grundsätzlich nicht möglich ist. Das würde mich ansprechen.

Ich finde Therapeuten, die glauben, sie könnten helfen, ein bisschen gefährlich. Mir sind Therapeuten lieber, die wissen, dass sie nicht helfen können.

Und solltest du je auch nur einen Schimmer von Erwachen erlebt haben, dann könnte eine weitere Gefahr darin liegen, dass du dich möglicherweise einem Therapeuten anvertraust, der das überhaupt nicht versteht und deine Worte vielleicht als Indizien für eine Psychose auffasst.

Ich wüsste gern: Wie komme ich aus dem Gefängnis heraus? Vorsicht, Falle. (Die letztere Bemerkung wirkt ein wenig blasiert.)

Falle?

(Wieder in diesem Tonfall:) In der Frage.

Da würde ich sagen: Am besten gleich reinfallen.

Du kannst natürlich aus dem Gefängnis nicht ausbrechen, es besteht schließlich aus diesem Eindruck, dass da ein Du vorhanden ist. Dieses bloß vorgestellte Ich ist das bloß vorgestellte Gefängnis. In Wirklichkeit existiert natürlich kein Ge-

fängnis, weil keine Person vorhanden ist, die einsitzen könnte.
Genau dieser Satz kann natürlich für jemanden, der sich Gefängnis schmachten sieht, sehr ärgerlich sein.

Es macht ihn ärgerlich?

Ja, sicher.

Weil er seine Leiden nicht ernst genommen sieht, wenn so etwas gesagt wird?

Ja, weil die Person unbedingt Hilfe von dem Typ haben will, der hier sitzt und über Dies redet, da kann er noch so oft sagen: »Ich bin nicht hier, um euch zu helfen.«
Hilfe? Ehrlich, vergesst es.

(Langes Schweigen. Schließlich sagt Carl:) Wir müssen das hier noch weitere fünf Tage durchziehen, ist dir das klar?

(Lacht verständnisvoll) Wie machen wir uns denn überhaupt nach zweieinhalb Tage nichts?

(Carl:) Das ist eine ziemliche Menge nichts.
Liegt das Problem eigentlich darin, dass wir nicht erkennen, dass alles schon vollkommen ist?

Das ist sehr gut ausgedrückt. Ja, wir erkennen nicht, dass alles schon vollkommen ist.

Und wenn die Person nicht da ist, kann sich zeigen, dass alles bereits vollkommen ist?

Ja. Aber eine Person hat einen Verstand, und ein Verstand wird dagegen Einwände erheben. Für eine Person bleibt das, was du eben gesagt hast, sinnlos.
In Wirklichkeit gibt es natürlich so etwas wie einen Verstand gar nicht. Die Person denkt nur, sie habe einen Verstand oder Geist.
(Eifrig bedacht, Carl nicht zu überfordern:) Kommst du damit klar?

(Carl:) Es ist nicht schwer zu übersetzen. Leider ist mir nicht klar, was du gesagt hast.

Eine Person glaubt einen Geist zu haben. Praktisch gesehen läuft das auf dasselbe hinaus, als hätte man wirklich einen. Aber wenn die Person wegfällt, wird gesehen, dass es nie einen Geist oder Verstand gab.

(Jemand kann das nicht ganz einsehen:) Aber der Verstand gibt uns doch ständig Rätsel auf.

Eigentlich heißt das: Das Denken gibt uns ständig Rätsel auf.

Dann sagst du, dass es den Verstand als ein feststehendes Ding nicht gibt. Wir haben einfach nur Gedanken, die kommen und gehen?

Da ist einfach ein Denkprozess, der wie alles andere aus nichts kommt.
Gehen wir zu der seltsamen Unnarzisse zurück. Gedanken, Gefühle, Wahrnehmungen, deutsche Blumen, die wie Narzissen aussehen, aber keine sind – das und alles Übrige kommt aus nichts. Aber die Person schaltet die Vorstellung einer

geistigen Instanz dazwischen, die die Gedanken denkt, die Gefühle fühlt und die Wahrnehmungen wahrnimmt. »Ich bin eine Person« ist ungefähr dasselbe wie »Ich habe einen Geist«.

Es gibt zwei Hauptgründe dafür, dass Menschen annehmen, sie hätten einen Geist, der das Denken, Fühlen und Wahrnehmen besorgt. Erstens haben sie als Kinder liebevolle und fürsorgliche Erwachsene um sich, die ihnen erzählen, dass sie einen Geist haben. Zweitens ist es für eine Person völlig normal, dass Gedanken energiegeladen und irgendwie fest und sicher wirken, sie sind ein Etwas, das zu mir gehört. Da ist es ganz logisch, dass man annimmt, es müsse in mir etwas geben, was sie hervorbringt.

Und das ist der scheinbare denkende Geist, der Verstand?

Ja, das ist der scheinbare Verstand.

Jetzt hab ich's. Zumindest mit dem Verstand. (Lachen)

Als Person haben wir lauter kostbare Dinge. Wir haben ein Leben, wir haben einen Geist, wir haben einen Sinn und Zweck zu entdecken, wir haben Gutes, das zu tun, und Böses, das zu lassen ist. Das alles sind wunderbare Liebesgaben, die uns als Kindern zärtlich um die Fußknöchel gewunden werden, manche mit goldenen Ketten, manche mit Eisenketten, damit wir etwas zum Herumschleifen haben, während wir diese Sache namens »mein Leben« abwickeln. Sie sind ja wirklich als Gaben gemeint, aber sie erweisen sich doch immer als Klotz am Bein. Eine Person zu sein, das ist die größte Plackerei überhaupt.

Aber das muss so passieren. Dieses ganze Geschehen, dass wir vor langer Zeit anfingen, Personen zu sein und jetzt eine Gesellschaft haben, in die wir unsere Kinder eingliedern müssen – das muss doch einen Sinn und Zweck haben. Es geht ja nicht anders.

Richtig.

Was ist richtig?

(Manche lachen. Es ist inzwischen so, dass die bloße Erwähnung von Sinn und Zweck sie zum Lachen bringt.) Du hast recht, wenn du sagst, dass es so passieren muss. Es geht nicht anders.

(Jemand anderes greift eine Aussage der vorherigen Sprecherin auf und lässt nicht locker:) Sie hat gesagt, dass es einen Sinn und Zweck haben muss.

Ja, die Person glaubt das. (Hält wieder die Blume hoch, die sich nicht definieren lässt; das wird überhaupt immer mehr zur charakteristischen metaphorischen Geste der Tour.) Aber mir scheint, uns einen Sinn und Zweck zuzuschreiben ist ebenso unsinnig, wie der Unnarzisse einen Sinn und Zweck zuzuschreiben.

Menschen haben mancherlei Süchte, aber dieses Festhalten an Sinn und Zweck dürfte eine der stärksten Süchte sein. Dieser Glaube an einen Zweck dreht sich oft um die Annahme, unser Leben sei irgendwie ein Evolutionsprozess. Dann heißt es: »Ich entwickle mich gemäß dieses immer weiterführenden spirituellen Wegs« oder »Der Sinn meines Daseins ist das gottgefällige Töten der Heiden« oder »Ich bin hier, um Gott durch das Tragen eines Huts in der Kirche zu gefallen« oder »Ich bin hier, um Gott durch das Nichttragen eines Huts in der Kirche zu gefallen« – je nachdem, ob wir einen hutliebenden oder huthassenden Gott anbeten. Der Sinn und Zweck unseres Lebens kann auch darin bestehen, die Welt zu verbessern oder die Welt politisch zu verändern oder mehr oder weniger Gleichberechtigung zu erreichen. Die Sinnfrage kann auch ganz materialistisch beantwortet werden, etwa in dem wir Reichtum anhäufen, den wir dann unseren Kindern hinterlassen.

Die Möglichkeiten sind unerschöpflich.

Derweil ist die Blume einfach weiterhin Blume. Auch wir fahren einfach fort zu sein, ganz wie die Blume, nur fügen wir noch Sinn und Zweck hinzu.

Wir bereits erwähnt, kann Verzweiflung aufkommen, wenn die Person erstmals durchschaut wird. Das liegt unter anderem an dem Sinnverlust, der eintritt, sobald gesehen wird, dass alles einfach Spiel ist, ein Schauspiel, dem nicht mehr Sinn innewohnt als dem Traum der Nacht.

Im Traum rennen wir vielleicht, um den Zug noch zu erwischen. Im Traum kann es furchtbar wichtig erscheinen, diesen Zug zu bekommen, aber wenn wir aufwachen, ist sofort klar, dass es damit überhaupt nichts auf sich hat. Es spielt nicht nur keine Rolle, ob wir den Zug bekommen oder nicht, sondern es war gar kein Zug vorhanden und keine Person, die sich beeilen musste.

Das ist zwar nur eine Metapher für die Befreiung, aber eine recht gute. Befreiung heißt aufwachen und sehen, dass all das wichtige Zeug einfach ein Spiel war, ein Stück – ohne jegliche Bedeutung.

Sobald das gesehen wird, kann es ganz vergnüglich sein. Vielleicht ... Möglicherweise ...

Ist es nicht genau anders herum? Schafft nicht die Person die Bedingungen für Bewusstsein? Wenn keine Person da wäre, könnte es doch kein Bewusstsein geben. Eine Blume hat kein Bewusstsein. Sie ist keine Person, und folglich hat sie kein Bewusstsein.

Eine Blume braucht kein Bewusstsein zu *haben*. Sie *ist* Bewusstsein.

(An dieser Stelle werden etliche Stimmen laut, fragend oder mit Äußerungen, die halb Widerspruch und halb Frage sind. Es läuft auf ungefähr dies hinaus:) Auch die Illusion einer Person ist notwendige Voraussetzung für Bewusstsein, und Bewusstsein muss gegeben sein, wenn es zum Erwachen kommen soll.

 (Das Stimmengewirr hält an, dann schaltet sich Carl ein, um zu klären:) Okay, ich will versuchen, das alles auf einen Nenner zu bringen. Sie sagen, ohne die Person würde kein Bedarf an Befreiung bestehen, schließlich kann ja nur eine Person Befreiung finden. Die Person ist folglich die Vorbedingung für die Befreiung.

Es besteht keine Notwendigkeit zur Befreiung.

(Carl, nach wie vor um Klärung bemüht, sagt auf Deutsch:) Beachtet bitte, dass er Bewusstsein in Anführungszeichen gesetzt hat. Schlau, was?

(Das ganze Palaver samt Carls Klärungsversuchen findet auf Deutsch statt. Richard lacht vergnügt und sagt dann:) Ich habe keine Ahnung, worüber ihr redet. Aber von mir aus möchte ich noch sagen, dass Bewusstsein keine Befreiung nötig hat. Es gibt sowieso nur Freiheit.

Das Dumme an der Vorstellung von »nötig haben« ist, dass sie uns gleich wieder in eine Geschichte entführt. Ich würde sagen, dass nichts von dem hier (Geste zum Raum und den Zuhörern hin, dann zu den Bäumen draußen entlang der Straße) nötig ist, aber doch einiges dafür spricht, dass sich das Eine mit einigem Vergnügen als all das manifestiert. In der Yoga-Tradition wird dafür gern das Wort »Lila« gebraucht. Wörter von einer Kultur in eine andere zu übersetzen ist oft besonders schwierig, ich könnte für so ziemlich jede Übersetzung gute Gründe angeben ...

(Carl unterbricht frotzelnd:) Danke, das vereinfacht die Sache für mich ganz erheblich.

Zwei Übersetzungen, die man im Westen häufig antrifft, lauten »Spiel« oder »Schauspiel«.

Das hier ist Spiel. Es ist das Spiel des Bewusstseins. So lautet auch der Titel von Baba Muktanandas Autobiografie. Aber der Kopf meint, das hier müsse eine ernsthafte Sache sein. Spiel ist nicht gut genug. Es muss doch einen tieferen Sinn haben, dass wir hier sind, uns ist aufgetragen, irgendetwas zu verbessern, die Erde zu retten, die Ungläubigen zu töten oder was dergleichen wichtige Dinge mehr sind.

Erst schaffen wir uns ein Problem, dann suchen wir nach Möglichkeiten, es zu lösen. Das ist die Story mit dem Titel »Eine Person sein«. Erst erfinden wir das Problem, dass wir mit dem Tragen von Hüten in der Kirche Gottes Zorn heraufbeschwören. Und jetzt lassen wir uns eine Lösung einfallen. Wir setzen den Hut ab und rotten die Behüteten aus.

Eine Person wagt es in der Regel nicht, ohne jeglichen Sinn und Zweck einfach nur zu leben. Simple Präsenz, das erscheint einer Person gefährlich, Präsenz ist irgendwie nicht genug.

In *Das Buch Niemand* habe ich James Watson, den Mitentdecker der DNA, zitiert. Er sagte: »Sie werden vielleicht sagen: ›O Mann, Ihr Leben muss ja ganz schön öde sein, wenn Sie an keinen Daseinszweck glauben‹, aber ich kann Ihnen versichern, dass ich mich richtig aufs Mittagessen freue.«

Es ist ja auch recht interessant, dass es in einer durchaus nennenswerten Zahl der Geschichten über Sinn und Zweck genau darum geht, uns das Mittagessen zu vermiesen. Der religiöse oder spirituelle Mensch besitzt ja oft einen deutlichen asketischen Zug, sodass ihm jeglicher Genuss bei sich selbst und anderen ein Gräuel ist. Essen und Sex stehen gern ganz weit oben auf der Liste. Selbsthass und Selbstkasteiung projiziert sich dann als Hass auf andere, vor allem auf solche, die es sich gern gut gehen lassen. Man spürt einfach einen Drang, sie zu geißeln. Freud nannte das »Reaktionsbildung«. Das kann psychologisch hochkomplex werden, etwa wenn wir einen evangelikalen Prediger im Motelzimmer beim Auspeitschen eines Callgirls erwischen. Der im Sturm wütende König Lear brachte es ganz gut auf den Punkt:

Du schuftiger Büttel, weg du blutige Hand!
Was geißelst du die Hure? Peitsch dich selbst;
Dich lüstet heiß, mit ihr zu tun, wofür
Dein Arm sie stäupt.
(Übersetzung: Wolf Graf Baudissin)

(Es folgt eine Pause. Danach, versonnen:) Wo waren wir? Ah, richtig, Mittagessen … (Man könnte fast meinen, dass dieses Thema nach einem langen und intensiven Vormittag nicht ganz zufällig aufkommt.)

Denkt nur, wie viele Geschichten es wohl geben mag, die uns sogar für den schlichten Wunsch nach einem guten Mittagessen ein schlechtes Gewissen einzureden versuchen. So vertrackt ist dieser Denkapparat. Dabei ist alles so einfach – es geht doch nur um uns und ein Mittagessen. Aber gebt diesem Verstand eine Minute Zeit, und er denkt sich etwas aus, was uns die Freude an diesem Mittagessen verderben kann. Dann nehmen wir das Essen entweder gar nicht erst zu uns, oder wir streuen ordentlich Schuldgefühle darüber, damit es uns nur ja nicht schmeckt.

So verrückt ist der Verstand. Er wird der Verrücktheiten nicht müde, und ihm fallen immer neue Verrücktheiten ein.

(Wie sich jetzt zeigt, liegt Carl offenbar ganz auf der Linie von Richards Hintergedanken, jedenfalls äußert er in leicht leidendem Tonfall:) Ich hab übrigens Hunger. (In das anschließende Gelächter stimmen alle ein.)

Gut, dann noch einen letzten Satz: Nehmt den Verstand raus, und alle Komplikationen sind ebenfalls weg. (Zu Carl:) Du hast Hunger?

Nicht so schlimm, aber was essen wäre nicht schlecht.

Gut, dann gehen wir doch zum Essen, und zwar ohne Schuldgefühle. Wir folgen dem Beispiel des geliebten Heiligen James Watson.

☙☙☙

Wir brachen auf, wobei ich natürlich in dem deutschen Stimmengewirr nichts verstand. Es wurden offenbar Absprachen getroffen, doch da ich nicht wusste, worin sie bestehen mochten, ließ ich mich einfach wie ein williger und gutmütiger kleiner Hosenmatz zur Tür geleiten. Mein deutscher Wortschatz besteht aus einem guten halben Dutzend Wörtern, die man als einigermaßen gebildeter Engländer vielleicht kennt, etwa »Weltanschauung«, »Zeitgeist« und »Schadenfreude«. In einer philosophischen Diskussion, in der das Englische nichts Gleichwertiges bieten, kann man mit solchen Wörtern vielleicht etwas anfangen, aber sie würden mich nicht befähigen, irgendwo in Essen auch nur einen Kaffee zu bestellen oder zu meinem Hotel zurückzufinden, sollte ich von meinen deutschen Aufpassern getrennt werden.

Draußen in der Sonne verteilten wir uns auf verschiedene Wagen und fuhren durch die sonntäglich leeren Straßen der Stadt. Das Essen wurde, wie ich mit Genugtuung sagen kann, sehr ernst genommen, und wir erreichten schließlich ein elegantes Thai-Restaurant, in dem ein Tisch für uns reserviert worden war. So saßen wir dann bei Hühnchen Tom Yum, Pad-Thai-Nudeln und Himmlischem gebratenem Reis mit Ananas, und alle sprachen auf Bernhards umsichtige Bitte englisch, so gut es ging, damit ich dem Gespräch folgen konnte. Es ging um Buddhismus, Zen und die Schwierigkeit, mit einem alternativen Buchladen in einer Stadt wie Essen seinen Lebensunterhalt zu verdienen.

Nach diesem langen, genussvollen und gemächlichen Essen, gefolgt von Kaffee, fuhren wir zu Bernhards Buchladen zurück, um unsere Gespräche wieder aufzunehmen. James Watson wäre stolz auf uns gewesen.

Sonntagnachmittag

(Carl:) Soll ich anfangen oder willst du? (Lachen) Ich werde anstelle der Zuhörer eine Frage stellen, das ist doch mal was anderes. Wenn du es mit deiner Heimat vergleichst, ist es dann in Deutschland anders, solche Gespräche zu führen?

(Schmunzelnd:) Nein.

Da fällt mir ein Stein vom Herzen.

Die Fragen, die gestellt werden, sind recht ähnlich. Die Fragen, die uns interessieren, sind doch ziemlich die gleichen, wenn auch mitunter welche dabei sind, die etwas aus dem Rahmen fallen. Die Gefühle sind die gleich, die Resonanz ist die gleiche.
 Das Essen ist besser. (Lachen) Da haben wir also doch einen Unterschied.

Ah, das alte Vorurteil gegen die englische Küche. Aber sie ist besser geworden, oder?

Sie ist wesentlich besser geworden.

Ihr Engländer habt zum Beispiel angefangen, Wein zu trinken.

Ja, wir entwickeln uns zu richtigen Europäern.

Und ihr esst nicht bloß Fish and Chips? Es gibt auch schon mal richtige Pommes frites?

(Hier sei eine gastronomisch-linguistische Anmerkung erlaubt, die uns auch die Fährnisse des Übersetzens noch einmal vor Augen führt. In der von einer Deutschen vorgenommenen Transkription der Gesprächsaufzeichnungen ist die von Carl angesprochene Kartoffelspezialität mit »french fries« wiedergegeben, aber darunter verstehen wir in England nicht die wahrhaft raffinierten kontinentaleuropäischen Pommes frites, sondern diese grausigen Pommes, die man in amerikanischen Kettenrestaurants und dergleichen kulinarischen Gruselkabinetts vorfindet. Bei englischen Chips handelt es sich bekanntlich um dicke wabbelige Fettfinger, die sich mit der schlanken Eleganz europäischer Pommes frites ebenfalls nicht messen können.

Und wenn solche Sprachverwirrung schon bei der gemeinen Kartoffel möglich ist, gewinnt man vielleicht eine Vorstellung von der immensen Schwierigkeit, nicht nur über Nicht-Dualität zu sprechen, sondern das Mitgeteilte dann auch noch in eine andere Sprache zu übertragen. Das ist an sich schon schwierig, dann kam aber noch hinzu, dass manche Gesprächsteilnehmer Fragen oder Kommentare englisch formulierten, die Richard dann beantwortete, sodass Carl den nicht Englisch sprechenden Teilnehmern sowohl die Frage als auch die Antwort zu übersetzen hatte, sonst wären sie ganz leer ausgegangen. Es war wirklich kein Wunder, dass er am Ende der Woche ein wenig müde wirkte.)

Da macht sich der Einfluss des Eurotunnels bemerkbar. Seit wir jetzt direkte nach Europa fahren können, werden wir auch richtige Europäer. Das ist vor allem an einer veritablen Revolution der Kaffeekultur bei uns zu erkennen.

(Carl:) Interessant.

(Nach dieser munteren Frotzelei wieder ernst:) Wir hatten es beim Essen von U. G. Krishnamurti, und ob ihr es glaubt oder nicht, ich habe ein Zitat von ihm in der Tasche. Das könnte ich jetzt vielleicht anbringen (fingert in seiner Tasche). Wenn ihr U. G. noch nicht kennt, kann ich ihn nur wärmstens empfehlen. Bestimmt kann man ihn auch auf You Tube finden. Er ist ein Gurudemontierer wie kein anderer. Und er hat absolut nichts zu bieten. Da ich das Zitat bei mir habe (I am carrying this quote on my person), werde ich es jetzt wohl mal vorlesen.

(Carl erntet mit seiner Übersetzung lautes Gelächter und fügt an:) Sehr interessant. Bei uns würde man es »am Leib« tragen.

(Lacht) Ich dachte mir schon, dass du etwas anderes gesagt haben musst als ich. Bei dir lachen sie, bei mir nicht. (Die allgemeine Heiterkeit schlägt hohe Wogen.)

(Carl:) Du holst auf. Ich muss aufpassen, was ich sage. Noch so ein Tag, und du kannst das hier vielleicht schon ohne mich, wer weiß ...

Ich hoffe, ihr versteht das Paradox im zweiten Satz des Zitats.

(Carl:) Na ja, ich kann es erklären, aber sie werden trotzdem lachen.

U. G. sagt also: »Ich bin nicht darauf aus, jemanden zu befreien. Ihr müsst euch selbst befreien, und das könnt ihr nicht. Was ich zu sagen habe, wird es auch nicht tun. Mir geht es lediglich darum, diesen Zustand zu beschreiben und die ganze Geheimniskrämerei und Mystifizierung wegzufegen, mit der die Leute von der Heilig-Branche die ganze Sache eingenebelt haben.«

Das ist ungefähr das, was du auch sagst.

(Lacht) Ja, er hat es wohl kapiert.

Aber er wird Augen machen, wenn er zu dir kommt und sieht, dass niemand da ist.

(Lacht noch mehr) U.G. ist nicht mehr in der stofflichen Welt. Nicht dass es irgendeinen Unterschied machte.

Wie schade. Da kann er nicht an unserem auserlesenen deutschen Mittagessen teilhaben.
Er wird sich mit leerem Geist begnügen müssen.
(Es folgt ein langes Schweigen, aus dem ganz leise eine Frage aufsteigt:) Gibt es im Advaita einen Ausdruck, der so viel wie Seele bedeutet?

(Wie von weither zurückkommend:) Ich bin kein Advaita-Kenner. Ich habe nur immer ein, zwei Zitate bei mir, mit denen ich euch zu beeindrucken hoffe. (Lachen) Es gibt den Sanskrit-Begriff »Atman«, der ungefähr unserem Ausdruck »Seele« entspricht. Aber was wir hier besprechen, hat mit Advaita so viel oder so wenig zu tun wie mit irgendetwas anderem.

Die Idee einer Seele ist ausgesprochen reizvoll, aber da liegt auch ein großes Paradox. Am meisten fürchten wir unsere eigene Vernichtung, unser Verschwinden, und wir würden so gern an eine unzerstörbare Seele glauben. Aber unser eigenes Verschwinden ist auch das, wonach wir uns am meisten sehnen; irgendwie wissen wir, dass es die einzig mögliche Form der Erlösung ist. Nur mit unserem Verschwinden kann die Suche überhaupt enden. Deshalb möchten wir paradoxerweise sowohl bleiben als auch verschwinden.

Solange wir bestehen bleiben möchten, ist der Tod des Körpers, gelinde gesagt, ein Problem. Da versteht es sich beinahe von selbst, dass wir Geschichten erfinden, die das Faktum des Todes negieren. Eine der schlichtesten und sympathischsten Geschichten spricht uns eine Seele zu, die den Tod des Körpers überdauert.

Die Seele ist dann unser Besitz wie all die anderen bereits erwähnten Habseligkeiten. Wie haben ein Leben, wir haben eine Bestimmung, wie haben Sinn und Zweck – und jetzt eben auch noch eine Seele. Die Hundemeute, auf die wir aufzupassen haben und für die wir verantwortlich sind, hat einfach einen Kopf mehr. »Hier, nimm. Deine Seele. Gib gut auf sie Acht. Sie ist echt kostbar.«

Was für eine Verantwortung!

Jetzt können wir herrliche Geschichten um unsere Seele spinnen, wie wunderbar sie ist und wie wir sie am besten lieben und pflegen und hüten. Das Problem des Todes jedenfalls ist jetzt gelöst. Er bedroht unser Individualitätsgefühl nicht mehr so sehr, denn die Story erzählt uns ja, dass unsere persönliche Individualität nach dem Tod als diese liebreizende Seele fortbestehen wird. Vielleicht machen wir uns auch noch das Zusatzkapitel zu eigen, demzufolge Leben auf Leben auf Leben folgt und wir in zahllosen Wiedergeburten Gelegenheit haben, diese Seele immer weiter zu verfeinern und auf Hochglanz zu bringen, sodass sie immer schöner und zuletzt der Wiedervereinigung mit Gott würdig wird.

Aber wenn in der Befreiung gesehen wird, dass gar nicht erst eine Person vorhanden war, ist das Problem des persönlichen Fortbestands im gleichen Augenblick verschwunden. Die Auslöschung der Person durch den Tod des Körpers ist kein Problem mehr, weil keine Person vorhanden ist, die im Tod ausgelöscht werden könnte. Das Interesse an all diesen Fragen – was nach dem Tod kommt, ob es weitergeht und wenn ja, wie – wird sehr wahrscheinlich stark nachlassen.

Und neben dem eigenen Tod hat die Person ja noch ein weiteres großes Problem, nämlich den Tod anderer Personen, die man liebt. Auch das trägt erheblich zu dem Wunsch bei, an eine Essenz der Person zu glauben, die nach dem Tod weiterhin besteht.

Es gibt keine Essenz der Person, die nach dem Tod bestehen bleibt, aber das macht nichts, es gibt nämlich schon jetzt keine durchgehende Essenz der Person. Alles läuft ja bereits vollkommen zufriedenstellend, ohne dass es dazu einer Person bedürfte.

Wozu gibt es eine Person?

(Laut auflachend:) Der Kopf will immer Gründe haben. »Es muss doch einen Grund dafür geben, dass dies so ist.« Nein, es gibt keinen Grund. Das hier ist einfach das Eine, das sich als alles manifestiert. Du kannst dir die Schuld geben, wenn du möchtest. Wäre sicher nicht das erste Mal.

Warum existiert dann überhaupt etwas?

Warum-Fragen lassen sich nur mit weiteren Storys beantworten. Ich kann dir zu dieser Frage zehn Geschichten erzählen, aber es sind eben nur Geschichten.

Was sind das für Geschichten?

Du kennst sie schon alle. Die Gott-Storys, die Evolutions-Storys, die wissenschaftlichen Storys, die Storys von Sinn und Zweck und Erhabenheit oder eben von Zufall, Beliebigkeit und Chaos. Halten wir einfach fest, dass es sich um nichts weiter als Storys handelt. Wenn eine dich besonders anzieht, greif nur zu. Aber auf die Frage »Warum?« gibt es immer nur eine einzige einigermaßen zutreffende Antwort, und die lautet, dass es keine Gründe gibt. Alles passiert einfach.

Wenn das nicht genügt, kann ich noch wiederholen, was bereits gesagt wurde: Es ist ganz offensichtlich so, dass dieses Manifestieren von etwas aus nichts Freude macht und all das hier von bedingungsloser Liebe hervorgebracht wird. Ich habe vorhin von Lila gesprochen, dem kosmischen Spiel. »Verspieltheit« wäre auch eine mögliche Übersetzung. All das hier ist einfach Verspieltheit. Nichts manifestiert sich als Spiel. Wir bilden uns ein, es müsse etwas Ernsthaftes her, und so geben wir ihm einen Sinn. Deshalb sind wir weniger intelligent als Kinder. Kinder nehmen alles als Spiel und haben ihren Spaß daran.

Aber beim Spielen bereiten sie sich auf das Leben vor.

Sie spielen, und es sieht so aus, als würden sie sich auf ein weiteres Spiel vorbereiten, das »Ein Leben als Erwachsener« heißt.
Kinder spielen einfach. Wir spielen auch, nur haben wir leider vergessen, dass wir einfach spielen. Denken wir an all die Sprüche, die besagen, dass wir wie Kinder werden müssen. In unserem Kulturkreis kennen wir die berühmte Stelle

aus dem Neuen Testament am besten: »Wahrlich ich sage euch: Es sei denn, dass ihr euch umkehret und werdet wie die Kinder, so werdet ihr nicht ins Himmelreich kommen.« Ins Himmelreich kommen, dass heißt, dass wir alles so frisch sehen wie ein Kind. Die Dinge in ihrer Unmittelbarkeit sehen, ohne nachträgliche Verschleierung durch Geschichten über ihre Bedeutung, ihren Sinn und die große Bestimmung, zu der unser Weg uns führt.

Aber »wie die Kinder werden«, das ist keine Handlungsanweisung, es ist nichts, wonach man streben muss. Es ist nichts, was getan werden muss, sondern beschreibt einfach, wie das Leben in der Befreiung erfahren wird. In der Freiheit ist alles so frisch und neu, wie es von einem Kind zum ersten Mal erlebt wird.

Trotzdem, wenn ich Kindern beim Spielen zusehe, ist zu erkennen, dass sie sich mit allen Spielen auf das Leben vorbereiten.

Das ist völlig nachvollziehbar, aber mach dir auch klar, dass es eine Geschichte über die Zukunft ist. Derweil spielen die Kinder einfach.

Und der Körper weiß etwas über die Zukunft, mit seinen Instinkten?

Der Verstand hat Zukunftsgedanken, und dann ist da ein Körper-Geist-Organismus mit Instinkten. Er besitzt einen Überlebensinstinkt, und da geht es, wenn du so willst, um die Zukunft. Tatsächlich haben Instinkte aber nur mit dem unmittelbar Gegenwärtigen zu tun. Der Säbelzahntiger brüllt, und der Körper-Geist-Organismus will sich instinktiv schützen.

Ohne Instinkte wären wir nicht hier, weil unsere sämtlichen Vorfahren von Säbelzahntigern gefressen worden wären. Na und? Das Individuum denkt gern, das wäre wichtig. Aber es ist nicht wichtiger als für Kinder die Frage, ob sie Räuber und Gendarm oder Cowboy und Indianer spielen oder gar nicht spielen und Mittagsschlaf halten.

Wir möchten gern, dass die Dinge wichtig sind, sie sollen uns etwas bedeuten. Die Wichtigkeit, die wir ihnen beimessen, steht der Unmittelbarkeit im Weg.

Wir denken auch gern, es sei wichtig, dass wir hier sind und all die wichtigen Dinge in die richtigen Bahnen lenken. Da kann es dann eine ziemliche Überraschung sein, wenn wir in der Befreiung sehen, dass alles ganz gut ohne uns passieren kann und es auch tut. Alles ist immer schon ohne uns passiert, denn es war nie jemand da, der es hätte herbeiführen können.

Wir mögen uns einbilden, wir hätten allerhand erreicht und wunderbare Werke geschaffen, Werke von großer Schönheit oder spiritueller Hingabe. Tatsache bleibt, dass nie jemand da war, der etwas hätte tun können. Die Dinge geschehen unpersönlich, und dann personalisieren wir sie. Ein Bild wird gemalt. Ein Buch wird geschrieben. Danach sagen wir: »Ich habe ein Bild gemalt« oder »Ich habe ein Buch geschrieben«. Und wieder haben wir unserer Meute einen weiteren Hund hinzugefügt, unser Hab und Gut um ein weiteres Stück erweitert, nämlich um das Buch, das wir geschrieben, das Bild das wir gemalt, oder sogar die Statue, die wir aus dem Marmor gehauen haben. Jetzt können wir uns blähen – bis die Befreiung mit der Nadel kommt.

Die Bedeutung und die Person sind auch deshalb so erfreulich, weil sie zu den schönsten Auseinandersetzungen Anlass geben. Konflikte gehören zu den Dingen, die die Person so richtig in wohlige Wallung versetzen. Nehmen wir etwa den Marmorblock, aus dem eine Plastik wurde. Eine Plastik ist einfach ein Objekt. Aber wir können ihr jetzt eine Bedeutung andichten, zum Beispiel die, dass sie Anstand und Sitte verletzt; sodann setzen wir uns das Ziel, die Öffentlichkeit vor solcher Unanständigkeit zu bewahren, und schon haben wir alle Zutaten für ein wirklich genussvolles Drama. Jetzt verfassen wir Briefe an die Redaktion, diskutieren den Affront mit anderen auf der Straße, bis wir schließlich im Vollbesitz unserer Zivilcourage ein Tuch über diesen ... Stein des Anstoßes werfen, um unseren zart besaiteten Mitpassanten den scheußlichen Anblick zu ersparen. (Allgemeine große Heiterkeit)

Wir wissen alle, wie gern unser Kopf solche Konflikte heraufbeschwört. Die Person langweilt sich schnell, und da ist ein kleiner Skandal einfach spannend und belebend. Die Person langweilt sich, weil ihr der direkte Bezug zum jeweils Gegebenen fehlt. Wir erleben es wie durch einen Schleier, und da wirkt es einfach blass und befriedigt uns nicht. Das hier ist der Person nie genug, sie empfindet immer, dass da etwas fehlt. Und um dieses Gefühl von Mangel zu beschwichtigen, bilden wir uns dauernd ein, wir müssten dem hier noch etwas hinzufügen.

Deshalb kann auch meine Empfehlung »entspannt euch« nicht funktionieren. »Entspannung?«, denken wir dann, »Das kann doch wohl nicht alles sein.« Das Leben muss für uns immer noch irgendetwas zusätzlich haben, irgendeine kleine magische Extrazutat – Dies mit einer Kirsche oben drauf.

Wenn alles als bedeutungslose gesehen wird, dann ist es einerlei, was passiert.

Ja, es spielt keine Rolle.

Es spielt keine Rolle, ob ich obdachlos bin oder in einem Fünfsternehotel wohne. Es ist alles Sein.

Richtig, es ist alles Sein. Da kommt jetzt natürlich ein Aber. (Alle, Richard eingeschlossen, lachen ausgelassen. Jeder ahnt, worin das Aber bestehen wird.)

Das Mittagessen hat uns ganz schön getaugt, oder?

Ja, es war richtig gut. Keine Frage, Vorlieben gibt es weiterhin. Es kann zum Beispiel eine Vorliebe für gutes Essen in einem netten Thai-Restaurant bestehen.

Jemand hat mal zu mir gesagt: »Wenn Befreiung gesehen wird, das wird furchtbar. Ich werde dann keine Lust mehr haben, zur Arbeit zu gehen, ich werde gar nichts mehr tun wollen. Die Raten für das Haus werden nicht bezahlt.« Ich frage: »Lebst du gern in deinem Haus?« Und er sagt: »O ja!«

Wenn eine Vorliebe besteht, eher in einem Haus als auf der Straße zu leben, wird höchstwahrscheinlich weiterhin gearbeitet und abgezahlt. Eine Rolle spielt das alles nicht.

Es gibt jedoch noch ein zweites Aber. Nach dem Erwachen schaltet sich manchmal der Kopf wieder ein, und er hat, wie wir wissen, die tollsten Schliche auf Lager. Da fallen ihm zum Beispiel Storys ein, in denen vom Vertrauen auf das Universum die Rede ist. Dann sagt er womöglich: »Die Arbeit schmeckt mir überhaupt nicht, deshalb werde ich von jetzt an einfach dem Universum vertrauen.« Man wirft also den Job hin, und ein halbes Jahr später – wer hätte das gedacht? – ist man obdachlos.

Ich kenne Leute, die sich auf diese Weise ruiniert haben: einen spirituellen Weg gehen und alles dem Universum überlassen. Sie verloren Frau und Kinder, Job und Haus und überhaupt alles, nur weil sie unbedingt ihrem geliebten Guru folgen mussten. Es kommt vor, dass das später zutiefst bereut wird.

Aber es war niemand da, der in der ganzen Sache irgendetwas entschieden hätte.

Nein, natürlich nicht. Aber wenn wir bei der Story bleiben – ihr habt sicher schon gemerkt, dass ich zu gern über Storys rede –, dann gibt es Leute, die alles einschließlich Ehe, Haus und Job für ihren Guru aufgegeben haben und es jetzt sehr bedauern. Es ist der Kopf mit seinen Schlichen, der uns zu so etwas verleitet.

Aber es kann auch nur der Kopf bedauern.

Ja.

Ohne einen, der ständig alles beurteilt, wäre alles bestens.

Ja. Nur dass es eben auch schlichte Vorlieben gibt, zum Beispiel lieber im Bett als unter der Brücke zu schlafen.

Aber das Leben entscheidet, was mit uns wird, und vielleicht haben wir da überhaupt nichts zu melden.

Sehr richtig. Wenn das Leben gut zu laufen scheint, sind es nicht wir, die dafür sorgen. Wenn das Leben schlecht zu laufen scheint, sind nicht wir dafür verantwortlich. Das Leben spielt sich jederzeit einfach ab, und das geschieht völlig unpersönlich.

Habe ich das richtig verstanden, dass das Erwachen verschiedene Eigenschaften hat. Kann man das so sagen? Und dass ein Erwachen nicht unbedingt das Ende der Reise zurück zum Ursprung ist?

Ich würde dem Erwachen keine Eigenschaften zuschreiben. Es ist einfach das zeitweilige Verschwinden der Person. Im Erwachen verschwindet die Person, und kommt dann zurück. In dem Sinne ist es nicht das Ende der Reise. Nur dass es da natürlich gar keine Reise gibt. Es gibt keine Reise zurück zum Ursprung, weil wir den Ursprung nie verlassen haben. Aber wenn ich deine Frage so aufnehme, wie du sie meinst, hast du recht. Das Erwachen ist nicht das Ende des scheinbaren Weges, oder sagen wir: Es ist nicht das Ende der Illusion, auf Reisen zu sein.

Was wird dann überhaupt gespielt? (Alle amüsieren sich königlich über diese ratlose Frage.) Ich habe keine Ahnung, was eigentlich los ist. (Noch mehr Gelächter) Mir ist klar, dass nichts, was ich getan oder nicht getan habe, mich an diesen Punkt gebracht hat. Dann sollte ich von jetzt an auch nicht darüber nachdenken müssen, was weiterhin passieren wird. Was soll ich also tun? Soll ich einfach hier sitzen und abwarten, dass was passiert? (Wieder vergnügtes Lachen) Däumchen drehen? Ist es in Ordnung, einfach hier zu sitzen? Sollen wir einfach hier sitzen und abwarten, dass was passiert? (Wieder eine Woge von Heiterkeit)

Zunächst einmal hat das hier nichts mit irgendwelchen Dingen zu tun, die uns »klar« sind. Das sind einfach Vorstellungen. Zweitens würde ich auf deine Frage »Was soll ich tun?« antworten: »Was möchtest du denn tun?« Natürlich ist es in Ordnung, nur hier zu sitzen und Däumchen zu drehen. Warum denn nicht?

Ich frag ja nur! (Der Fragesteller stimmt sich immer mehr auf den Geist der Sache ein, und die Übrigen geben mit ihrem Lachen zu erkennen, wie wacker er sich in ihren Augen schlägt.) Ich meine, ich hab ja meine Person noch! Ich bin noch nicht am »Ursprung«. Siehst du, jetzt habe ich das für dich sogar in Anführungszeichen gesetzt. Aber dahin will ich.

Du kommst da nie hin. Du *bist* der Ursprung, aber *du* wirst niemals sehen, dass du es bist. Es wird gesehen werden, ja. Es wird gesehen werden, dass du und der Ursprung eins sind, wenn du nicht mehr da bist.

Ich bin mir nicht sicher, ob es darum in deiner Frage ging, aber ich werde manchmal gefragt: »Ist es in Ordnung, nichts zu tun?« Es ist in Ordnung, nichts zu tun, aber du kannst nicht nichts tun. Tu nichts, und du wirst sehen, dass etwas passiert. Es passiert immer etwas.

(Jemand anderes:) Ich hab mal versucht, nichts zu tun.

Und wie lang ging das?

Drei Stunden.

Wirklich? Ich dachte, du würdest sagen drei Minuten.
  Es passiert immer irgendetwas. Es liegt in der Natur des Lebens, dass immer etwas passiert, außer im traumlosen Tiefschlaf.

Du hast gesagt, dass die Person nach dem Erwachen zurückkommt. Wenn ich richtig gehört habe, hast du außerdem gesagt, dass es etwas gibt, wonach die Person nicht zurückkommt.

(Leise lachend:) Es handelt sich um eine Story, da muss man sich gut überlegen, wie man formuliert. Es ist niemand da. Zeit gibt es nicht. Nichts geschieht. In diesem Nichts taucht eine Geschichte von Nicht-Dualität auf. So nahe können wir mit Worten an die Sache herankommen. Wir müssen Wörter benutzen, was bleibt uns denn? In dieser Geschichte kann die Person wegfallen und nicht wiederkommen, und in diesem endgültigen Wegfallen kann die Fülle des Nichts gesehen werden. Ich nenne das Befreiung.

Befreiung zu sehen ändert nichts an dem Leben, das weiterhin gelebt wird, oder es ändert eine ganze Menge. Aber so oder so wird gesehen, dass da niemand ist, der dieses Leben lebt. Das ist einfach Leben, das sich abspielt. Es wird nicht mehr so empfunden, als wäre da eine Person, die es lebt.

Ich habe so viel über diese Sache gelesen, und ich entnehme meiner Lektüre, dass es sich über etliche Stadien und Stufen vollzieht. Man weiß nicht, was man da noch glauben soll.

Ich gebe ja keine Ratschläge, aber wenn ich einen geben würde, dann wäre es: »Vergiss das alles.« Es gibt so viele Storys über »Erleuchtung«. Vielfach widersprechen sie sich auch noch, sodass du für jede Story einen Guru, Lehrer oder Heiligen finden kannst, der dir genau das Gegenteil erzählt. Einer sagt dir, dass die Erleuchtung dir wichtiger sein muss als dein Leben. Vom nächsten hörst du, dass du den Wunsch nach Erleuchtung ganz und gar ablegen sollst.

Aber beides kannst *du* nicht tun.

(Langes, gedankenverlorenes Schweigen)

Alle diese Geschichten, die heiligen Bücher und Schriften, können sehr unterhaltsam sein. Solange sie unterhaltsam sind, können sie dem Leben eines Suchers Farbe geben.

Ich nenne ein Buch gut, wenn es mit meinen eigenen Vorstellungen übereinstimmt. (Unter den anderen, die das bestätigen können, geht ein Kichern um.)

Natürlich. So sind wir.

Ich lasse mir ja von niemandem sagen, was ich zu tun habe. Das ist ganz typisch für die Leute hier im Ruhrpott. (Zustimmendes Lachen)

Ist das nicht immer so, dass uns ein Buch besonders gefällt, wenn es bestätigt, was wir ohnehin schon denken?

Natürlich. Warum nicht?

Also treffe ich doch immer wieder nur auf mich selbst.

Aber für andere Leute ... wie hast du die Gegend hier genannt?

(Carl:) »Ruhrpott«. Pott ist der Topf am Ende des Regenbogens, nur das es hier kein Regenbogen ist, sondern Industriesmog. Jedenfalls früher war es so.

(Lacht, findet aber den Zusammenhang mit dem vorher Gesagten nicht mehr) Gut, lassen wir das mit den Ruhrpottleuten. Jedenfalls kann man bei anderen doch oft zwei gleich starke Tendenzen beobachten. Sie möchten jemanden fragen, was sie mit ihrem Leben anfangen sollen, und zugleich möchten sie anderen sagen, was sie mit ihrem Leben anfangen sollen.

Wenn zwei Leute dieser Art sich begegnen, kann es zu einer wunderbaren Verbindung von Guru und Schüler kommen. Der Guru möchte uns erzählen, was wir mit unserem Leben tun sollen, und wir möchten gesagt bekommen, was wir mit unserem Leben tun sollen. Da können wir beide happy sein.

Der Guru erzählt uns mit Wonne, dass wir Linsen essen, fünf Stunden am Tag Mantras singen und ihm die Hälfte unseres Einkommens überlassen sollen. Der Schüler ist entzückt darüber, da er jetzt einen Sinn und Zweck für sein Leben hat und auf dem Weg zur Erleuchtung schöne Fortschritte macht.

Bis er den Guru mit seiner Tochter oder vielleicht mit seinem Sohn im Bett erwischt.

Es dürfte nicht schwierig sein zu verstehen, weshalb wir um unseren Lehrer, unseren Guru, unseren geliebten Meister herum so eine mystische Aura brauchen, weshalb wir ihnen nur ja nicht zu nahe kommen dürfen, weshalb sie auf einem Samtkissen weit weg und hoch droben auf einem Podest sitzen müssen. Würden wir ihnen näher kommen, könnte möglicherweise auffallen, dass sie genau wie wir sind. Dann würde die mystische Aura verpuffen, und wir könnten unsere eigene verdrängte Schönheit nicht mehr auf sie projizieren.

Wir sehen unseren Guru als so schön und so gut, weil wir das Schöne und Gute an uns selbst nicht wahrhaben wollen, das Schöne und Gute des Lebens überhaupt.

Und natürlich muss es dann all diese köstlichen Skandalgeschichten über Gurus geben, verfasst von Leuten, die ihnen zu nahe kamen: Leibwächter, Chauffeure und Ashram-Manager. Das sind die Leute, die mitbekommen, wie sich der Guru Seifenopern im Fernsehen ansieht, die verfolgen, wie

der wutschnaubende Guru mit DVD-Hüllen nach seiner Freundin wirft und wie er sich nächtens zu seinen attraktiven Jüngerinnen schleicht, um ihnen seinen besonderen Darshan-Segen zukommen zu lassen.
Davon darf die gewöhnliche Gefolgschaft um Himmels willen nichts merken.

(Jemand greift den belanglosesten Teil dieser Ausführungen auf:) Türkisch für Anfänger *heißt eine der beliebtesten Soaps in Deutschland. (Man lacht ausgelassen, um die ganze Spannung zu lösen, die sich aufgebaut hat, während Richard die Guru-Welt demontierte und die Guru-Schüler Beziehung als gegenseitige Projektion entlarvte.)*

Das ist vielleicht so etwas wie *East Enders* in England.

Wir denken gern, dass der Guru doch sicher die heiligen Schriften studiert oder sich in permanenter meditativer Versenkung befindet. Keinesfalls wird er, den Whiskyschwenker in der Hand, mit seiner Geliebten Pfänderspielchen machen. Aber warum möchten wir das so haben? Nur weil wir uns selbst irgendwie unzulänglich fühlen und der Guru ein Ausbund all des Guten sein soll, das uns, wie wir glauben, fehlt.

Aber solange ich nicht frei bin, wird das immer so sein.

Ja, es wird immer so sein. Aber du als Person kannst nicht unzulänglich sein, einfach weil keine Person vorhanden ist, die unzulänglich sein könnte. Es gibt nur das Eine. Wo könnte da etwas Unzulängliches sein?

(Wedelt mit den Armen) Seht euch das an. (Zeigt auf seine durch die Luft fahrende Hand) Das ist reine Zauberei. Wie könnte daran etwas unzulänglich sein?

Der eigentliche Zauber ist natürlich das Bewusstsein selbst, in dem all das hier erscheint. Ich könnte auch sagen: Der eigentliche Zauber ist Bewusstsein, das als all das hier erscheint.

Aber auch dieses bewusste Denken ist vom Denken erfunden.

(Blickt etwas verwirrt drein und wendet sich an Carl:) Das verstehe ich nicht.

(Carl zuckt die Schultern und breitet in gespielter Hilflosigkeit die Arme aus.) Ich auch nicht, aber das hat sie gesagt.

(Die Teilnehmerin nimmt einen zweiten Anlauf:) Sogar über dieses Bewusstsein kann man sich nur mittels des Denkens austauschen?

Man kann sich darüber mehr schlecht als recht mit Worten austauschen. Das Denken ist einfach ein Ausdruck des Bewusstseins.

(Carl, offenbar noch mit der Frage beschäftigt:) Tut mir leid, ich hab grad einen Aussetzer.

Versuch dich an das zu erinnern, was ich davor gesagt habe.

(Carl, inständig:) Nein, bitte, keine Rekapitulation! (Ringsum mitfühlendes Lachen angesichts der fortlaufenden Nöte des Übersetzers, der ja nun schon einige Stunden Schwerarbeit hinter sich hat)

Gut, dann sehen wir zu, dass wir nach vorn weiterkommen.

Bewusstsein denkt. Denken ist einfach Bewusstsein beim Denken.

Bewusstsein fühlt. Gefühle sind einfach Bewusstsein beim Fühlen.

Bewusstsein blumt. Blumen sind einfach Bewusstsein beim Blumen.

Bewusstsein teppicht. Teppiche sind einfach Bewusstsein beim Teppichen.

(Carl:) Es lacht niemand. Deutsche verstehen den britischen Humor offenbar immer noch nicht.

(Bewegt wieder den Arm) Bewusstsein bewegt sich. Es ist alles Bewusstsein. (Lange Pause, tiefe Stille.)
Bewusstsein blickt aus dem Fenster ...

(Carl, launig:) Vor allem am Sonntagnachmittag.

Bewusstsein rätselt. Bewusstsein besitzt Klarheit. Bewusstsein versteht oder missversteht. Bewusstsein ist verwirrt oder nicht verwirrt. Bewusstsein findet das hier langweilig oder faszinierend.

Das hängt alles von der Person ab? Ohne Person kein Bewusstsein?

Nein, ohne Person keine Phänomene. Bewusstsein ist nicht von der Person abhängig. Bewusstsein braucht keine Menschen.

Persönliches Bewusstsein setzt natürlich eine Person voraus. Aber Bewusstsein als solches setzt nicht das Vorhandensein einer Person voraus.

Menschen sind nicht notwendig. Das Eine braucht keine Menschen. Aber dass Menschen vorhanden sind, ist andererseits auch sehr interessant. *(Auf das Lachen folgt ein langes, nachdenkliches Schweigen.)*
Alles außer den Menschen ist einfach das Eine. Das Einzigartige am Menschen ist, dass er sich vom Einen getrennt fühlen kann und dann danach sucht. Das macht die Sache richtig spannend.

(Carl:) Es macht die Sache für das Bewusstsein spannend?

Nein, nur innerhalb der Story.

(Carl:) Tut mir leid, wenn ich deine Aussagen dramatischer mache, als du vorhattest. (Auf das Lachen folgt wieder ein längeres Schweigen.)
Was du eben gesagt hast, dass das Eine keine Menschen braucht – ich glaube, das klingt erst einmal niederschmetternd. Aber wenn wir uns die ungeheure Weite des Universums und unseren winzigen Planeten darin vorstellen, liegt wohl auf der Hand, dass die Zerstörung dieses Planeten durch eine große Explosion keinerlei Auswirkung auf das Ganze haben würde.
(Jemand anderes sagt:) Wir sprechen von der Suche nach dem Urgrund. Das ist ein sehr deutsches Wort, vergleichbar mit »Weltschmerz« oder »Waldsterben« oder »Zugzwang«. (Alle lachen, weil Richard diesen deutschen Wörtern sichtlich ratlos gegenübersteht.)
Kennst du Platons Höhlengleichnis? Er sagt, wir Menschen könnten das wahre Licht eigentlich nicht sehen, wir seien wie in einer Höhle angekettet und sähen nur die Schatten der Dinge, nicht aber das vom Höhleneingang her einfallende

Sonnenlicht selbst.»Urgrund« ist das deutsche Wort für das, was jenseits der Schatten liegt. Er ist das, wovon alles Erscheinende und alles Seiende herrührt.

So etwas wie eine zugrunde liegende Wirklichkeit?

Ja. Und Platon sagt, dass wir auf der Suche danach sind. Wir sehnen uns nach Einheit mit diesem Urgrund.

Platons Höhle ist eine sehr gute Metapher. Aber die zugrunde liegende Wirklichkeit, nach der wir suchen, ist nichts anderes als Dies. Das hier ist bereits das Gesuchte.

Wir suchen die Entschlüsselung des Geheimnisses da draußen in der Welt und hier drinnen in uns selbst. Die Lösung des Rätsels liegt aber darin, dass es kein »da draußen« und »hier drinnen« gibt. »Da draußen« und »hier drinnen« sind dasselbe. Wir erwarten, dass sich etwas ändert, wenn wir das Geheimnis lüften. Es wird sich in uns selbst ein großer Wandel vollziehen, der uns liebevoll, friedfertig und glückselig macht; oder aber es wird sich in unserer Wahrnehmung der Welt ein großer Wandel vollziehen, der uns alle Dinge als von einer wundervollen goldenen Aura umgeben offenbart. Und sollten wir tatsächlich den spirituellen Jackpot knacken, dann werden wir sowohl uns selbst als auch die Welt anders sehen.

Im Vergleich mit solchen Verwandlungen ist Befreiung geradezu langweilig. Sie ist einfach ein Sehen, dass all das in Wirklichkeit nicht der Fall ist, weil es nichts gibt, was zu wandeln wäre, weder ein Ich noch eine Welt. Und das ist es, was eine Person sich niemals auch nur vorstellen kann: ihr eigenes Nichtvorhandensein.

Einer Person bleibt es unvorstellbar, dass die Welt ohne uns unverändert weitergehen könnte. Es ist unvorstellbar, bis es gesehen wird, und dann muss es nicht mehr vorgestellt werden, weil es unbestreitbar der Fall ist.

Dann gibt es noch die vielen Geschichten, die davon handeln, wie persönliche Erleuchtung ein tugendhaftes und moralisches Leben nach sich zieht. Deshalb ist es ja so besonders schockierend, wenn wir den Guru dann mit drei seiner besonders attraktiven Anhängerinnen im Bett antreffen.

Moral besteht einfach aus Ideen.

Ja. Moral gehört mit auf die lange Liste der Dinge, die nichts mit dem Sehen der Freiheit zu tun haben.

Befreiung hat nichts mit unserer Persönlichkeit, nichts mit unserem Verhalten, nichts mit unserer Gutmütigkeit, nichts mit unserer Übellaunigkeit und nichts mit unserer Moral zu tun.

Es ist ein Witz. Es ist der größte Witz überhaupt. Deshalb bricht oft das große Lachen los, wenn plötzlich Befreiung gesehen wird.

Aber in der Befreiung wird auch gesehen, dass andere leiden? Es besteht der Antrieb zu helfen, aber es wird auch gesehen, dass keine Hilfe möglich ist?

Sagen wir lieber: Es wird gesehen, dass niemand da ist, der helfen könnte, und niemand, dem zu helfen wäre.

Und für die Person, die dann vielleicht zurückkommt, kann das ein Gefühl von totaler Hilflosigkeit mit sich bringen?

Ja. In meinem ersten Buch habe ich das große Mantra zitiert. Es lautet: hoffnungslos, hilflos, sinnlos.

Wir wünschen uns etwas, woran wir uns halten können.

Oh, und wie. Wir wünschen uns ganz dringend etwas, woran wir uns halten können. Alles taugt dazu, jedes noch so kleine Wrackteil, jeder noch so vage Anhaltspunkt für irgendetwas, das als Lebenssinn ausgelegt werden könnte.
Aber das hier Mitgeteilte lässt selbst das letzte Wrackteil noch untergehen, und es bleibt nichts, woran man sich festhalten könnte. Es ist eigentlich der Ruin unseres Lebens. Man sollte Meetings wie dieses eigentlich als den Weg in den Ruin ankündigen. Ich sehe schon die Plakate vor mir: »Komm zu diesen Gesprächen über Nicht-Dualität und ruiniere dir dein Leben.«
Dies ist das Ende von allem. Es ist das Ende von allem, was ich für mein gehalten habe, weil es kein Ich gibt.

Das Ganze ist ein Paradox. Wir ziehen los, weil wir auf etwas aus sind, zumindest auf irgendetwas an Sinn und Bedeutung. Aber dann gehen wir diesen Weg, der keiner ist, und sehen, dass da nichts an Sinn und Bedeutung zu holen ist. Trotzdem gehen wir weiter. Und wir denken weiterhin: »Es muss in der Sache doch etwas stecken, was für mich gut ist.«

Es kann nur so sein, wenn man eine Person ist. »Es muss etwas geben, was hilft. Es muss etwas geben, worauf ich hoffen kann.«
Aber in dem, was hier gesagt wird, könnt ihr das alles vergessen. (Das anfängliche Lachen über diese Worte weicht tiefer Nachdenklichkeit.)
Einer Person, die Person bleiben möchte, würde ich raten: »Lauf weg, sonst wird dich diese Mitteilung erledigen.«

Ich kann mir nicht helfen, ich verspreche mir von dem hier trotzdem etwas für mich selbst. Wir sitzen hier und stellen Fragen oder bringen Ideen vor, aber wir wissen nicht, ob unsere Gedanken richtig oder falsch sind. *Du dagegen beantwortest alle Fragen mit vollendeter Selbstsicherheit. Ich bin voller Zweifel und Unsicherheit, und für mich wäre diese Selbstsicherheit bereits ein großer Gewinn.*

Aber die Selbstsicherheit hat nichts mit einer Person zu tun. Es ist nicht *meine* Selbstsicherheit.

Leider falle ich dauernd wieder in diesen Glauben zurück, dass ich eine Person bin.

Das geht solange weiter, wie es eben weitergeht, und wenn es aufhört, hört es auf. Verstehst du? Ihr habt euch heute herbemüht, um euch das Offensichtliche anzuhören. (Lachen)

Hier (deutet auf sich) ist keine selbstsichere Person. Diese Gestalt hier ist nicht besonders selbstsicher, eher Durchschnitt. Aber was hier gesagt wird, hat nichts mit dieser Gestalt zu tun. Es ist vollkommen unpersönlich. Das Eine spricht mit dem Einen. Genauso haben die Fragen, die gestellt werden, nichts mit euch zu tun. Sie sind das Eine, das fragt, und dann vielleicht an seinen eigenen Antworten herumrätselt.

Es ist ein Schlag ins Wasser.

Es kommt vor, dass Befreiung vollkommen überraschend gesehen wird und die Nicht-Person, die dann übrig bleibt, ein, zwei Jahre nur herumsitzt und wenig mehr tut, als Löcher in die Luft zu starren. (Kann dieser Wendung der Dinge offenbar eine komische und entspannende Seite abgewinnen)

In meinem Fall war es nicht so, aber bei anderen durchaus. Bevor wieder eine Regung kommt, etwas anderes zu tun, als Löcher in die Luft zu starren, sitzen sie vielleicht ein Jahr lang oder zwei herum, vielleicht auf einer Parkbank. Zu sehen, dass niemand da ist, das ist wirklich sehr verblüffend, und außerdem wird gesehen, dass nichts mehr zu tun ist und nichts mehr getan werden muss. Bei anderen kann es nach dem Sehen der Befreiung sein, dass sie am nächsten Morgen wie üblich aufstehen und zur Arbeit gehen.

Manche sind außerstande, ihr altes Leben fortzusetzen, während es bei anderen genauso weitergeht wie bisher. Der nächste Bus, den ihr besteigt, wird vielleicht von jemandem gesteuert, der nicht da ist.

(Carl:) Das wäre dann ein Geisterfahrer. Allerdings ist ein Geisterfahrer bei uns jemand, der auf der falschen Straßenseite fährt. Bei euch fahren bekanntlich alle auf der falschen Straßenseite und sind demnach samt und sonders Geisterfahrer.

(Johlendes Gelächter, danach tiefes, anhaltendes Schweigen. Es dauert lange, bis jemand den Bann bricht.)

Dann sind wir alle Gestalten in einer riesigen Soap, in der jeder seine Rolle perfekt spielt.

Für die Einzelgestalt ist das eine gute Beschreibung. Man könnte sagen, dass ihr nicht nur alle Schauspieler seid, sondern auch das Set, das Filmstudio, die Kameras und Kameramänner, einfach alles.

Und es ist nicht möglich, Fehler zu machen?

Was wäre ein Fehler? Was könnte das überhaupt bedeuten?

Wie ich dachte, nicht möglich. Niemand kann seine Rolle unvollkommen spielen, niemand kann Fehler machen.

Noch einmal: Was könnte das bedeuten? Eine Rolle unvollkommen spielen, was kann das überhaupt bedeuten?

Aber der Verstand sagt uns das ständig. *Er weiß immer, was richtig und was falsch ist.*

O ja, er kann alles als Fehler auslegen. Wie heißt du?

Gunther.

Du bist unverwechselbar Gunther. Du bist der perfekte Gunther. Kein anderer könnte den Gunther je so geben wie du. (Große Heiterkeit bei dem Gedanken, jemand anderes könnte es darauf anlegen, den Gunther zu geben.) Jeder Versuch, Gunther zu mimen, würde einen blassen Abklatsch ergeben. Du bist nicht nur ein ganz leidlicher Gunther, du bist der perfekte Gunther.

Metaphorisch gesagt: Wir sind wie das Objektiv eines Filmprojektors, der undifferenziertes weißes Licht in bewegte Bilder übersetzt. Oder wir sind wie ein Prisma, das undifferenziertes weißes Licht in die Farben des Regenbogens auffächert.

Wir haben undifferenziertes Sein, das weiße Licht des Seins. Und dann wird es diese wunderbar vielfältige, bunte Manifestation.

Auch diese Metapher kann irreführend sein, aber das macht nichts. Nur der Verstand mit seinen Urteilen sieht Irreführung als schlecht und Klarheit als gut. Es sind einfach mentale Bewertungen.

(Wieder bleibt es lange still, bis jemand lächelt und sagt:)
Jetzt versucht mein Verstand zu ermitteln, ob es wohl gut ist, dass es im Moment keine Fragen mehr gibt.

Es ist, wie es ist. Weder gut noch schlecht. Mal wird geschwiegen, mal gibt es Fragen. Aber die Fragen sind einfach Stille, die Fragen stellt.

Aber es gibt auch den Fall, dass ich etwas entscheiden muss, jedenfalls sieht es für mich so aus.

Ja, so sieht es für dich aus.

Meine Entscheidung kann Liebe oder Verlassenwerden nach sich ziehen.

Es gibt Situationen, in denen es so aussieht, als würde eine Entscheidung getroffen, und du denkst dann, du würdest entscheiden. Was das angeht, kommt jetzt sogar die Wissenschaft auf den Trichter. In den Erkenntnissen der Neurowissenschaft zeichnet sich ab, dass niemand da ist, der etwas entscheidet.

Ich deute das, was du jetzt ansprichst, anders. Nämlich dass ich zwar eine Entscheidung treffe, aber nicht in dem Augenblick, in dem ich meine, dass ich sie treffe. Ich habe sie unbewusst einen Sekundenbruchteil früher getroffen und da bloß noch nicht gemerkt, dass ich sie treffe.

Was könnte denn eine unbewusste Entscheidung sein? Aus meiner Sicht ist es so, dass alles einfach passiert und wir uns lediglich einbilden, wir seien die Macher. Und genau darauf deuten jetzt die Befunde der Neurowissenschaft hin. Wir könnten sagen, dass eine Entscheidung getroffen wird, und anschließend kommt der Gedanke: »Ich habe eine Entscheidung getroffen.« Aber was heißt das? Wenn niemand da ist, der entscheidet, kann es doch nur heißen, dass einfach etwas geschieht. Und das sage ich auch. Ständig geschieht etwas.

Sehen wir uns das einmal an. Wir gehen ins Restaurant, und es kommt zu einer Wahl: Fleisch oder Fisch. Aber damit hat es eigentlich gar nichts auf sich, weil niemand da ist, der die Entscheidung trifft. Fisch wird bestellt oder Fleisch wird bestellt. Oder etwas anderes passiert. Vielleicht werden Linsen bestellt. Vielleicht kommt eine Herzattacke und nichts wird bestellt. Es passiert immer irgendetwas, nur nicht im traumlosen Schlaf.

Was ist im traumlosen Schlaf?

Traumloser Schlaf ist Freiheit. Im traumlosen Schlaf ist niemand da.

Da bekommen wir unsere Minimalration Freiheit?

Ja, wir können nicht ununterbrochen Leute sein, das wäre nicht zu ertragen. Zu viel Stress. Wir brauchen den traumlosen Schlaf als unsere Minimalration Freiheit. Sehr gut gesagt.

Das ist Zwangsfreiheit. (Allgemeines Gelächter)

Ja, ja, wir brauchen Zwangsfreiheit. Eine Person sein, das ist einfach zermürbend.

Bei Schlafentzug dreht man nach einiger Zeit durch.

Natürlich. Ständig Person sein zu müssen, das ist ein Riesenstress. Überleg mal – all das Entweder-oder, das ständig abzuwägen ist, die endlose Last der Verantwortung, der Gewissensbisse und vor allem der Hoffnung.
Ist doch klar, dass wir durchdrehen, wenn wir immer Person sein müssen und nie Urlaub davon haben. Und diese regelmäßigen Urlaube heißen Schlaf.
Jede Nacht, wenn wir einschlafen, gehen wir nach Hause. Jede Nacht werden wir für ein Weilchen wieder ins Paradies eingelassen. Und am Morgen werden wir wieder rausgeworfen. Wir wachen auf und können es kaum fassen: »O nein! Großer Gott, noch ein Tag positives Denken!« (Tosendes Gelächter)
Und die Katze hat uns aufs Bett gekotzt, und wir haben Kopfweh, und da liegen die ganzen Rechnungen, die bezahlt werden müssen. Das alles bricht wieder über uns herein. Es ist ein Elend. »Ich bin eine Person, und jetzt muss ich aufstehen, das verkotzte Bett saubermachen und zur Arbeit gehen.«
Selbstverständlich brauchen wir da Auszeiten während der vierundzwanzig Stunden des Tages.
(Es folgt wieder ein langes, erholsames Schweigen.)

Ob es stimmt, weiß ich nicht, aber ich habe gelesen, dass manche Leute nicht nur im Traum, sondern auch im traumlosen Schlaf bewusst bleiben.

Richtiger wäre es zu sagen, dass es keine Leute gibt, die im traumlosen Schlaf bewusst bleiben, aber die Bewusstheit im traumlosen Schlaf bestehen bleibt. Sie geht weiter, jedoch für niemanden.

Darüber hinaus kann dazu aber nichts gesagt werden, denn in dieser Bewusstheit treten keine Phänomene auf. Da passiert nichts, und folglich kann darüber nichts gesagt werden. Wir können diesem Zustand keine Eigenschaften zuschreiben, weshalb es da auch nichts zu beschreiben gibt.

Wie wissen wir dann aber, dass Bewusstheit bestehen bleibt? (Mit einem ironischen Lachen:) Weil das Eine hier sitzt und es uns mitteilt. Das Eine berichtet davon. Unser Denken wird daraus machen, wonach ihm gerade ist. Es bejaht oder verneint, es hinterfragt oder bezweifelt, und es ist alles gleich bedeutungslos.

Kurz, ja, es gibt Bewusstheit im traumlosen Schlaf, aber da sich nichts darüber sagen lässt, ist es nicht sonderlich interessant. Traumloser Schlaf ist nicht einfach ein Nichtvorhandensein, eine Absence, eine Lücke. Wir haben nicht einfach den Wachzustand, den Traumzustand und dazwischen eine Lücke.

Mehr kann ich darüber nicht sagen. Es spielt auch keine große Rolle, außer vielleicht für den Tod. Haben wir heute schon vom Tod gesprochen? Ich erinnere mich nicht.

Ja, haben wir.

Fein, dann müssen wir davon ja nicht noch mal anfangen.

Aber es macht Spaß, über den Tod zu reden.

Ja, es macht Spaß.

Der Tod ist die Illusion, auf der alle anderen aufbauen.

Das könnte man so sagen.

Wenn Befreiung gesehen wird, lässt die Beschäftigung mit dem Tod tendenziell eher nach. Das liegt zum Teil daran, dass im traumlosen Schlaf Bewusstheit bestehen bleibt. Die Bewusstheit, die im Schlaf weiterläuft, ist natürlich nicht persönliches Bewusstsein.

Traumloser Schlaf ist in gewisser Weise wie der Tod. Da zeigt sich, dass Bewusstheit nicht an Phänomenen hängt; sie hängt nicht davon ab, dass etwas passiert und im üblichen Sinne erfahren wird.

Ich will noch einmal betonen, dass wir hier nur den Versuch unternehmen, Befreiung irgendwie zu umschreiben. Dazu gehört unter anderem die Aussage, dass im Tiefschlaf Bewusstheit besteht, und es vielleicht daran liegt, dass die Beunruhigung über den Tod eher nachlässt. Das ist übrigens etwas ganz anderes als beunruhigende Gedanken über das Sterben. (Er lacht, offenbar amüsiert über den Gedanken, dass man das verwechseln könnte.) Der Körper-Geist-Organismus hat einen völlig natürlichen und verständlichen Selbsterhaltungstrieb. Wenn man sich also um den Tod keine Sorgen mehr macht, dann heißt das nicht, dass man auf der Straße nicht mehr aufpasst und vor einen Lastwagen läuft.

(Laut auflachend:) Ich frage mich gerade, ob euch das irgendetwas sagt, wenn es eure Ohren erreicht; es sagt jedenfalls mir etwas, wenn es aus meinem Mund kommt.

So langsam kommen wir da hin ...

O Gott, hoffentlich nicht.

(Langes Schweigen, bis er plötzlich wieder auflacht:) Am liebsten würde ich sagen: »Au ja, machen wir doch ein bisschen Chakra-Reinigung!«

Bloß nicht.

Nur so zum Spaß?

(Wieder lange Stille, bis jemand sagt:) Braucht jemand was vom Bestellservice des Universums? (Die meisten lachen vergnügt.)

Ja, Erleuchtung gleich jetzt!

Der Verstand würde zu gern aus diesem sonderbaren Ding namens »mein Leben« etwas machen. Er möchte es in Gang bringen und auf die Reihe kriegen. Die Vorstellung, dafür einen kosmischen Bestellservice anrufen zu können, ist äußerst verlockend.

Ah, The Secret, oder?

(Wieder tritt tiefe, anhaltende Stille ein. Nach einer Weile fragt Carl:) Hast du dein Zitat aus den Upanischaden bei dir?

Ja.

(Carl:) Würdest du es vorlesen?

Ja.

(Carl:) Er hat ein ganz wunderbares Upanischaden-Zitat. Das könnten wir uns zu Gemüte führen, da es ja heute doch nicht nach Chakra-Reinigung oder Shaktipat aussieht. (Ausgelassenes Gelächter, niemand scheint das Fehlen von Pfauenfedern und Shaktipat zu bedauern.)
Er ist der Hüter der kosmischen Weisheitsbücher. (Wieder munteres Gelächter)

Ich habe die Upanischaden in der Tasche.

Das ist dein Schatzkästlein.

Das ist mein Weisheitsfundus (fummelt in seiner Brusttasche). Wenn ich dieses Hemd je verliere, ist es mit diesen Meetings vorbei. Carl weiß Bescheid, weil ich das Zitat gestern in Köln schon vorgelesen habe.

Ich möchte nicht den Eindruck erwecken, dass ich die Upanischaden gelesen habe, das habe ich nämlich nicht. Aber wir können eigentlich überall auf diese kleinen Goldkörner der Weisheit stoßen. Ich habe in meiner magischen Brusttasche noch ein Zitat, und zwar vom Buddha. Ein herrliches Zitat, und es stand auf einem Tischset in einer Kneipe in Wales. Wirklich, es kann überall sein.

Woher ich dieses Upanischaden-Zitat habe, weiß ich nicht mehr. Jedenfalls erschien es mir als eine wunderbare Zusammenfassung dessen, was wir heute hier besprechen. So klar.

(Liest vor:) »Sogar die alten Schriften verkünden: ›Es gibt in Wahrheit keine Schöpfung, keine Zerstörung. Niemand ist gebunden und niemand sucht Befreiung. Es gibt keine Befreiten.‹ Das ist die absolute Wahrheit, mein lieber Schüler, Kerngehalt und Inbegriff der Upanischaden, das Geheimnis der Geheimnisse und meine Unterweisung für dich.«

Soweit. Wer könnte das noch klarer ausdrücken?

Nicht einmal du. (Lächelnd und in leicht herausforderndem Tonfall)

(Lachend:) Na hör mal!

Ich würde dich als Guru nicht ablehnen. (Lachen)

Niemand sucht. Niemand findet. Niemals. Es gibt nichts zu finden. Das lässt sich auf zweierlei Weise verstehen: Es gibt nichts zu finden, und es gibt Nichts zu finden. Wir werden Nichts nie finden, aber Nichts könnte sich selbst finden. Dann kommt es vor, dass gelacht wird.

Es ist ein großes Versteckspiel. Wir finden es so toll, uns vor uns selbst zu verstecken. Wir vergessen, wo wir uns gelassen haben. Dann plötzlich mit einem Schreck: »Boah, ich hab mich gefunden!« (Deutet auf die Wand, auf ein paar Teilnehmer, auf die Blume in der Vase und aus dem Fenster:) Das bin ich, und das bin ich, und das bin ich auch.

Das meine ich, wenn ich »Ich bin das« sage. Es besteht keine Trennung, kein Unterschied. Ich bin das. Es mag so aussehen, als wäre das Bewusstsein hier (deutet auf sich) und nicht da (zeigt zur Wand), aber so ist es nicht. Bewusstsein scheint in einem Subjekt hier zu sein, dem ein Objekt da bewusst ist, aber das ist nur Schein, es ist nicht wirklich so.

Bewusstsein ist ebenso hier wie dort. Es ist vollkommen undifferenziert. Deshalb kann es zu rätselhaften Aussagen wie »Es gibt keinen Raum« kommen. Da Bewusstsein, hier Bewusstsein. Es ist dasselbe Bewusstsein, folglich kann kein Raum dazwischen sein. Oder, wenn euch das lieber ist: Der scheinbare Raum dazwischen ist auch Bewusstsein.

(Es wird wieder still. Richard gießt sich Wasser ins Glas, hält es hoch und trinkt.) Das Eine trinkt das Eine. Es trinkt sich selbst.

Prost! (Allseitige Belustigung)
Das ist eine komische Vorstellung, dass die Suche aufhört, ohne dass etwas gefunden wurde. Alles ist da, und doch scheint etwas zu fehlen.

(Jemand, der den Tag über genau zugehört hat, wirft ein:)
In dem Fall ist die Suche nicht zu Ende.

Es kann nur etwas fehlen, wenn noch eine Person da ist, die meint, dass etwas fehlt. Das ist wie die Wüste nach dem Erwachen. In der Wüste wissen wir, dass rein gar nichts getan werden kann, aber das Gefühl von Mangel ist dann noch da.

An dieser Stelle bringen die heiligen Schriften und die Gurus gern die Gnade ins Spiel.

Richtig. Wollt ihr die Gnade ins Spiel bringen?

Au ja, bitte, her mit der Gnade!
Die Diksha-Bewegung beruht doch darauf, oder?
Gnade kommt von Gott. Wir tun die Arbeit, wir erfüllen unseren Teil, und dann kommt Gottes Gnade von oben. Wenn unser Streben stark genug wird, kann Gott seine Gnade nicht mehr zurückhalten, und alles kommt an sein Ziel.
(Manche Teilnehmer können das Lachen nicht unterdrücken; ihnen fällt offenbar auf, wie sehr diese Worte allem an diesem Tag Gesagten widersprechen.)

Ja, eine schöne Story.

(Die letzte Sprecherin ruft über die tumultuarische Heiterkeit hinweg:) Es ist eine kosmische Vereinigung ...

Ja, so was Schönes. Keine Frage, dass es manche anspricht. Es beinhaltet das Versprechen einer alchemistischen Wandlung. Es ist der Ansatzpunkt aller alchemistischen Wege und vieler spirituellen Wege.

(Einer der eher raubeinigen Teilnehmer:) Na und?

Na und, ja. Eine anrührende Geschichte unter vielen anderen. Wem diese Geschichte zusagt, bitte sehr. Aber seht auch, dass sie auf eurem Gefühl von Unzulänglichkeit beruht. Diese Geschichte erzählt, wie wir endlich recht sein können und wie wir dazu eine alchemistische Wandlung benötigen. Wir sind aus niederem Blei gemacht und müssen in spirituelles Gold verwandelt werden, und dazu bedarf es einerseits unserer eigenen noblen Anstrengungen und andererseits der göttlichen Gnade. Wenn Gottes Gnade ausbleibt, kann das natürlich nur daran liegen, dass wir nicht eifrig genug streben. Es ist unsere Schuld, und dann können wir uns noch unzulänglicher fühlen.

So eine schöne, verführerische Story. Ein großartiges Beispiel für spirituelle Verführung.

Zum Thema »Gnade« sagen wir am besten einfach, dass alles Gnade ist.

Beim Essen hat jemand über Gott und die heiligen Schriften gesprochen. Mir lag es auf der Zunge zu sagen, dass wir hier eigentlich darüber sprechen, dass Gott alles und überall ist. Aber ich habe mir das verkniffen. Sobald wir nämlich das Wort »Gott« verwenden, besteht die Gefahr, dass es unserem Verstand lauter irreführende Geschichten eingibt.

(Carl:) Ich glaube, ich hab hier grad den Burnout ... Aber wir können es ruhig noch mal versuchen.

Statt »alles ist Einheit« könnten wir auch sagen: »Gott ist alles und überall.« Wir können über Gott sprechen, aber das verleitet den Verstand, massenhaft Storys zu spinnen, gerade in dieser Kultur mit ihren zahllosen dualistischen Gottesvorstellungen.

Wenn ich sage »Gott ist alles«, dann meine ich eigentlich, dass man nirgendwohin kommen muss und nichts zu tun ist. Wenn Gott schon alles ist, wohin müsste man dann noch gehen und was wäre noch zu erreichen? Aber das Wort »Gott« allein beschwört in unserer Kultur Probleme herauf, weil es Vorstellungen von Verschiedenheit beinhaltet, eine Trennung zwischen »mir« und »Gott«. Dann ist Gott jemand, dem man gefallen muss, und da gibt es eine Menge zu tun. Wenn wir ausreichend gottgefällig sind, etwa durch Ausrottung der Ungläubigen, vielleicht sind wir dann der Gnade würdig.

»Alles ist Gnade«, das ist ein wunderbarer Satz, solange wir nicht mithören: »Wir müssen gut sein und recht handeln, um uns die Gnade zu verdienen.« Wenn wir uns die Gnade verdienen wollen – über Aufgaben, die wir uns selbst stellen oder von den Priestern und Swamis stellen lassen –, sind wir ja schon wieder in der Story von unserer Unzulänglichkeit.

Wir können sagen, dass alles Gnade ist, und wir können genauso gut sagen, dass wir auch ohne Gnade genügen. Diese Aussagen sind gleich sinnvoll – oder gleich unsinnig.

Es kann demnach dafür, dass ich noch nicht erwacht bin, nur einen Grund geben, nämlich dass ich nicht will.

Der einzige Grund dafür, dass du noch nicht erwacht bist, liegt darin, dass *du* nie erwachen wirst. Niemand ist je erwacht. In der gesamten Geschichte der Welt ist niemand je erwacht.

Niemand?

Niemand. Niemand ist je erwacht.
 Es hat nichts mit dem zu tun, was du willst oder nicht willst. Du machst den Fehler, dass du es personalisierst, als ginge es um dich, also darum, was du als Person willst und wie du dich als Person verhältst. Aber es hat eben nichts mit dir als Person zu tun. Es geht um das Aufhören dieses Gefühls, eine Person zu sein. Das führst du aber nicht dadurch herbei, dass du es willst; und du verhinderst es nicht durch dein Nichtwollen.
 Es gibt übrigens viele, die es nicht wollen. Viele kommen dem nahe, erhaschen einen kurzen Blick darauf, und dann laufen sie schnell weg, weil sie spüren, was beim Sehen der Befreiung alles in den Orkus wandern würde. All die wunderbaren Reisen in den Himalaja, wo der Guru mit seinem Segen wartet, all die schönen Shaktipat-Zeremonien, all die wohltuenden Chakra-Reinigungs-Workshops – all das wäre dann weg, und zwar mitsamt unserem Glauben an alles, was wir schon erreicht haben.

(Carl spinnt es weiter:) All das »Türkisch für Anfänger« ... ah, nein, das hast du nicht gesagt, oder?

Ich weiß nicht. Eher nicht.

Christlich gesprochen handelt es sich um Kreuzigung, ist das so?

(Schüttelt sich vor Lachen und blickt demonstrativ auf die Uhr) Endlich das ganz große Thema! Zu schade, dass unsere Zeit gerade abläuft.
 Bevor wir uns der Kreuzigung zuwenden, will ich meinen Gedankengang noch schnell zu Ende bringen.
 Manche Leute lieben einfach die spirituelle Suche und spü-

ren, dass Nicht-Dualität das Vergnügen am Suchen bedroht. Wenn sie das einmal erfahren haben, machen sie von da an einen großen Bogen um Mitteilungen dieser Art.
   Suchen geht ja nur, solange wir nicht finden. Kaum finden wir, ist die Suche zu Ende. Das Finden ist demnach die eigentliche Bedrohung des Suchers, der ja beim Suchen so viel Unterhaltsames erlebt, so viele schöne Kontakte knüpft und so viel Sinn findet. Er richtet vielleicht seinen ganzen Tag auf die Suche hin aus, und ohne die Suche würde er ziemlich dumm dastehen.
   Das Risiko des Findens gefährdet die Suche und ist möglichst auszuschließen. Zum Glück schließt das Suchen nach etwas das Finden von nichts mit einiger Sicherheit aus.
   Jetzt aber zur Kreuzigung! Ring frei für die Kreuzigung!
   Was kann man da sagen? Zunächst einmal lässt sich sagen, dass die Kreuzigung ein vorchristliches Symbol für den Tod des Ich ist. In vorchristlicher Zeit wurde sie so verstanden.
   (Es wird eine weitere Frage gestellt, doch offenbar geht Carl irgendetwas durch die Lappen, und es entsteht Verwirrung. Richard hört genau zu, blickt aber nicht durch.) Da komme ich nicht mit.

(Carl möchte behilflich sein und schlägt vor:) Sag einfach ja oder nein und kümmere dich nicht um die Frage. (Lachen)

Ich hab sie ja gar nicht verstanden.

(Carl weitet seine Hilfsbereitschaft aus:) Es bist sowieso nicht du, der entscheidet, wie die Frage beantwortet wird, also sag einfach ja oder nein. (Tosendes Gelächter)

Die Kreuzigung ist ein vorchristliches Symbol für den Tod der Person oder des niederen Ich, nicht für den Tod des Körpers. Manche Philosophen der vorchristlichen Zeit sprachen vom niederen und höheren Ich. Das niedere Ich musste sterben, damit das höhere geboren werden konnte. Das war die Voraussetzung für die Vereinigung mit Gott. Im gnostischen Christentum wurde die Kreuzigung Christi von vielen eher als eine Metapher und nicht als reales Ereignis gesehen.

Auch wenn ich von christlicher und vorchristlicher Metaphorik rede, erkennt ihr sicherlich die Übereinstimmung mit dem, was wir hier besprechen. Wir würden sagen, dass die Person sterben muss, damit die Einheit gesehen werden kann, während das Symbol der Kreuzigung besagt, dass das niedere Ich sterben muss und erst dann die Vereinigung mit Gott möglich wird. Die gleiche Idee, nur von Kultur zu Kultur unterschiedlich formuliert.

In unserem Zusammenhang vermeidet man Begriffe wie »niederes Ich« und »höheres Ich« besser, weil sie uns nur auf weitere spirituelle Pfade schicken, auf denen es das eine zu töten und das andere zu finden gilt. Aber richtig verstanden bedeuten die Ausdrücke »niederes Ich« und »höheres Ich« genau das, was wir hier schon den ganzen Tag besprechen. Das Gefühl, eine Person zu sein, muss sterben, damit die Einheit gesehen werden kann. Solange ich mich für eine Person halte, für einen Jemand, kann ich nicht sehen, dass ich alles bin. »Ich bin das« bleibt mir verschlossen. Solange ich mich für dies halte (deutet auf sich), kann ich nicht sehen, dass ich das bin (deutet auf alles ringsum). (Zu Carl:) Geht das auf Deutsch?

(Carl räumt ein, dass es geht, aber man merkt ihm an, dass ihn das ständige Dolmetschen anstrengt.) Ja, es ist nachvollziehbar. Es trifft auch sehr gut. Dass das Herz brechen kann, war mir bekannt; dass das Gehirn auch brechen kann, ist eine ganz neue Erfahrung für mich. (Lachen)

(Schaut Carl besorgt an:) Du übersetzt jetzt schon zweieinhalb Tage am Stück.

O ja!

Und dann hatten wir gestern Abend diese Bahnfahrt, die eine Stunde hätte dauern sollen und dann drei Stunden dauerte. Es war eine richtig existenzielle Zugfahrt, eine Fahrt in die Ewigkeit. Sie haben uns endlos auf dem deutschen Schienennetz hin und her geschoben, es war, als wären wir in eins von Becketts späten Stücken geraten.

Das übersetze ich jetzt mal nicht. (Die Englisch verstehenden Teilnehmer lachen.)

Ich will es mal mit einer Metapher versuchen. Ich bin selbst gespannt, ob sie hinhaut. Betrachten wir das Ich, die Person, als ein ödes graues Gebäude, das die Aussicht auf die schöne Landschaft verstellt. Es ist wahrlich kein Vergnügen, auf diesen grauen Klotz zu starren, und man wird es uns nachsehen, dass wir alles daransetzen, ihn ein wenig farbig zu gestalten. Wir lassen uns wirklich etwas einfallen, um dieses Bauwerk ansehnlicher zu machen, aber nach jahrelangem Malen und Herumschmücken spürt man trotzdem, dass es unter der Farbe einfach öd und grau ist. Kaum reißt man es jedoch ein, liegt die Landschaft in ihrer ganzen Schönheit da.

Wenn das Gebäude weg ist, ist es einfach weg, und kein Hahn kräht mehr danach, mit welchen Farben wir es aufzufrischen versucht haben. Mit dem Anstreichen spiele ich natürlich auf all das an, was wir unternehmen, um uns selbst akzeptabler zu machen, obgleich es in Wirklichkeit nur darauf ankommt, dass wir verschwinden. Ich will die Metapher hier lieber abwürgen und nicht weiterführen.

(Zwischenruf:) Sehr hilfreich war sie eh nicht. (Lachen)

(Mit Nachdruck:) Gut! (Noch nachdrücklicher:) *Gut!*

(Jemand anderes zum vorigen Sprecher:) Du kommst allmählich auf den Trichter.
(Ein dritter:) Wir sind sowieso umsonst hier.

Wenn es verschwendbare Zeit gäbe, wäre dieser ganze Tag Zeitverschwendung. Natürlich wäre alles, was wir sonst noch hätten tun können, ebenfalls Zeitverschwendung gewesen, also macht es nichts.

Es ist o.k. Macht nichts. »Macht nichts« ist ein netter Ausdruck.

Aber da fehlt noch die zweite Hälfte, und die ist in England besonders wichtig. »Macht nichts. Trink erst mal Tee.« Das gehört zusammen und sagt eine Menge über das Stoische des englischen Charakters.

Solange wir uns wohlfühlen, können wir unser Ich nicht ablegen?

Wir können unser Ich überhaupt nicht ablegen. Wenn unser Ich abfällt, spielt es dafür überhaupt keine Rolle, ob wir uns wohl oder unwohl gefühlt haben. Es gibt dafür keine Bedingungen.
   Wir sind Sucher. Ob wir es bewusst oder unbewusst sind, spielt keine Rolle. Wir sind Sucher, wir können nicht anders. Wir suchen den Heimweg.

Ob das Ich wegfällt oder nicht, hängt nicht davon ab, ob wir bewusst oder unbewusst suchen.

Besteht eine Neigung, das in einem abschließenden Satz auf den Punkt zu bringen? (Lachen)

(Lacht) Ah, du möchtest ein letztes Goldkörnchen Weisheit, stimmt's? Du denkst: »Jetzt haben wir hier den ganzen Tag herumgesessen, also mach schon, sag endlich etwas Intelligentes, wir warten schon den ganzen Tag darauf!«

Erraten!

Da kann ich nur ganz ehrlich antworten: »Nein.«

Da muss doch noch was in deiner magischen Brusttasche sein.

Möchtest du wissen, was der Buddha nach der Auskunft dieser Tischmatte in Wales gesagt hat? (Lachen. Er fingert in seiner Hemdtasche.) Es müsste hier irgendwo sein.
(Fördert schließlich triumphierend einen Zettel zutage:) Da haben wir es. Das habe ich von der heiligen Tischmatte in der walisischen Kneipe abgeschrieben. Da waren alle Tischsets mit Aussprüchen großer spiritueller Gestalten versehen. Es war eine denkwürdige Sammlung. Ein Spruch stammte von Karl Marx, ein anderer von W. C. Fields.
Ich weiß nicht, aus welchem Sutra das hier ist. Es stand nicht dabei. Vielleicht aus dem verschollenen walisischen Sutra. Es könnte ja sein, dass der Buddha in Wales war, schließlich hat Josef von Arimathäa Glostonbury besucht und Maria Magdalena Mont Segur.

Dem Tischset zufolge hat der Buddha jedenfalls gesagt: »Glaubt nichts, wer es auch gesagt haben mag. Selbst wenn ich es gesagt habe, glaubt nichts, was nicht mit eurer eigenen Einsicht und eurem eigenen gesunden Menschenverstand übereinstimmt.« Ich finde das großartig. Es wäre noch besser, wenn man es beim ersten Satz belassen hätte: Glaubt nichts, wer es auch gesagt haben mag.« Glaube ist wertlos.

Das wäre mein Goldkörnchen der Weisheit zum Abschluss: »Glaube ist wertlos.«

(Carl:) Okay. Danke, Richard. Das war's für heute. Morgen geht es mit dem Zug nach München.

✍︎✍︎✍︎

Die Teilnehmer sahen sich noch ein wenig bei den Büchern, Räucherstäbchen und Engelkarten um, und dann zerstreute sich die Gruppe allmählich. Carl und ich traten in die nicht sehr einladende Betonwüste vor dem Buchladen hinaus, leere Straßen, menschenfern wirkende brutalistische Bauten. Wir hatten Hunger, und die Gegend sah nicht nach einer guten Mahlzeit à la James Watson aus. Aber Wunder gibt es manchmal, wenn man sie am wenigsten erwartet, mit und ohne Engelkarten, und wie sich herausstellte, hatten wir keine fünf Minuten Fußmarsch bis zum Restaurant eines Fünfsternehotels. Wir stürzten uns mit Carls Spesen-Kreditkarte hinein, und so konnte der Nachmittag bei leckerem deutschem Bier und Crème brûlée in den Abend hinein ausklingen.

Nach dem Essen stand uns allerdings eine weitere Nacht in unserer feuchten und schmuddeligen Herberge bevor. Aber unselige Hotels können durchaus etwas Erfreuliches haben, wenn sie von freundlichen Menschen geführt werden. Die an der Unterlippe hängende Kippe hin, der Jenseitshusten her, jedenfalls verstand es die Geschäftsführerin, uns das Gefühl zu geben, dass wir willkommen waren, und das wog den Gestank von kaltem Tabakrauch und den Schimmel in den Bädern auf. Neulich war ich in Liverpool in einem Hotel, das im Industriegebiet lag, gleich nebenan eine riesige Chemiefabrik und mit freiem Blick auf die vielleicht größte Müllhalde Europas. Es war später Abend, als ich zu Fuß ankam, die Gegend wirkte wie eine Kreuzung aus Straßenräuberdorado und postapokalyptischer Ödnis. Aber der Geschäftsführer, ein glatzköpfiger Riesenkerl von einem Scouser (Liverpooler), wie man ihn sich bei einem Prozess wegen schwerer Körperverletzung auf der Anklagebank vorstellen würde, war ebenso freundlich wie hilfsbereit. Am Morgen zauberte er mir ein sehr gutes FEB auf den Tisch (»Full English Breakfast« für alle, die das Akronym nicht kennen, auch als »Tod durch Cholesterin« bekannt). Jedenfalls gewann das Hotel etwas Anheimelndes für mich, und ich verließ es mit dem Gefühl, dass ich vielleicht sogar eines Tages wiederkommen würde.

Spirituelle Anarchie
München

Einmal hatte ich München früher schon gesehen, nämlich Mitte der Sechzigerjahre in meiner Studentenzeit, als ich mit vier anderen jungen Leuten in einem sehr kleinen Auto durch Europa tourte. Dieser Besuch war nicht gerade ein Hit gewesen. Wir hatten einen Abend in der Stadt bei einem Bierfest verbracht und mit Tausenden von betrunkenen Bayern gezecht, dann waren wir den Rest der Nacht durch die Straßen gezogen. Es blieb uns nichts anderes, weil Jugendherbergen und ähnliche Einrichtungen früh schlossen und die Münchner Polizei anrüchig wirkenden jungen Ausländern, die in Hauseingängen schliefen, nicht gerade grün war. Ich richtete mich auf irgendeiner harten und ungemütlichen Eingangstreppe ein und schloss die Augen, und dann dauerte es keine zehn Minuten, bis ich von Polizisten in Ledermänteln geweckt wurde, die mich anschnauzten und weiterschickten.

Carl lebt in München, und so war für mich ein Hotel gebucht worden, während er nach Hause ging. Das Hotel war eine Augenweide, ein altmodischer Gasthof, in dem ich ein märchenhaftes rundes Turmzimmer bezog, ausgestattet mit einer antiken Frisierkommode und einem gewaltigen Ledersessel, den wir in England der Stilrichtung »Shabby Chic« zuordnen würden. Carl erklärte mir später, als er mit seiner Frau kam, um mich zum Essen abzuholen, er habe sich gedacht, dass mir dieses Hotel gefallen würde, weil es so alt und traditionell und ich doch Engländer sei. Engländer sein, dem haftet offenbar etwas Altes und Traditionelles und nach Möbelpolitur und altem Leder Duftendes an. Jedenfalls war es ein wunderbares Haus, so viel behaglicher als der gesichtslose Plastik-Schick der in europäischen Städten allgegenwärtigen modernen Hotels. Ich war ein bisschen traurig, als ich es nach zwei Nächten wieder verlassen musste.

Das Münchner Treffen war für den folgenden Abend angesetzt, und so hatte ich einen ganzen Tag Zeit, um München für mich zu entdecken. Ich entdeckte eine ganz bezaubernde Stadt mit einem prachtvollen Rathausplatz, makellos getünchten Häusern und einem übersichtlichen Straßenbahnnetz, dessen ich mich mit großem Vergnügen bediente. Im Hotel erklärte man mir, München habe viele Jahre lang als die europäische Stadt mit der höchsten Lebensqualität gegolten, sei aber jüngst aus unerfindlichen Gründen auf Platz zwei hinter einer skandinavischen Stadt gerutscht. Carl hatte den ganzen Vormittag im Verlag zu tun, und als wir uns zum Mittagessen trafen, fragte ich ihn, ob es gelungen sei, unsere Tonaufzeichnungen mit diesem so zart wirkenden Recorder auf einem Computer zu sichern. Alles war nach Plan gelaufen, und so muss dieses Buch jetzt doch nicht halb so dick sein, wie es ist.

Um halb acht, als das Treffen beginnen sollte, war der Raum gerammelt voll, hinten standen die Leute und etliche saßen sogar auf dem Boden. In Köln und Essen war es geradezu intim zugegangen, und ich wunderte mich, dass so viele Münchner einen Unbekannten aus England über nichts reden hören wollten. Aber es waren schon andere in München gewesen, um über Nicht-Dualität zu sprechen, darunter Tony Parsons, der mehrmals im Jahr seine Meetings in München hält. Es war also kein unbekanntes Thema. Carl charakterisierte das Publikum später als »Speerspitze der mit allen Wassern gewaschenen Nicht-Dualisten« und gestand, das habe ihn schon ein wenig bedenklich gestimmt. Er war früher noch nie bei Gesprächen über Nicht-Dualität gewesen, und gedolmetscht hatte er auch noch nie, und so fühlte er sich anfangs ein wenig unsicher vor diesem, wie er befürchtete, Hochadel aus Nicht-Dualitäts-Publikum, Gelehrten und Experten, die doch sicher mehr wussten als er und womöglich auch noch mehr von der Sache verstanden als ich.

Und so schienen sich die Leute anfangs tatsächlich einzuschätzen, als eine Art spirituelle Aristokratie, die sich eher gelangweilt den neuesten wildfremden Typen ansahen, der in diese Stadt kam, um wieder mal über Nicht-Dualität zu sprechen. Würde ich mich als der erweisen, der im spirituellen Wilden Westen einfach schneller zieht, oder würde mich schon beim ersten Mucks ein Schuss aus den Reihen des Publikums niederstrecken?

Aber als der Abend dann seinen Lauf nahm, ließ die anfängliche Spannung nach, und alle wurden viel lockerer. Es war einfach schön, zusammen zu sein, und zu lachen gab es auch genug.

Dienstagabend

(Während Carl seine einleitenden Worte spricht und gelacht wird, blickt Richard, der kein Wort versteht, aus dem Fenster. Jetzt wendet er sich den Zuhörern zu und lacht selbst auch:) Ich habe keine Ahnung, was Carl eben gesagt hat und worüber ihr lacht. Ich bin hier der Einzige, der nicht weiß, was gespielt wird. Das passt eigentlich ganz gut, weil ich ja über Nicht-Dualität oder eben nichts sprechen möchte, und davon versteht der Verstand sowieso nichts.

Ich werde jetzt ein bisschen was sagen, und danach ist Zeit für Fragen und für Diskussion. Ihr könnt mich aber auch jetzt schon jederzeit unterbrechen, wenn es etwas zu sagen oder zu fragen gibt.

Ich möchte zunächst ein paar Dinge ansprechen, um die es hier *nicht* gehen wird. Es wird keine Lehren und Unterweisungen geben, und Techniken oder Methoden sind erst recht nicht im Angebot. Es wird auch nicht dazu angeregt, einen spirituellen Weg zu gehen. Um es ganz genau zu sagen: Hier wird überhaupt nichts geboten. Wer hier mit nichts wieder weggeht, wenn der Abend um ist, der hat einen echten Gegenwert für sein Geld bekommen.

Das hier wird der Versuch sein, Befreiung zu umschreiben, also ungefähr zu sagen, wie es ist, wenn Freiheit gesehen wird, und zwar von niemandem. Freiheit kann nur gesehen werden, wenn niemand da ist, der sie sieht.

Solange ein Jemand vorhanden ist, ein Sucher auf der Suche nach Befreiung, verstellt er die Sicht. Gerade *weil* er unbedingt nach etwas suchen will, steht er im Weg. Solange wir suchen, solange wir Ausschau halten nach etwas, das da drüben oder anderswo oder in einer anderen Zeit sein muss, kann uns nicht auffallen, dass es eigentlich nichts zu suchen gibt, dass Dies bereits *ist*, was wir suchen.

Aber das Gefühl oder Bewusstsein, eine Person zu sein, kann schlicht abfallen. Dann wird, ohne danach Ausschau zu halten, plötzlich gesehen, dass es nur Freiheit gibt und nie jemand vorhanden war, der sie hätte finden können. Wenn Freiheit gesehen wird, könnten wir auch sagen, dass nichts von niemandem gesehen wird. Aber bevor wir anfangen, uns darüber die Haare zu raufen, will ich gleich hinzufügen, dass es sich bei dem, was in der Befreiung von niemandem gesehen wird, um ein gänzlich erfülltes Nichts handelt.

Einige von euch haben vielleicht jetzt schon das Gefühl, ständig mit dem Kopf an all die Paradoxe zu stoßen, die mit dieser Kommunikation einhergehen. Um euch Kopfschmerzen zu ersparen, könnte es sogar besser sein, von jetzt an nicht mehr zuzuhören. Wahrscheinlich macht es sowieso keinen großen Unterschied, wenn ihr nicht mehr zuhört – außer eben, dass Kopfweh vielleicht ausbleibt. Es liegt in der Natur dieser Mitteilung, dass sich der Verstand damit abmüht, aber nichts erreicht und dann nach einigem Hin und Her schließlich das Handtuch wirft. Ich sage nicht, das sei gut und nutzbringend. Aber es könnte sein, dass es entspannender ist, das Verstehenwollen einfach sein zu lassen und sich nicht ständig mit all diesen Paradoxen zu plagen.

Vor einiger Zeit war euer Landsmann Karl Renz in London, um über Nicht-Dualität zu sprechen. Er feuerte wie ein Maschinengewehr etliche Paradoxe pro Minute auf die Zuhörer ab. Mir war bald klar, dass ich ganz schnell Kopfweh bekommen würde, wenn ich weiter zuhörte, also blendete ich seine Worte einfach aus, ich schaltete ab und verfolgte nur noch seine durchaus sehenswerte Gestik. Mir ging es am Ende des Abends den Umständen entsprechend gut, aber meine beiden Freunde, die mitgekommen waren, hatten Kopfweh, weil sie versucht hatten, seinen Aussagen zu folgen.

Wir befinden uns in einer schrecklichen Lage: Wir fühlen uns getrennt, und es verfolgt uns das ungute Gefühl, dass mit uns oder der Welt ringsum oder beiden etwas nicht stimmt, etwas fehlt. So machen wir uns auf den ebenso furchtbaren wie schönen und gleichermaßen spannenden und frustrierenden Weg, den Goldtopf am Ende des Regenbogens zu finden.

Diese Abenteuerfahrt der Suche kann viele Formen haben. Sie kann sich ganz materialistisch abspielen: »Ich will ein größeres Auto«, »Ich will ein schöneres Haus« oder »Ich will einen besseren Job«. Oder wir bekommen den Eindruck, dass dieses wunde Ungenügen in uns nur heilen kann, wenn wir unseren Seelengefährten oder Gott gefunden oder unser inneres Kind geheilt haben. Immer mehr von uns machen sich auf einen spirituellen Weg, vielleicht wenn alles andere fehlgeschlagen ist.

Spirituelle Suche ist für die Person etwas völlig Einleuchtendes. Wenn alles andere versagt hat, liegt es doch nahe, dass man es damit versucht. Der Wagen, das Haus und der Job haben uns nicht glücklich gemacht, der Seelengefährte hat uns nicht glücklich gemacht, Gott hat uns nicht glücklich gemacht, und jetzt hat uns nicht einmal die Heilung des inneren Kindes glücklich gemacht. Ich könnte euch den ganzen Abend lang weitere Dinge nennen, die wir alle abklappern, um glücklich zu werden, aber lassen wir es dabei bewenden.

Wenn nichts etwas gebracht hat und wir uns immer noch getrennt fühlen und immer noch von diesem Ungenügen verfolgt werden, ist spirituelle Suche nur vernünftig. Es kann dem Leben ja auch so viel mehr Geschmack und Farbe geben, wenn wir einen neuen Namen wie Devananda annehmen oder orangefarbene Gewänder anlegen, uns den Kopf rasieren und Alfalfasprossen essen, statt Rolf Mustermann in Anzug und Fassonfrisur zu bleiben und weiter Hamburger zu verzehren.

Es kann aber passieren, dass wir uns nach zehn, zwanzig Jahren der spirituellen Suche immer noch getrennt und irgendwie unzureichend fühlen. Soweit ich sehen kann, lebt unser Unzulänglichkeitsgefühl geradezu von der spirituellen Suche. *Dass* wir auf einem Weg der spirituellen Suche sind, sagt ja eigentlich schon, dass wir uns so, wie wir jetzt sind, unzulänglich fühlen. Und wenn wir uns auf einen Weg der Befreiung machen, ganz gleich, was wir unter Befreiung verstehen mögen, kann unmöglich bemerkt werden, dass alles – hier, jetzt – bereits Freiheit ist.

Wenn wir da drüben nach Befreiung suchen, können wir nicht sehen, dass sie hier schon ist.

Die grausige Wahrheit lautet, dass wir nie Befreiung finden werden, weder hier noch anderswo, weil *wir* nicht Befreiung finden können. Es wäre besser zu sagen, dass *wir* das Problem sind. Aber auch das ist problematisch, weil es uns ja eingibt zu denken, wir müssten irgendetwas mit uns machen. Das baut nur unser Gefühl weiter auf, dass wir irgendwie nicht genügen.

Vielleicht denken wir dann: »Ich habe nicht genug meditiert« oder »Ich habe nicht genügend Chakra-Reinigungen gemacht« oder »Ich war dem Guru nicht ergeben genug – kann sein, dass ich ihm ein kleines Konto verheimlicht habe« oder »Ich habe nicht genug Zeit in Ländern ohne WC zugebracht, ich habe nicht genug Durchfall im Himalaja absolviert«. (Ausgelassenes Gelächter des inzwischen doch etwas aufgetauten Publikums)

Jedenfalls glauben wir: »Es muss meine Schuld sein. Wenn ich keine Befreiung finde, muss irgendetwas mit mir nicht in Ordnung sein.« Und der Witz, der schreckliche Witz, liegt darin, dass es nicht nur nichts gibt, was ich finden könnte, sondern kein Ich, das etwas finden könnte.

Deshalb kann es, wenn die Person verschwindet und Dies einfach als das gesehen wird, was es bereits ist, nämlich Freiheit, zu anhaltendem Gelächter kommen. Es ist ja auch wirklich ein Witz, dass wir immer Dies suchen und Dies immer schon das war, was wir sind.

Manch einen packt Verzweiflung, wenn er vor den Trümmern seines spirituellen Lebens steht und sich wünscht, er hätte nicht sein Haus verkauft und den Erlös dem Guru überlassen. Aber häufig löst der Augenblick Gelächter oder ein stilles Lächeln aus. Es ist solch ein Witz: Was ich gesucht habe, war mir immer schon näher, als ich mir selbst bin.

Es gibt kein Ich. Wenn das gesehen wird, ist auch plötzlich klar, dass all die unverständlichen philosophischen Sprüche wie »Ich bin das«, »Es gibt nur das Eine« und »Alles ist bedingungslose Liebe« gar keine philosophischen Sprüche sind. Sie beschreiben einfach das, was im Naturzustand des Seins gesehen wird, wenn die Person nicht mehr im Weg steht.

Wir könnten stundenlang an der Bedeutung der drei Worte »Ich bin das« herumrätseln. Von Nisargadatta gibt es ein Buch mit diesem Titel (zumindest im englischen Original, *I Am That*). Das hat um die fünfhundert Seiten. Da denkt man sich natürlich, dass es sehr schwierig sein muss zu erkennen, was »Ich bin das« bedeutet. Es ist aber nicht schwierig. Es ist unmöglich. Der Verstand kann niemals erkennen, was »Ich bin das« bedeutet. Und doch kann es in einem Sekundenbruchteil gesehen werden. Dann zeigt sich auch, dass an diesen Worten nichts Philosophisches ist, sie umschreiben einfach Freiheit.

Ohne die Person, die Subjekt und Objekt erschafft, wird einfach »Ich bin das« gesehen: Ich und alles Übrige sind eins. Da ist nur dieses Gewahren. Da ist nur Bewusstsein. Nur Sein.

Es findet keine Unterscheidung statt. Das ist kein Bewusstsein, das nur hier (deutet auf sich), aber nicht da (klopft an die Wand) seinen Ort hat. Dann bin ich das. Ich und die Wand sind eins, es ist dasselbe Bewusstsein, dasselbe Sein.

Nicht-Dualität bedeutet eben das: nicht zwei. Nicht das eine hier und das andere da.

Irgendwann komme ich ans Ende dieser einleitenden Worte. Dann wird sich zeigen, ob es Fragen, Kommentare, Einwände, Anregungen gibt. Wenn nicht – macht nichts. Dann haben wir einfach früher unsere Teepause. Aber es kann ganz interessant sein zu erfahren, was die Leute zu solchen Veranstaltungen führt. Ich kann immer nicht so recht glauben, dass es die vorgetragenen Ideen sind. Weshalb sollte sich jemand einen ganzen Abend mit Ideen um die Ohren schlagen, wenn er gemütlich daheim vor dem Fernseher sitzen könnte? Manchmal finde ich es wirklich rätselhaft, dass sich Menschen zusammenfinden, um über Dies zu sprechen. Vielleicht kann man über dieses rätselhafte Phänomen nur sagen, dass hier (deutet auf sich) und da (breitet die Arme zu den Zuhörern hin aus) eine Resonanz besteht und wir deshalb zusammenkommen.

Manch einer, der mit dem hier Gesagten Bekanntschaft macht, geht gleich wieder weg, vor allem wenn er ein besonders engagierter spiritueller Sucher ist. Diese Menschen spüren, dass das hier ihre spirituelle Suche gefährdet. Andere kommen dagegen immer wieder. Sie spüren vielleicht, wenn sie hierher kommen, dass sie auf dem Heimweg sind.

Wir spüren vielleicht, dass wir eines Tages möglicherweise verschwinden werden, wenn wir lange genug hier herumhängen. Es kann aber durchaus auch sein, dass wir nicht verschwinden und womöglich sogar gesehen wird, dass es keine Rolle spielt. Befreiung und Nichtbefreiung sind sowieso dasselbe, also wozu so viel Aufhebens um die Befreiung machen?

Zwischen Wachsein und Schlaf, könnten wir sagen, besteht nur ein einziger Unterschied: Im Wachsein zeigt sich klar, dass kein Unterschied besteht, während wir im Schlaf einen Unterschied sehen. Und dieser Glaube, dass es etwas zu finden gibt und jemand vorhanden ist, der es finden kann, schafft all die Aufregung und den ganzen Ärger.

Befreiung gehört nicht zu den Dingen, die wir uns verschaffen können. Es gibt nichts zu finden. Aber es gibt etwas zu verlieren, nämlich mich, mein Ich. Befreiung besteht im Verlust des Gefühls, dass es jemanden gibt, der befreit werden kann. Das wird selten so direkt gesagt, aber in den spirituellen Traditionen finden wir es immer wieder angedeutet.

(Hier stockt Carls Übersetzung, und einige Zuhörer, die ausgezeichnetes Englisch sprechen und viel über Nicht-Dualität wissen, springen ihm bei.)

Es ist zum Beispiel das, was der Buddha meinte, als er sagte, dass Samsara und Nirwana eins sind.

Ein Leben lang – als Buddhisten vielleicht sogar zehntausend Leben lang – versuchen wir dem Hamsterrad des Samsara zu entkommen und Nirwana zu erringen, obwohl wir gar nicht wissen, was Nirwana eigentlich ist. Der Buddha hat es nie gesagt. Und dann heißt es am Ende auch noch: »Ach, übrigens, Samsara und Nirwana sind sowieso dasselbe.«

Das hier ist es schon! Das hier ist Nirwana, Leute! (Der Geist dieses Abends erreicht offenbar immer mehr Zuhörer, und entsprechend munter wird das Lachen.)

Und wem es nicht gefällt – Pech gehabt! (Wieder Gelächter)

Der Buddha hat das Nirwana nie geschildert. Er hat nicht gesagt, dass es uns behagen würde. Bei den damit verbundenen Vorstellungen handelt es sich um bloße Annahmen. »Nirwana! Befreiung! Mmmm! Das muss schön sein.« Vorsicht vor solchen Annahmen. Ich habe an anderer Stelle schon mal den Zen-Meister zitiert, der seinen Schüler fragt: »Weshalb wünschst du dir Befreiung? Woher weißt du, dass du sie mögen wirst?«

Auf Befreiung wird in vielen religiösen und spirituellen Traditionen angespielt, aber oft nur verschlüsselt. Hinter vorgehaltener Hand. Wir finden sie sogar im Christentum, hier eine Andeutung, da ein Wörtchen und irgendwo noch mal eine kleine Flugschrift. Wer so etwas verlauten ließ, konnte schnell in die tödlichen Mühlen der Kirche geraten – deshalb blieb es meist bei Andeutungen.

Hier gibt es nichts zu holen, was irgendeine Autorität zu ihrem Vorteil nutzen könnte. Autorität kann damit nichts anfangen, sie wüsste nicht, wo sie ansetzen soll. Das hier ist äußerste spirituelle Anarchie. Niemand kann euch helfen, weder die Priester noch die Gurus, noch die Swamis, noch die Rabbis, weil niemand da ist, dem zu helfen wäre. (Erhebt deutlich die Stimme:) Noch einmal: Das hier ist absolute Anarchie. Hiervon hat kein Papst oder Fürst irgendeinen Vorteil, es lässt sich nicht benutzen, um Herrschaft auszuüben. Deshalb hat es sie günstigstenfalls überhaupt nicht interessiert, und schlimmstenfalls haben sie es rigoros unterdrückt.

Das war eine lange Vorrede. Vielleicht gibt es dazu Fragen oder Kommentare.

(Ein sehr selbstsicher wirkender hochgewachsener Mann von über fünfzig, der gründliche Kenntnis des ganzen Zusammenhangs ausstrahlt, meldet sich sofort mit einer gewissen Angriffslust zu Wort:) Und jetzt zum Aber.

(Lächelnd:) Ah, das Aber ... Was möchtest du über das Aber sagen?

(Immer noch in diesem herausfordernden Tonfall:) Wie sicher bist du dir dessen, was du sagst?

(Lacht) *Ich* bin mir nicht sicher. Was hier gesagt wird, hat nichts mit mir zu tun. Das hier ist die unpersönliche Botschaft schlechthin. Solltet ihr je einem zuhören, der über das hier spricht und dann hinzufügt: »Ich kenne mich damit aus« oder »Ich bin mir dessen sicher«, dann verlangt am besten gleich euer Geld zurück.

Befreiung sehen, also das, wovon wir hier reden, ist vollkommen unpersönlich. Es hat nichts mit dem zu tun, der davon spricht. Es hat auch nichts mit seinem Verhalten, seiner Moral, seiner Persönlichkeit oder dem Öffnungsgrad seines Sahasrara-Chakra zu tun. Kurzum und keine Frage, ich bin mir nicht sicher. Mehr noch: Ich weiß nichts.

Wir denken ja, dass diese Mitteilungen etwas mit der Person zu tun haben, die sie macht. Da wird es dann heikel, weil wir ein ganz bestimmtes Verhalten von ihr erwarten, dass mit unseren Maßstäben für richtig und falsch oder moralisch und unmoralisch übereinstimmen muss. Solche Leute sagen doch sicher die Wahrheit, schließlich leben sie von Linsen und Sprossen. Dann erwischen wir sie eines Tages beim Verzehr eines blutigen Steaks. Da bricht uns dann das Herz, und wir müssen uns nach einem neuen Guru umsehen.

Ich vermute, dass manche Gurus deswegen jung sterben. Dieses Gutseinmüssen macht sie einfach fertig.

(Jetzt spricht jemand anderes, sehr viel freundlicher, offenbar wirklich interessiert und nicht darauf aus, Richard auf den Zahn zu fühlen:) Es ist wie nach Hause zu kommen, nachdem wir uns selbst gesucht haben, und nach all der Verunsicherung herauszufinden, dass es immer Dies war?

Genau das ist es. Nach Hause kommen. Aber es ist nicht so, dass wir nach Hause kommen. Es ist genauer gesagt die Entdeckung, dass das Zuhause nie verlassen wurde.

Wenn wir Kinder sind, bilden sich zusammen mit dem Bewusstsein unserer selbst auch Gefühle von Trennung, Ungenügen und Schutzbedürftigkeit. Und das Bewusstsein, ein gesondertes Individuum zu sein, wird von fürsorglichen Erwachsenen, beispielsweise unseren Eltern, nach Kräften geschürt. Sie empfinden sich selbst als gesondert und glauben folglich, dass wir es ebenfalls sind. Sie bilden uns in diesem von allem anderen getrennten Menschsein aus. Mit unserer Geburt melden wir uns gleich zu unserem ersten Workshop für persönliche Entwicklung an. Er trägt den Titel »Wie man Mensch ist«, und die Eltern sind unsere ersten Workshopleiter. Leider sind viele darin nicht besonders gut.

Sobald wir uns als etwas von allem anderen Getrenntes fühlen, bekommen wir den Eindruck, dass etwas fehlt. Und wenn dann später Befreiung gesehen wird und sich dabei zeigt, dass in Wirklichkeit nichts fehlt, ist das wirklich wie ein Nachhausekommen. Aber nicht *wir* kommen nach Hause, und in gewissem Sinne ist es überhaupt kein Nachhausekommen, weil das Zuhause nie verlassen wurde. Es ist nur so, dass wir das Zuhause zum ersten Mal wirklich als Zuhause erkennen.

Ich habe eben gesagt, wie rätselhaft es doch eigentlich ist, dass überhaupt jemand zu solchen Gesprächen kommt. Für manche liegt der Grund in dem Gefühl, dass sie endlich nach Hause kommen und das hier Gesagte allem Quatsch ein Ende macht.

(Die Atmosphäre hat sich inzwischen deutlich geändert, und das Publikum – offenbar unter dem Eindruck, dass hier doch etwas Interessantes geboten sein könnte – erwärmt sich zusehends für die Sache. Jemand fragt:) Ist es notwendig, sich um den ganzen inneren Müll zu kümmern? Kann Meditation trotzdem noch nützliche Dienste tun?

Es besteht keine Notwendigkeit, sich um den inneren Müll zu kümmern, schon weil es gar nicht möglich ist, allen Müll zu beseitigen. Solange wir darin wühlen, finden wir immer mehr alte Knochen.

Suchen gehört zum Menschsein. Die Suche kann in der Vorstellung bestehen, dass es möglich und notwendig ist, alten Müll zu beseitigen. Aber vielleicht wird irgendwann plötzlich gesehen, dass nie jemand da war, der irgendwas an Müll hatte. »Dein« Müll hat nie dir gehört.

Man sucht nur, wenn man ein Gefühl von Unzulänglichkeit hat. Wir empfinden uns als eine Fuhre Unrat. Trotzdem wird vielleicht auf einmal gesehen, dass keine Unzulänglichkeit besteht und nie eine bestand.

Hast du nicht auch noch was über Meditation gefragt?

Ja. Wenn die spirituelle Suche zum Quatsch gehört, geht Meditation dann weiter, wenn Befreiung gesehen wird, oder ist sie dann gegenstandslos? Meditierst du noch?

Wenn die Person gern meditiert hat, ist nicht einzusehen, weshalb sie es nicht weiterhin tun sollte. Aber man verlangt dann nicht mehr von ihr, dass die Meditation einen Sinn haben soll. Wenn Meditation als angenehm und entspannend empfunden wird, kann es sein, dass man weiterhin meditiert.

Ich habe lange meditiert. Heute meditiere ich nicht mehr, nur ab und zu noch mal mit Freunden. Es ist etwas Schönes, in der Gruppe zu meditieren, und dann können wir auch Tee trinken, Kuchen essen und tratschen.

Ansonsten meditiere ich nicht mehr. Ich weiß nicht, weshalb nicht. Es ist einfach etwas, das abgefallen ist.

(Lacht) Das Leben ist jetzt eine Meditation. Das meine ich halb im Scherz und halb ernsthaft. Wenn Stille gehört wird, wenn *nichts* gesehen wird, ist das eigentlich ständige Meditation. Wozu nach den Regeln der Kunst meditieren, wenn das, was wir in der Meditation suchen, ohnehin ständig präsent ist? Eine traditionelle Metapher dafür haben wir in den Wellen auf dem Meer und der Stille in seiner Tiefe. Denken wir uns die Wellen als den Trubel des Lebens; dann können wir sagen, dass wir meditieren, um die stille Tiefe aufzufinden. Wenn Befreiung gesehen wird, braucht man nicht mehr zu meditieren, weil die Wellen und die Tiefe dann als ein und dasselbe gesehen werden. Wozu meditieren, wenn beide immer da sind? Sie sind immer da, außer im traumlosen Tiefschlaf. Da gibt es keine Wellen, da ist nur die stille Tiefe.

Wie du es erzählst, klingt es nicht nach einem Zustand, den du erreicht hast. Es ist einfach passiert. Würdest du sagen, dass es so etwas wie ein Gottesgeschenk ist?

Nein, so würde ich es nicht umschreiben.

Wenn man es genau betrachtet, ist es kein Zustand. Alles Übrige ist ein Zustand. Die Wellen auf dem Meer sind Zustände. Beim Meditieren können wir in alle möglichen Zustände kommen und sie können sehr schön sein. Aber wie jeder weiß, Zustände kommen und gehen. Sie sind vorübergehend. Das ist das Wesen aller Zustände.

In Nordengland lebt ein Mann, der genau darüber Vorträge halten könnte, wenn er wollte. Er hat zwanzig Jahre lang eine Meditation praktiziert, mit der er sich zuverlässig in Glückseligkeit versetzen konnte. Aber in einem Sekundenbruchteil Dies war das alles weg. Es wurde als belanglos erkannt.

Es ist sehr schwer zu sagen, was das eigentlich ist, worüber wir hier sprechen. Ein Zustand ist es jedenfalls nicht.

Ist es eine Form des Seins?

Es *ist* Sein, nicht eine *Form* des Seins. Es ist das Gewahrwerden, dass nichts anderes als Sein existiert. (Blickte eine Weile ins Leere, bevor er wieder spricht:) Hattest du nicht noch etwas anderes gefragt?

Ja, ich habe gefragt, ob es ein Gottesgeschenk war.

O Gott! (Anhaltendes Gelächter)
Wenn einem diese Ausdrucksweise liegt, kann man es so sagen. Aber Begriffe wie »Gott« können in unserem Zusammenhang eher Verwirrung stiften. Sie setzen sofort das Ideenkarussell in Gang, besonders hier im Westen, wo so viele wunderliche Vorstellungen von Gott als einer Art Superwesen in Umlauf sind.

Na ja, im Osten sind eigentlich genauso viele wirre Ideen von Gott im Umlauf. »Elefantenköpfiger Gott«, »Gott mit tausend Armen« oder »weibliche Gottheit mit einer Halskette aus Menschenschädeln, die auf dem Körper ihres Gefährten Shiva tanzt« – viel konfuser kann es ja wohl nicht werden.

Wie gesagt, du kannst bei dieser Sprache bleiben, wenn sie dir zusagt, aber ich neige eher dazu, sie zu meiden. Dies ist sicher kein Gottesgeschenk – nicht das Geschenk eines als Wesen aufgefassten Gottes. Es gibt kein höheres Wesen, mit oder ohne Elefantenkopf, das sich um die Dinge kümmert.

(Die Fragestellerin scheint ein wenig verstimmt über die Aussicht, ihres Gottes beraubt zu werden. Jemand anderes spricht sie an und sagt:) Er sagt, er neigt dazu, sie zu meiden. Du kannst dabei bleiben, wenn du möchtest. (Freundliches zustimmendes Lachen)

(Langsam und nachdrücklich:) Noch einmal, es gibt da draußen kein großes Wesen, das sich um alles kümmert. Es gibt auch nichts, was dieses Kümmern nötig hätte. Alles spielt sich einfach ab – so jedenfalls sieht es aus. Dann spinnen wir großartige Geschichten darum, in denen manchmal auch Gott vorkommt.

Wenn Dies gesehen wird, folgt daraus etwas? Wächst unser Bewusstsein des Universums oder haben wir mehr Frieden, mehr Freiheit?

Das ist die gefährlichste aller Fragen. Am allerbesten antwortet man einfach mit »Nein« und belässt es dabei.

Das Sehen der Befreiung hat keine zwangsläufigen Folgen. Das Leben geht einfach weiter. Nur wird eben gesehen, dass niemand es lebt und dass nie jemand da war, der es gelebt hätte. Das Leben hat immer einfach seinen Lauf genommen.

Danach kann ich aber anfügen, dass mir gewisse Tendenzen aufgefallen sind, nämlich dass das Leben, das von niemandem weiterhin gelebt wird, ein wenig anders ist als das Leben, das bis dahin von einem Jemand gelebt wurde.

(Seufzt tief) Oje. Jetzt haben wir eine Karotte, ein Goldtöpfchen am Ende des Regenbogens. Jetzt haben wir wieder Hoffnung, und Hoffnung ist solch ein Fluch. Wenn wir heute Abend die Hoffnung loswerden könnten, das wäre wunderbar. Hoffnung und Suche sind ein Gespann, und beide sorgen dafür, dass unsere Aufmerksamkeit immer an der Zukunft klebt, an etwas, das anderswo und zu einer anderen Zeit sein soll.

Solange Hoffnung besteht, kann Dies nicht einfach gesehen werden; dann haben wir Dies, aber darüber eine Schicht aus einem Schlamm, der Hoffnung heißt.

Wenn ihr unbedingt wollt, sage ich noch mehr darüber, welche Veränderungstendenzen bestehen, wenn Befreiung gesehen wird. Aber wahrscheinlich ist es besser, das nicht zu wollen; es könnte neue Hoffnung wecken.

Es ist niemand hier, der Angst hat. Da ist ein Nein, da ist ein Ja, da ist Bewusstsein, da ist Nichtbewusstsein. Ist das nicht wieder Dualität?

(Völlig verdattert:) Tut mir leid, ich habe keine Ahnung, was du meinst. »Da ist ein Nein, da ist ein Ja, da ist Bewusstsein, da ist Nichtbewusstsein.« Was um Himmels willen soll das heißen?

(Carl versucht wacker, die Worte der Fragestellerin zu entwirren, hat aber ebenfalls seine liebe Mühe:) Es hat mit Bewusstwerdung zu tun, aber wenn ich bewusst werden möchte … Nein, sorry, »ich« *hat sie nicht gesagt, das Wort muss ich weglassen. Sie sagt: Wenn eine Ausrichtung da ist, bewusst zu werden und in die Nicht-Dualität zu kommen, dann muss zuerst Dualität da sein. Ich brauche Dualität, um in die Nicht-Dualität zu kommen.*

Hier geht es nicht darum, ob ich bewusst werde oder irgendwer bewusst wird oder noch bewusster wird.

(Carl, immer noch bemüht, die Frage zu verstehen und sie auf jeden Fall nicht falsch auszulegen:) Vielleicht habe ich dem jetzt diese Wendung gegeben. Sie hat sehr sorgfältig formuliert. Sie hat nicht »ich« *oder* »wir« *gesagt.*

Hier geht es nicht darum, bewusst oder bewusster zu werden. Es geht um Rückkehr in den Naturzustand des Seins. »Sein«

ist hier vielleicht das beste Wort, aber ich sage auch manchmal »Bewusstheit« oder »Bewusstsein«. Sein ist seiner Natur nach bewusst.

Das könnte allerdings wieder irreführend klingen, weil es dem Sein ja Eigenschaften zuzuschreiben scheint. Aber irgendwie ist es ja auch das Offensichtlichste überhaupt. Das Offensichtlichste in diesem Raum ist Bewusstheit, Bewusstsein.

Man muss hier ganz besonders vorsichtig sein, damit wir diese Bewusstheit nicht mit unserem persönlichen Bewusstsein in Zusammenhang bringen. Das ist überhaupt nicht gemeint. Wenn das nur Verwirrung stiftet, ist es wahrscheinlich besser, Wörter wie »Bewusstheit« und »Bewusstsein« wegzulassen und einfach bei »Sein« zu bleiben. Das Offensichtlichste in diesem Raum, würden wir dann sagen, ist Sein. Sein sitzt hier und Sein sitzt dort, das ist ein wirklich auf der Hand liegendes Faktum.

Unpersönliches Sein?

Es kann von dem hier sitzenden Individuum als persönlich erlebt werden. Ich weiß nicht, ich will da nichts voraussetzen. Aber es ist unpersönlich – unpersönliches Sein, das als persönlich erfahren wird.

Was ist mit den Karma-Gesetzen? Gelten die nur für Leute, die sich noch für getrennt halten?

Die Karma-Gesetze sind eine besonders attraktive Story. Aber in dem, was hier gesagt wird, bleibt von all dem nichts übrig.

Der Verstand hört diese Mitteilung manchmal gar nicht gern. Das liegt unter anderem daran, dass er so große Stücke auf Gerechtigkeit hält. Er möchte eine Story hören, die erzählt: »Die Gerechtigkeit wird am Ende siegen.« Allerdings, in diesem Erdenreich sieht man nicht viel von Gerechtigkeit. Es gibt zwei Arten von Gerechtigkeits-Storys, die dem Verstand behagen. Die eine besagt, dass Gott am Ende alles in Ordnung bringen wird, weil wir nämlich in den Himmel kommen, während alle, die wir als Feinde sehen, in der Hölle schmoren. *Das* ist dann endlich mal gerecht! Oh, und wie! (Triumphierender Blick, der mit Gelächter quittiert wird) Und das Beste am Himmel ist das große Fenster nach unten, durch das man den Feinden beim Schmoren zusehen kann. (Lachen) Ohne dieses Fenster wäre der Himmel kein Himmel. (Dröhnendes Gelächter)

Als Alternative haben wir die Karma-Story, nach der die ausgleichende Gerechtigkeit in einem späteren Leben erfolgt. Auch hier ist Gerechtigkeit garantiert, denn in unserem nächsten Leben oder dem danach werden wir Gewalt über unseren Feind haben. Dann wird er nicht mehr uns das Leben sauer machen, sondern wir ihm.

Da sind wir jetzt an der Stelle, an der die Geschichten von Himmel und Karma sehr edelmütig werden können und von hoher Seelenbildung zeugen. Sie erzählen von unserem hehren Streben, uns über den Wunsch nach primitiver Vergeltung zu erheben und unseren Feinden Mitgefühl entgegenzubringen. Wir können es sogar darauf anlegen, ein Bodhisattva zu werden. Das hat den weiteren Vorzug, dass wir da immer jemanden haben, auf den wir einschlagen können, nämlich auf uns selbst, wenn wir, wie es zwangsläufig kommt, versagen.

Der Verstand hat eine natürliche Vorliebe für solche Storys. Er lebt ganz in der Welt von Ursache und Wirkung. In der Welt von Ursache und Wirkung gibt es gut und schlecht, gerecht und ungerecht. Der Verstand möchte die Dinge zurechtrücken, das ist sein nobles Vorhaben.

Aber Befreiung hat nichts mit dem Verstand und nichts mit Ursache und Wirkung zu tun. Deshalb kam im Christentum und manchen anderen Traditionen immer sehr schnell ein dringendes Bedürfnis zu töten auf, sobald irgendwo Nicht-Dualität gesehen und davon gesprochen wurde. Sie ist *der* Affront gegenüber allem, was die Religion lehrt. Es ist kein Wunder, dass man beispielsweise Meister Eckhart aus dem Weg räumen wollte.

Heißt das, was wir tun ist unwichtig und es spielt keine Rolle, ob es »gut« oder »schlecht« ist? (Der Frage ist eine gewisse Schärfe anzuhören.)

Ich sage nicht, dass es unwichtig ist, was du tust. Ich sage, dass es dieses Du nicht gibt, das etwas tut. Tun geschieht einfach. Der Verstand bildet sich dann vielleicht ein Urteil, ob es gut oder schlecht war.

Wer tut dann das Tun? (Auch hier ist wieder eine gewisse Angriffslust zu spüren, aber die Spannung löst sich im entwaffnenden Lachen anderer auf, die wohl schon ahnen, wie die Antwort lauten wird.)

Niemand. Niemand tut das Tun.
»Taten sind da, doch niemand, der sie tut.« Wüsste ich mehr von überlieferter spiritueller Weisheit, könnte ich euch sagen, von wem das stammt. (Lachen) Es wird wohl der Buddha gewesen sein, aber sicher bin ich nicht. Es gibt ähnliche Aussagen auch aus anderen Traditionen.

(Carl, lockend:) Du hast noch mehr Zitate bei dir, nicht?

Ja, aber das war jetzt das passende. Ich kann es aufsagen, weiß aber nicht sicher, von wem es ist.
Jedenfalls ist das alles, was ihr über Befreiung wissen müsst. »Taten sind da, doch niemand, der sie tut.« Manche wenden dann ein: »Aber das heißt doch, dass ich losziehen und Leute auf der Straße umbringen könnte, und es wäre egal.« Ich sage: »Du kannst es ja mal versuchen. Wenn nicht der *Charakter* eines Mörders gegeben ist, wird es dir wahrscheinlich nicht gelingen.«
Ein weiterer Einwand lautet: »Du sagst, dass wir nichts tun sollen.« Nein, das sage ich nicht. Ich sage, dass niemand da ist, der etwas tun könnte oder nichts tun könnte.
Versucht mal, nichts zu tun. (Etliche erkennen sofort, dass es nicht möglich ist, und lachen.) Seht zu, wie weit ihr damit kommt. Wenn es geklappt hat, könnt ihr mich anrufen.

Ramana Maharshi befürwortete das Nichtstun. (Diese Behauptung wird in leicht offensivem Tonfall vorgebracht, als sei völlig klar, dass die Worte des großen Ramana Maharshi als höchste Autorität zu gelten haben. Richard kennt das schon von Meetings in England, diese automatische Hochachtung vor den Worten toter Inder, und Ramana gilt offenbar vielen als der Anführer der ganzen Bande. Er war einmal Zeuge, wie ein anderer Sprecher über Nicht-Dualität in London beinahe tätlich von einem Zuhörer angegriffen wurde, nach dessen Meinung es der Sprecher an Hochachtung gegenüber Ramana hatte fehlen lassen. Das hat die Spiritualität mit der Religiosität gemein, dass sie uns sonderbare, wenn nicht handgreifliche Verhaltensweisen eingeben kann.)

Wirklich, hat er das befürwortet? Ich weiß nicht viel über ihn. Hör nicht auf so was. Ich wäre sehr vorsichtig bei jedem, der irgendetwas befürwortet.

Was ist mit Entscheidungen? Jeder hat doch ständig irgendetwas zu entscheiden. Wie sieht es bei dir aus?

(Holt tief Luft, bevor er darauf eingeht:) Das ist schon deshalb interessant, weil die jüngsten neurowissenschaftlichen Forschungen meine Aussagen unterstützen, aber eben aus wissenschaftlicher Sicht.
Ich sage, dass niemand da ist, der etwas wählt oder entscheidet. Das Gefühl oder der Gedanke, dass ich eine Person bin, die etwas entscheidet, ist wirklich nicht mehr als ein Gefühl und Gedanke. Es steckt keine Person dahinter, kein Täter oder Macher.
Und dahin kommt die Neurowissenschaft jetzt auch. Die britische Psychologin Susan Blackmore hat darüber Interessantes zu berichten. Sie sagt, dass persönliche Wahl oder Entscheidung aus der Sicht der Neurowissenschaft gar nicht möglich ist. Die Schlussfolgerungen der Neurowissenschaft kommen ganz in die Nähe dessen, was ich hier mitteile – dass nämlich in allem, was geschieht, niemand sein kann, der wählt oder entscheidet.

Wir glauben, wir hätten etwas entschieden, aber dem ist nicht so?

So kann man es sagen. Es ist eine der Möglichkeiten, es zu formulieren. Das Gefühl, der Gedanke oder die Überzeugung kann vorhanden sein, dass ich es bin, der wählt und entscheidet. Aber das ist nur ein Gefühl, ein Gedanke, eine Überzeugung. Wenn das angebliche Wählen in der Befreiung durchschaut wird, geht alles einfach weiter wie zuvor. Es ändert sich nichts, weil sowieso nie jemand da war, der Entscheidungen getroffen hätte.

(Carl zu Richard, auf Englisch:) Darf ich hier kurz auf ein Buch von Johan Leehra hinweisen, das demnächst in Deutschland erscheint? (Er spricht eine Weile auf Deutsch über das Buch. Richard, wie immer ohne die leiseste Ahnung, was gesagt wird, schaut zu.)

Ich nehme an, dass du von den neurowissenschaftlichen Experimenten erzählt hast. Gut. Dann kann ich mir das sparen.

(Jemand möchte Richard doch noch ein wenig auf den Stand der Diskussion bringen:) Er spricht von der knappen Drittelsekunde, die nach der Aktivierung des Gehirns vergeht, bis die Person sich ihrer scheinbaren Wahl oder Entscheidung bewusst wird.

Ja, und inzwischen zeichnet sich ab, dass der Abstand um einiges größer als eine Drittelsekunde sein kann. Jedenfalls ist an diesem Beispiel schön zu verfolgen, wie sich die Wissenschaft der Nicht-Dualität annähert und zur gleichen Schlussfolgerung gelangt. Vergleichbares haben wir in der Quantenphysik, die uns erzählt, dass alles letztlich aus nichts besteht. Es ist die gleiche Erkenntnis, nur aus einem anderen Blickwinkel. Ich sage, dass das hier (klopft an die Wand) nichts ist, das sich als Wand manifestiert, und die Quantenphysik sagt das gleiche, nämlich dass diese Wand einfach Leere oder reine Schwingung ist.

Eines möchte ich dazu noch anmerken: Sie haben viele Millionen für den Bau des Riesenbeschleunigers des CERN ausgegeben, um die kleinsten Teilchen aufzuspüren, aus denen das hier (klopft wieder an die Wand) besteht. Zurzeit warten wir auf Nachrichten, ob es ihnen gelingt, das Higgs-Boson zu finden.

Hätten sie mir auch nur die Hälfte des ganzen Geldes überlassen, ich hätte ihnen längst sagen können, woraus das Universum besteht. Es besteht aus bedingungsloser Liebe. *Nichts* ist bedingungslose Liebe.
Und was sie mit der anderen Hälfte des Geldes alles hätten machen können! Na, egal, jetzt ist es zu spät.

Und du, was hättest du mit deinem Geld gemacht? (Lachen)

Was weiß ich? Als Erstes vermutlich ein leckeres Teilchen und einen Kaffee. Dann hätte ich mir Gedanken über den Rest gemacht.

Wie kam es für dich zu diesem Sehen?

Die biografische Information ist eigentlich unwichtig, und es kann auf verschiedene Arten zum Sehen kommen. Aber nach dem, was ich so höre, kommt es bei anderen manchmal auf die gleiche Art dazu wie hier.
Hier gab es einen Sekundenbruchteil, in dem die Person verschwand und Leere gesehen wurde, aber die Natur dieser Leere, nämlich bedingungslose Liebe, wurde nicht gesehen. Es war eine kalte und doch verlockende Leere – verlockend, weil sie das Ende des persönlichen Leidens, ja sogar der Möglichkeit des persönlichen Leidens zu versprechen schien.
Dieser kurze Augenblick des Erwachens wird häufig zutiefst missverstanden. Man hält es für vollständig, aber oft ist es das nicht, weil die Fülle der Leere in diesem kurzen Augenblick nicht gesehen wird.

Als die Person zurückkam, ziemlich schockiert, war vieles anders. Trotzdem, ich war wieder da und immer noch unzufrieden und unglücklich.

Später fiel die Person dann wieder einmal weg, und diesmal wurde auch die Fülle der Leere gesehen. Danach gab es nichts mehr zu sehen und niemanden, der hätte sehen können. Das Leben ging einfach weiter, aber es war niemand mehr da, der es lebte.

Es muss nicht unbedingt so ablaufen. Das ist keine Vorschrift und kein Rezept.

Ich verstehe das soweit ganz gut. Aber was ging dem voraus? Eine Suche? (Etliche, die inzwischen schon mehr begriffen haben, lachen.)

Das willst du doch nicht ernsthaft wissen! (Lacht und alle lachen mit)

(Sehr nachdrücklich:) O doch! (Erneute Lachsalve)

Fragen wir uns doch mal, weshalb das überhaupt interessant ist.

(Das sehen etliche Zuhörer anders und sind nicht geneigt, ihn auf diese Art entwischen zu lassen:) Komm schon, Richard!

Ich meine das ganz ernst. Solche Fragen können doch nur interessant wirken, wenn man das Gefühl hat, dass es hier Ursachen und Wirkungen geben muss. Aber Ursache und Wirkung spielen hier einfach keine Rolle.

Die Antwort auf deine Frage muss in meinem Fall ja lauten. Ich war ein Sucher, und wie. Aber was soll's, es spielt keine Rolle.

(Der Fragesteller spricht erneut. Carl versucht zu entwirren, was er vorbringt, und sagt dann zu Richard:) Er sagt, das Suchen spielt dann keine Rolle mehr; aber wenn ich dich richtig verstehe, sagst du, dass sie nie eine Rolle gespielt hat.

Ganz recht. Sie schien bis zu diesem Sekundenbruchteil Wachheit (klatscht in die Hände) eine Rolle zu spielen. Danach wurde gesehen, dass sie nie irgendeine Rolle gespielt hatte.

Wenn die Person nach dem Erwachen zurückkommt, tritt manchmal Verzweiflung auf, und zwar unter anderem deshalb, weil gesehen wird, dass das Suchen hoffnungslos ist. Mir zum Beispiel war es unmöglich, weiterhin irgendwelche Übungen zu machen. Und da kann am Ende eine Person ohne Hoffnung zurückbleiben.

Wenn also nichts mehr zu üben ist, dann können wir auch einfach herumsitzen?

Wir können gar nichts, weil es dieses Wir nicht gibt. Du wirst entweder rumsitzen und darauf warten, dass es passiert, oder irgendetwas anderes tun. Du wirst meditieren oder auf Pferde setzen oder dich betrinken oder zu Füßen des Guru sitzen ... ich weiß nicht, was du tun wirst, dazu müsste ich erst wissen, was für einer du bist.

Dann haben wir keinen Einfluss darauf, ob es passiert oder nicht?

Man könnte sagen, dass sowieso nichts passiert. Befreiung wird gesehen oder eben nicht. Es bedeutet nicht viel, und es ist auch nicht sehr aufregend. Wenn du was Aufregendes willst, da gibt es Besseres – einen schnellen Wagen fahren oder auf einen Berg klettern.

Ich habe nicht unbedingt Aufregendes im Sinn. Mein illusorisches Ich hat einfach keine Lust mehr, illusorische Zeit zu verschwenden. (Große Heiterkeit)

Das ist sehr gut ausgedrückt. Da ist die Lage der getrennten Person präzise erfasst.

Ist es blitzartig?

Es ist sicher anmaßend von mir, aus meinen eigenen Büchern zu zitieren, wobei man allerdings bedenken muss, dass die Höhepunkte in meinen Büchern manchmal in Zitaten anderer Leute bestehen. Also, was jetzt kommt, ist nicht von mir, sondern aus einer Upanischad, aber fragt mich nicht aus welcher.

»Der Blitz zuckt, das Auge blinzelt ... also was? Entweder hast du verstanden, oder du hast nicht verstanden. Wenn du nicht verstanden hast, schade!«

Jemand hat das in meinem ersten Buch gelesen und gesagt, ich sei unnötig hart. Aber es ist aus den Upanischaden, mir kann keiner einen Vorwurf machen. (Lachen)

(Eine besonders respektlose Stimme wirft ein:) Das muss wohl aus einer der neueren Upanischaden sein, vielleicht in den Siebzigerjahren in Goa verfasst. (Es wird ausgiebig gelacht.)

Aber es muss nicht unbedingt so ein plötzliches Aufblitzen sein. Es kann auch ein allmähliches Hineingleiten in diese

Sicht der Dinge sein. Die Blitz-Fassung ist einfach dramatischer und wirft für den Verstand mehr an Story ab.

Besteht dann eine illusorische Hoffnung, dass wir dasselbe erleben könnten?

Hast du diese illusorische Hoffnung? Oder ich? Was meinst du?

Es muss nicht so sein, dass man es in einem Sekundenbruchteil erlebt?

Nein, man muss es nicht in einem Sekundenbruchteil erleben.

(Etliche Teilnehmer reden durcheinander und versuchen Fragen zu stellen oder Kommentare anzubringen, manche auf Deutsch, andere in ausgezeichnetem oder gebrochenem Englisch. Carl schneidet ihnen das Wort ab und sagt:) Entschuldigt, aber eure Fragen sind anscheinend sehr anspruchsvoll. Vielleicht wäre es besser, mir zum Übersetzen ein bisschen Zeit zu lassen. Dann wüsstet ihr zumindest, ob ich sie verstanden habe. (Lachen) Also, noch eine Frage?

(Aber seine Intervention mündet jetzt in gedankenvolles Schweigen ein. Nach einer Weile sagt Richard leise:) Es kann sein, dass man in Dies einfach so hineingleitet.

Wäre es denkbar, dass die Menschen in ganz unterschiedlicher Verfassung sind, sodass es dann verschiedene Grade der Befreiung gibt? Gibt es Stufen oder Grade der Befreiung?

Die Frage führt uns zurück in die Evolutions-Story, zurück zu den achtunddreißig Stufen der Erleuchtung und dem Streben danach. Der Verstand kennt nichts Schöneres als solche Storys.

(Die Fragestellerin spricht weiter, und Carl wendet sich an Richard, um ihm ihre Frage auseinanderzulegen:) Sie spielt auf das an, was du über die beiden Phasen Erwachen und Befreiung gesagt hast. Zuerst wird Dies gesehen, aber die Person kommt zurück; später wird Dies wieder gesehen, aber dann ist es irgendwie vollständiger.

Da ging es nicht um verschiedene Stufen der Befreiung. Es ging um unvollständiges Sehen. Beim Erwachen, dem ersten noch unvollständigen Sehen, wird die Fülle der Leere nicht gesehen. Das Erwachen kann für die Person, die anschließend zurückkommt, problematisch sein. Viele beschreiben das Leben, wie es nach dem Erwachen aussieht, mit Ausdrücken wie »Wüste« oder »dunkle Nacht der Seele«. Das Erwachen kann für die Person wirklich peinigend sein.

Aber eine Evolution gibt es da nicht. Schlafen, wach sein, Befreiung – sie sind alle das gleiche. Nur sieht es bis zur Befreiung nicht so aus.

Dann geht es also nicht um Evolution, um verschiedene Phasen?

Das Dumme am Austausch darüber ist, dass wir Worte benutzen müssen. Worte sind zeitgebunden, darum klingt es dann so, als würden wir einen Prozess mit seinen Stadien beschreiben. Aber es ist kein Prozess. Es gibt keine Zeit. Nichts ist je passiert.

Alles, was wir hier über ein Erwachen, über eine Zeit in der Wüste und über Befreiung sagen, ist einfach nur ein Gedanke. Ein Gedanke, der kommt und geht. Die dreißig Jahre Meditation, von denen die Rede war, sind ein Gedanke, der sich im Dies bildet und dann wieder weg ist. Könntet ihr nur einfach loslassen und euch entspannen, vielleicht würdet ihr sehen, dass wirklich nichts als Dies vorhanden ist. Es gibt keine dreißig Jahre Meditation, es gibt zwischen Erwachen und Befreiung keine dunkle Nacht der Seele, und es gibt die zweieinhalbtausend Jahre nicht, vor denen der Buddha gesagt haben soll: »Samsara und Nirwana sind eins.«

Das alles sind einfach Gedanken, die im Dies aufsteigen. Das Bewusstsein konstruiert den Anschein von Zeit.

Das ist für mich gleichbedeutend mit »Illusion«.

Es spielt eigentlich keine Rolle, welche Wörter wir benutzen. Es sind alles nur Wörter. Aber ich meide das Wort »Illusion« eher. Dieses Glas Wasser hier und diese Blumenvase kommen mir sehr real vor. Ein Gedanke eigentlich auch. Ein Gedanke wirkt auf mich ganz real und ein Gefühl noch mehr. Denk etwa an Wut oder Ekstase oder Kummer. Fühlen die sich nicht ganz real für dich an? Für mich tun sie es.

Aber das kann natürlich einfach an mir liegen. (Lachen)

Ich finde, das Wort »Illusion« taugt nicht besonders, um das hier (klopft auf den Tisch) oder das (stampft auf den Boden, um zu demonstrieren, wie real er empfunden wird) zu beschreiben.

Es kann aber aufschlussreich sein, all das mit einem Traum oder Schauspiel oder eben, um eine modernere Metapher zu nehmen, einem Film zu vergleichen. Träume, Bühnenstücke und Filme können ja außerordentlich real wirken, solange sie laufen.

Am besten eignet sich für unseren Zusammenhang vielleicht die Metapher des Traums. Jeder von uns träumt nachts, und folglich wissen wir alle, wie es ist, etwas als absolut real zu erleben und dann zu merken, dass es bloß ein Spiel von Erscheinungen war. Wenn wir uns an unsere Träume erinnern, und das ist bei den allermeisten zumindest gelegentlich der Fall, dann haben wir während der Nacht dieses überzeugend Reale, und am Morgen, wenn wir aufwachen, wird uns klar, dass die im Traum erlebte Wirklichkeit unwirklich war. Das ist dann ein Tod. Der Tod der Person im Traum.

Kurz, wir wissen alle, wie es ist, wenn eine real wirkende Story abläuft, die sich dann als irreal erweist.

Einerseits ist es verständlich, dass so viel Theater um den Tod gemacht wird. Aber es ist irgendwie auch rätselhaft, wenn man bedenkt, dass wir jede Nacht mehrmals sterben. Wir sterben am Ende jedes Traums, und wenn es fünf Träume in einer Nacht sind, dann fünfmal pro Nacht. Das Einschlafen, also der Übergang in den traumlosen Schlaf, kann ebenfalls als Tod gezählt werden, dann sind es sechs.

Aber ich kann nicht träumen, dass ich persönlich sterbe.

Das meine ich auch nicht. Ich sage, dass im Traum eine Realität geboren wird oder besser der Anschein einer Realität geboren wird. Wenn der Traum zu Ende ist oder wir am Morgen aufwachen, endet diese Realität. Sie stirbt.

Ist das Ich der Träumende oder ist es das Leben als solches?

Die Frage verstehe ich nicht.

(Carl:) Ich auch nicht, aber das ist jedenfalls die Übersetzung dessen, was er gesagt hat.

(Der Fragesteller und Carl beratschlagen über einen neuen Anlauf.) Meine Frage bezieht sich auf deinen Traumvergleich.

Beziehst du es nur auf das Ich, das gesehen wird, wenn der Traum endet, oder führt diese Metapher noch weiter?

Das verstehe ich immer noch nicht, aber lass mich trotzdem eine Antwort versuchen. Wenn ich den Traum als Vergleich heranziehe, handelt es sich lediglich um eine Metapher, die uns vielleicht hilft, die Realität dieses Wachzustands durch den Vergleich mit der Traum-Realität etwas besser zu verstehen.

(Carl:) Vielleicht sollten wir jetzt auf das luzide Träumen und auf den Wachzustand als eine Form des Traums kommen.

(Erstaunter Blick)

Habe ich deine Gedanken erraten?

Ja, hast du.

Dann machen wir doch jetzt da einfach weiter.

Luzides Träumen ist eine gute Metapher für die Befreiung, weil der Traum dabei weitergeht, aber gesehen wird, dass es sich um einen Traum handelt. In der Befreiung geht all das hier (Geste zu allem ringsum) weiter. Befreiung ändert nichts. Wasser schmeckt immer noch wie Wasser. Aber es wird gesehen, dass es sich um einen Traum handelt.

Welche Folgen hat es dann, und wieso lebst du noch, wenn du keine Rolle spielst? Oder ist das die falsche Frage?

Ich sage im Allgemeinen, dass es keine falschen Fragen gibt, aber bei einer Frage, die meinen Tod herbeizureden scheint, bin ich mir nicht so sicher. (Johlendes Gelächter) Jetzt habe ich deine Frage sogar vergessen.

Was sind die Folgen?

Wenn Befreiung gesehen wird? Ich habe ja schon gesagt, dass es da keine zwangsläufigen Folgen gibt. Dennoch, wenn die Zeit durchschaut ist, kommt es erfahrungsgemäß zu einer erheblichen Reduzierung von Schuldgefühlen, Bedauern, Wehmut und Hoffnung. Durchschaut werden dann auch all die Geschichten, die dem Leben einen Sinn beimessen – religiöse Geschichten, politische Geschichten, philosophische Geschichten, psychologische Geschichten. Einmal durchschaut, sind sie nicht mehr aufrechtzuerhalten, man kann sie nicht mehr ernst nehmen, man kann sie nicht einmal mehr sonderlich interessant finden.

Jede Story, die irgendetwas als wichtig herausstellt, ist eigentlich irreführend. Auch eine Story, die Nicht-Dualität als wichtig beschreibt, ist irreführend. (Das wird offenbar als sehr erheiternd empfunden.) Nichts ist sinnhaltiger oder bedeutungsvoller als irgendetwas anderes. Die zweitausendjährige Geschichte der katholischen Kirche und eine Tasse Tee sind dasselbe. (Auch dieser Gedanke wird mit großer Heiterkeit begrüßt.) Alles ist dasselbe.

Ich will noch etwas über den Tod sagen. Es ist nicht verwunderlich, dass eine Person den Tod in aller Regel als etwas sehr Interessantes und durchaus Besorgniserregendes betrachtet. Solange der Eindruck besteht, dass *ich* als eine Person existiere und dieses kostbare Ding namens »Leben« besitze, kann es als sehr wichtig empfunden werden, dass dieses

Leben irgendwie weitergeht. Das Weitergehen darf ruhig auch im Himmel oder in einer weiteren Inkarnation stattfinden. Vielleicht bin ich dann in der Lage, meine Enkel durch ein Medium wissen zu lassen, wo die verschollene antike Teekanne der Familie zu finden ist, oder ich kann bei meinen Feinden spuken, die mir das Leben sauer gemacht haben, weil sie mir die Anerkennung meiner fabelhaften Talente verweigerten.

Das alles wird gegenstandslos, wenn gesehen wird, dass keine Person vorhanden ist.

Du hast auch gefragt, warum das hier (deutet auf sich) weiterhin besteht, warum es nicht tot ist. Da kann ich nur sagen: Ich weiß es nicht, aber es ist eigentlich ganz lustig, weiterhin da zu sein, nicht?

Es mag vielleicht Fälle geben, wo das Sehen der Befreiung den Tod des Körpers nach sich zieht. Dazu wieder ein Zitat aus einem meiner Bücher, aber wieder nicht von mir, sondern von jemand anderem: »Im Tod ist nur noch Freiheit. Es macht sich nur besser, Freiheit zu erleben, wenn du noch lebst.« (Lautes, zustimmendes Lachen)

(Jemand erhebt sich, um aufzubrechen, offenbar steht ein langer Heimweg bevor:) Danke, Richard. Es hat mir sehr gut gefallen.

Danke. Ich hoffe, du hast nichts davon.
  (Trinkt einen Schluck Wasser.)

(Dazu ein trockener Kommentar aus dem Publikum:) Es scheint, dass da ein Trinken passiert ist. Wassertrinken hat sich abgespielt. (Lachen)

Wassertrinken hat sich abgespielt. Mehr ist da nicht. Erst ist jemand da, der Wasser trinkt, und dann geschieht einfach ein Trinken von Wasser. Es gibt alles Mögliche über Befreiung zu lesen, aber einfacher und klarer als so lässt es sich kaum sagen: Jemand geht eine Straße entlang, und auf einmal ist es einfach ein Entlanggehen. Jemand sitzt auf einem Stuhl, und dann ist es einfach ein Sitzen auf einem Stuhl.

Darum geht es hier.

Warum müssen wir uns dann mit dieser Illusion herumschlagen, dass wir etwas Gesondertes sind?

Kaum etwas anderes fasziniert den Verstand so sehr wie Sinnsuche und Warum-Fragen. Solange es darum geht, ihn zufriedenzustellen, haben wir Dutzende von Storys zur Auswahl. Aber es kann sein, dass dem Verstand irgendwann die Puste ausgeht und er sieht, dass alles einfach passiert. Warum-Fragen sind überflüssig. Das hier (breitet die Arme aus, wie um alles und jeden zu umfangen) braucht keinen Grund. (Sein Blick fällt wieder einmal auf die von den Organisatoren stets so umsichtig bereitgestellte Blumenvase, und wieder einmal nimmt er eine Blume heraus und hält sie den Zuhörern zur Betrachtung hin.) Diese Blume braucht keinen Grund, um eine Blume zu sein, und ihr braucht keinen Grund, um Person zu sein.

Wir können noch einen Schritt weiter gehen und zu einer Beschreibung kommen, die mir besonders gut gefällt. Sie besagt, dass all das hier »Lila« ist. Lila ist ein Spiel oder Schauspiel. Damit ist Fragen nach Sinn und Zweck von vornherein vorgebeugt. Aber solange ihr noch Sinn und Zweck habt, seid ihr auf der Suche, weil ihr ja hier seid, um euren Sinn zu finden und euren Zweck zu erfüllen, worin der auch bestehen mag. Vielleicht seid ihr hier, um Gott zu gefallen oder die Erde zu retten ...

Es gibt keinen Zweck? Wir sind nicht hier, um die Erde zu retten? (Lachen)

Nein. Es gibt keinen Gott, dem man gefallen könnte, und der Erde ist es piepegal, ob wir sie retten oder nicht. (Ausgelassenes Gelächter)

Biografisch gesehen, sind deine Gefühle jetzt anders als vor der Befreiung?

Gefühle treten jetzt eher in ihrer natürlichen Form auf und können stärker sein. Im Allgemeinen halten sie nicht mehr so lange an. Das scheint bei vielen so zu sein.

Alle Arten von Gefühlen?

Alles ist möglich. Neurotische Gefühle nehmen eher ab oder verschwinden sogar. Neurotische Gefühle heften sich an die Person und ihre Zeitvorstellung, sie verbinden sich mit dem Glauben der Person an die Zeit und an eine Story. Neurotische Gefühle gehen gern mit einer mentalen Story einher. Da nisten sie sich ein kreisen endlos um sich selbst, ohne je zu einer Lösung zu finden. Wenn die Storys, an denen neurotische Gefühle andocken, weggefallen sind, werden Gefühle eher körperlich als mental empfunden.

In der Befreiung fallen die Scheuklappen ab, und dann wird alles direkter und vehementer erlebt. Beispielsweise kann ständige Gereiztheit abnehmen, während direkte Zornreaktionen häufiger werden.

Danach streben übrigens heute auch viele psychotherapeutische Ansätze: Gefühle direkter und körperlicher zu erleben und nicht mehr als eine in sich selbst kreisende Story im Kopf.

(Langes nachdenkliches Schweigen, bis jemand fragt:) Wenn die Person nach dem Erwachen zurückkehrt und etwas Konkretes anspricht, beispielsweise eine Tasse Tee, nimmt sie das Angesprochene dann als real oder als »eigentlich« nicht vorhanden wahr?

Wenn es sich um meine Tasse Tee handelt, bin ich absolut dafür, dass sie richtig da ist. (Begeisterte lachende Zustimmung)
    Man kann sagen, dass alles sowohl da als auch nicht da ist. Alles ist real und irreal.
    Wenn ich im Traum ein Glas Wasser trinke, dann ist es da auch ein ganz reales Glas Wasser, aber gleichzeitig nicht wirklich vorhanden. Solange ich im Traum trinke, ist es real. Wenn ich am Morgen aufwache, ist es nicht real.
    Alls ist beides, real *und* irreal. Das hier ist ein realer und ein irrealer Stuhl. Er ist voll und zugleich leer, wie die Quantenphysiker uns heute erzählen.

(Ein gutmütiger Einwurf:) Leere ist etwas ziemlich Einfaches, aber du hast trotzdem ein paar Hundert Seiten darüber geschrieben. (Das wird mit großer Heiterkeit aufgenommen.)

Ich weiß. Kaum zu glauben, nicht? Wirklich, beim Reden über nichts gehen uns nie die Worte aus. Ich kann mich da nur im Namen des Einen in aller Form bei euch entschuldigen. (Lachen)

Es macht trotzdem Spaß, es zu lesen.

Wenn es das tut, fein. Dann besteht eben eine Resonanz. Wenn keine Resonanz da ist, dürfte das Lesen solcher Bücher so ungefähr das Schlimmste sein, was man sich antun kann. (Munteres Gelächter)

Es ist eine Erfahrung, und du bist in der Lage, davon zu berichten.

Nein, es ist keine Erfahrung. Erfahrungen sind die Wellen auf dem Meer. Wir sprechen hier aber vom Meer selbst. Und vergessen wir nicht, dass die Wellen auch das Meer sind.

Du meinst, dass eine Erfahrung ein Subjekt und ein Objekt voraussetzt?

Ja, aber vergiss nicht, dass eine Erfahrung etwas ist, was kommt und geht. Wellen kommen und gehen. Das Meer bleibt unverändert und erzeugt die immer wieder neuen und anderen Wellen – aber das Meer und die Wellen sind doch dasselbe.

Wir können Befreiung auf diesen kurzen Nenner bringen: Die Wellen wellen wie zuvor, aber jetzt wird auch die Tiefe des Meeres gesehen.
(Jemand hebt die Hand.) Können wir uns darauf einigen, dass es die letzte Frage ist?

Das wird jetzt aber eine harte Nuss ...

Wie schrecklich! (Lachen)

Zeit existiert nicht ...

Und doch ist es in dieser Schein-Welt jetzt halb zehn. Schon gut, mach nur weiter.

Wenn das Schicksal dich sehr hart treffen würde, beispielsweise mit einer schweren Krankheit, hättest du dann nicht Hoffnung? Oder würdest du alles einfach so nehmen, wie es ist?

Es würde eine Vorliebe für Gesundheit bestehen.

Das ist eine häufig gestellte Frage, und es liegt vermutlich auf der Hand, weshalb. Aber irgendwie ist sie auch zu hypothetisch. Was dann passiert, ist einfach das, was halt dann passiert. Das Leben geht weiter. Reaktionen gehen weiter. Der Körper-Geist-Organismus besitzt eine natürliche Vorliebe für Gesundheit und Wohlbefinden. Wenn demnach hier Zahnschmerzen wären, würde ich zum Zahnarzt gehen.

Befreiung ändert an all diesen Dingen gar nichts. Eine Frage dieser Art sollte uns immer aufhorchen lassen. Wir stellen sie unter anderem deshalb, weil wir uns wünschen, dass Befreiung etwas für die Person abwerfen soll. Wir möchten uns gern sagen können, dass einer, der von diesen Dingen redet, über allem menschlichen Leiden steht und einen Zustand des vollkommenen Annehmens erreicht hat. Das würde ja bedeuten, dass wir vielleicht ebenfalls alles Leid hinter uns lassen und alles vollkommen annehmen, wie es kommt.

Aber noch einmal: Befreiung ist vollkommen unpersönlich. Befreiung hat nichts mit unseren Reaktionen auf irgendwelche Umstände zu tun.

Vielen Dank. Ich glaube, dabei belassen wir es jetzt.

Tagesausklang

Nach dem Meeting lud uns eine Gruppe von vier Freunden, die den Abend verfolgt hatten, in eine Kneipe ein. Zur lebhaften Diskussion über Nicht-Dualität und spirituelle Themen gab es bayerisches Bier. Um zehn kam der Wirt vorbei und knallte sehr nachdrücklich einen Aschenbecher auf unseren Tisch, dann ging er weiter und machte es bei den anderen Tischen genauso. Das überraschte mich, denn die meisten europäischen Länder haben sich ja der üblen Stimmungsmache gegen das Rauchen gebeugt. In Bayern, ließ ich mir erzählen, gab es eine Revolte gegen die Nichtraucherlobby, und in der Folge wurden die Nichtrauchergesetze gelockert. Die anderen Wirtschaften der Gegend hatten ihren Status als rauchfreie Zone wieder aufgegeben, aber hier, wo wir uns befanden, galt bis zehn Uhr abends ein Rauchverbot – danach nicht mehr. Überall flammten Feuerzeuge auf, und so konnten wir als passive Raucher an den warmen Schwaden teilhaben. Wie sich herausstellte, war das Rauchen in der Öffentlichkeit jetzt mancherorts wieder erlaubt, aber dankenswerterweise nicht vorgeschrieben.

Ich kehrte in das Turmzimmer meiner Münchner Herberge zurück und fand erholsamen Schlaf. Am Morgen nach dem Frühstück traf ich mich mit Carl zu unserer gemeinsamen langen Zugfahrt nach Berlin, wo am gleichen Abend das nächste Meeting stattfinden sollte. Unterwegs fielen mir wieder einmal die weisen Worte James Watsons über den Genuss an einem guten Essen ein, und gleich darauf stellte sich heraus, dass man so etwas sogar bei der deutschen Bahn bekommt.

»Was ist mit Liebe?«
Berlin

Wir kamen am Nachmittag in Berlin an, ein Taxi brachte uns vom Bahnhof zum Hotel, wo wir eincheckten und im ausgezeichneten Restaurant ein frühes Abendessen zu uns nahmen. Wie immer vor solchen Veranstaltungen trank ich keinen Alkohol. Wenn das Eine angetrunken über das Eine spricht, könnte das noch verwirrender ausfallen, als wenn das Eine nüchtern bleibt. Nach dem Essen war es wieder nur eine kurze Taxifahrt bis zum Treffpunkt.

Es handelte sich um einen spirituellen Buchladen mit Schwerpunkt Buddhismus. Der Inhaber hatte sich besorgt gezeigt, dass niemand kommen würde, um sich einen unbekannten Ausländer anzuhören, aber der Laden war brechend voll. Der Raum war L-förmig, und entsprechend mussten jetzt die Zuhörer untergebracht werden, wobei ich an der Stelle saß, an der die beiden Schenkel des L zusammenliefen. Ich kam mir ein bisschen wie ein Tennisschiedsrichter vor, weil ich mich während des gesamten Meetings ständig von links nach rechts und wieder zurück wenden musste.

Die Gespräche entwickelten sich lebhaft und intelligent. Einmal hob ein Mädchen die Hand, aber als ich sie zum Sprechen aufforderte, schüttelte sie den Kopf. In der Teepause kam ihr Freund zu mir und sagte: »Meine Freundin hat eine Frage, ist aber zu schüchtern, sie vor allen anderen zu stellen.

Sie möchte über Liebe fragen.« Ich sagte zu ihr: »Was für ein wunderbares Thema. Frag doch nach der Pause einfach.« Sie erwiderte: »Nein, ich glaube, mit all den Leuten hier kann ich das nicht.« Aber in der zweiten Hälfte trat dann einmal eine längere Stille ein, und da nahm sie allen Mut zusammen, hob die Hand und sagte: »Was ist mit Liebe.«

Am Ende des Abends trat eine andere junge Dame an mich heran und sagte: »Du hast von bedingungsloser Liebe gesprochen. Was ist mit Hundescheiße? Ist das auch bedingungslose Liebe?« »Na klar«, erwiderte ich. »Alles ist bedingungslose Liebe, auch Hundescheiße.« Sie nickte lächelnd, als hätte ich eine Art Test bestanden. »Gut«, sagte sie, »das wollte ich nur hören.« Dann umarmte sie mich.

Mittwochabend

Viele von uns sind sicher schon bei vielen Meetings und Workshops gewesen oder haben sich in Ashrams aufgehalten oder an Retreats teilgenommen. Wenn wir zu einem Meeting wie diesem kommen, ist es ganz natürlich, dass wir uns etwas davon versprechen, irgendeine Lehre oder Methode, eine Technik, eine Philosophie, vielleicht ein besseres Mantra oder aufpolierte Chakren. Was wir uns wünschen, mag von Fall zu Fall sehr unterschiedlich sein, aber im Kern wollen wir alle dasselbe, ob wir es wissen oder nicht: Wir möchten dieses bohrende Ungenügen los sein.

Dieser Abend unterscheidet sich insofern von den meisten anderen, als wir hergekommen sind, um nichts zu bekommen. Zumindest sollte klar sein, dass hier nichts geboten wird – nichts, keine Lehre, keine Methode, keine Technik, keine Philosophie. Hier wird einfach nur beschrieben, wie es ist, wenn unser Trennungsgefühl weg ist. Wenn ihr also heute Abend mit nichts hier weggeht, dann war es ein voller Erfolg. Vielleicht gibt es dann sogar noch eine Gebührennacherhebung.

Viele leben ja in dem Gefühl, dass an diesem Dasein etwas ist, was uns irgendwie dunkel bleibt, was wir nicht so recht begreifen, was sich aber vielleicht erschließen würde, wenn wir uns nur genügend ins Zeug legen. Es ist sogar bei den meisten von uns so, dass wir vom Einsetzen des Selbstbewusstseins in früher Kindheit an den Eindruck bekommen, dass etwas ganz Wichtiges fehlt. Dieses Gefühl kann über weite Strecken unbemerkt bleiben, vor allem, wenn unser Leben gut zu laufen scheint. Der Mangel ist dann nicht bewusst. Danach kommen wieder Zeiten, in denen uns dieses Ungenügen an der Gurgel packt und wirklich unangenehm werden kann.

Da ist es kein Wunder, dass wir so ausgiebig damit beschäftigt sind, dieses Gefühl von Ganzheit wiederzufinden. Ständig haben wir dieses ungute Gefühl, dass etwas fehlt. Das Gefühl ist eindeutig vorhanden, auch wenn wir nicht wissen, was eigentlich fehlt.

Noch schlimmer wird die Sache dadurch, dass wir lauter uns wohlgesonnene Menschen um uns haben, die uns in dem Glauben bestärken, wir hätten so etwas wie ein Leben und sollten zusehen, dass es ordentlich in Gang kommt. Unsere liebenden Eltern und so gut wie alle anderen ringsum sehen sich ebenfalls im Besitz dieser Kostbarkeit namens »ein Leben« und glauben fest daran, dass wir uns nur entschlossen genug einsetzen müssen, um es auf die Reihe zu bringen.

Dieser Glaube wirkt ja auch völlig vernünftig, nur dass es eben noch nie jemand geschafft hat. Niemand hat es je fertig gebracht, sein Leben als Person richtig befriedigend zu gestalten.

Mag sein, dass eine Zeitlang alles ganz gut zu laufen scheint, aber dieses Gefühl von Verlust, das uns verfolgt, kann sich jederzeit wieder melden, auch wenn wir das Leben wunderbar im Griff zu haben scheinen und uns wirklich getreulich an all die Instruktionen halten, die uns mitgegeben wurden. Jeder kennt diese Instruktionen. Für eine gute Ausbildung sorgen. Einen entsprechenden Job finden. Eigenverantwortung übernehmen. Einen Partner finden. Kinder in die Welt setzen. Einen Wagen anschaffen. Ein Haus kaufen. Wenn all das es immer noch nicht bringt, geh zur Psychotherapie. Reicht das auch noch nicht, geh einen spirituellen Weg. (Allgemeines wissendes Gelächter, zumal wir in einem spirituellen Buchladen sitzen, in dem sich die Regale unter Zentnern von spirituellen Werken und Selbsthilfebüchern biegen) Wenn Psychotherapie und der spirituelle Weg immer noch nicht durchgreifend helfen, bleibt uns noch die spirituelle Psychotherapie. (Erneute Lachsalve) Danach kannst du dann immer noch den kosmischen Bestellservice anrufen. Kauf dir *The Secret*. Hilft das immer noch nicht, kauf dir ein zweites Exemplar. (Unbändiges Lachen)

(Hier unterbricht Carl, Repräsentant des bekannten Verlagshauses, das Richards Deutschland-Tour organisiert hat:) Darüber werden wir später noch ein Wörtchen zu reden haben. Wir verlegen nämlich The Secret ... *(Lachen)*

Und das geht immer so weiter. Das ist ein Hamsterrad. Wir hetzen uns im Hamsterrad der Selbstvervollkommnung und spirituellen Entwicklung ab. Manch einer plagt sich selbst in diesen modernen Zeiten noch im Hamsterrad der Gottgefälligkeit. Und im Grunde ist es wirklich immer dasselbe Hamsterrad, auch wenn es da für die Einzelnen um ganz unterschiedliche Dinge zu gehen scheint. Sie gleichen sich alle darin, dass das Leben irgendwie nicht zu funktionieren scheint und man dafür eine Lösung sucht. Aber ich *kann* das Problem meines nicht funktionierenden Lebens nicht lösen, denn das Problem liegt eben in diesem Eindruck oder Glauben, dass ich als eine Person existiere. Das bringe ich mein Lebtag nicht in Ordnung, einfach weil es nicht in Ordnung zu bringen ist. Ich kann an dieser Person einfach deshalb nichts verbessern, weil sie nicht existiert, sie ist eine bloße Erscheinung.

Keine Frage, dass es frustrierend ist, sich an das Rad des Samsara gebunden zu sehen, wie die Buddhisten sagen.

Manchmal frage ich mich, weshalb einige von uns schließlich zu solchen Gesprächen über nichts kommen, wo überhaupt nichts geboten wird außer vielleicht Hoffnungslosigkeit und Verzweiflung. Aber wie bei allen Warum-Fragen gibt es hier letztlich keine Antwort – jedenfalls sind wir jetzt hier. Etwas tut sich, wer wüsste, was es ist? Es ist eine Art Resonanz, ein Wiedererkennen, wenn auch vielleicht ganz schwach. Hier kann es passieren, dass niemand nichts erkennt.

Aber weil wir niemand sind und es nichts gibt, muss auch nichts getan werden. Die ganzen Techniken und Methoden und Gurus und Ashrams – sie mögen unterhaltsam gewesen sein und Spaß gemacht haben, aber sie haben zu nichts geführt außer zu immer mehr Umläufen mit dem Großen Rad. Gut, vergessen wir nicht, dass manche von uns den spirituellen Vergnügungspark mit dem Großen Rad als den vergnüglichsten Vergnügungspark überhaupt empfinden ... (Lachen)

(Zu Carl:) Tut mir wirklich leid, das mit dem vergnüglichen Vergnügungspark. Geht das auf Deutsch?

(Carl antwortet nicht, um den Faden seiner Übersetzung nicht zu verlieren, er übersetzt einfach weiter.)

(Zum Publikum:) Ich hoffe, er hat das gut rübergebracht. Eigentlich bin ich sicher. (Die Englisch sprechenden Teilnehmer versichern ihm, dass alles bestens vermittelt wurde.) Letztlich ist alles spirituelle Suchen ein Vergnügungspark, eine Kirmes. Es ist Unterhaltung.

(Besinnt sich eine ganze Weile, bevor er weiterspricht:) Und jetzt sitzen wir hier und hören uns Mitteilungen über nichts an. Manche – vielleicht nicht alle, aber ein paar – haben das Gefühl, nach Hause zu kommen. Und vielleicht wird sogar klar, dass dies der einzige Heimweg ist.

Der einzige Heimweg, könnten wir sagen, besteht in der Erkenntnis, dass wir immer schon zu Hause sind und Trennung immer nur scheinbar bestand. Wir mögen viele Jahre damit beschäftigt gewesen sein, aus dem Gefängnis auszubrechen, in dem wir uns gefangen geglaubt haben. Und dann kann uns plötzlich aufgehen, dass wir selbst das Gefängnis sind. Wenn *wir* wegfallen, gibt es kein Gefängnis mehr, und nicht nur das: Wir sehen, dass es nie ein Gefängnis gegeben hat.

Wenn wir wegfallen, bleibt nichts als Dies (den ganzen Raum erfassende Geste, die besagt, dass mit »nichts als Dies« all das gemeint ist, was jeweils gerade geschieht). Wenn es einen Unterschied zwischen Schlafen und Wachsein gibt, besteht er darin, dass im Wachsein gesehen wird, dass es überhaupt nur Dies gibt und Dies genügt.

Der Ausdruck »Es wird gesehen, dass Dies genügt« klingt nicht nach viel, aber er reicht sehr weit, er ist von geradezu kosmischem Ausmaß. Wenn gesehen wird, dass Dies genügt, ist es gar nicht mehr möglich, irgendetwas anderes zu suchen.

Man ist nicht mehr in der Lage zu fühlen: »Ich bin eine Person, und irgendwo gibt es einen spirituellen Goldtopf am Ende des Regenbogens, den ich unbedingt finden muss. Wenn das hier genügt, kann ich mich nicht mehr unzulänglich fühlen, kann ich mich nicht mehr als mit Mängeln behaftetes Individuum fühlen, das etwas unternehmen muss, um sich in Ordnung zu bringen.

Wir alle wissen, was mit dem Goldtopf am Ende des Regenbogens passiert, wenn wir uns ihm anzunähern versuchen. Wir kommen ihm nicht näher. Je weiter wir auf ihn zugehen, desto mehr weicht er zurück.

Zu sehen, dass Dies schon genügt, das ist einerseits eine winzige Verschiebung, aber in seiner Auswirkung einfach unglaublich. Es ist das Wunder, hinter dem wir die ganze Zeit her waren. Dieses Glas Wasser ist das Wunder, das wir gesucht haben. Einfach Dies. Dies in seiner ganzen Gewöhnlichkeit.

Ihr habt es vielleicht schon gelesen oder andere sagen hören: »Dies ist es.« Dem ist nichts hinzuzufügen, außer vielleicht die erweiterte Form dieses Satzes, die seine Bedeutung ganz klar macht: »Dies ist es, und es genügt.« Dies ist das Paradies, nach dem wir geforscht haben. Wenn das gesehen wird, ist natürlich auch gleich klar, dass wir nie aus dem Paradies vertrieben worden sind. Es gab nie auch nur die Möglichkeit unserer Trennung vom Paradies.

Die Buddhisten sprechen von Samsara und Nirwana. So macht ihr euch dann vielleicht auf die große und hehre Suche, die euch vom Samsara befreien und ins Nirwana führen soll, auch wenn euch möglicherweise auffällt, dass der Buddha nie gesagt hat, was Nirwana ist.

Aber letzten Endes sagen die Buddhisten: »Lass gut sein, Samsara und Nirwana sind sowieso eins. Sie sind dasselbe.«

Und genau das meine ich, wenn ich sage: »Dies ist es.« Es ist nichts anderes. Es bedeutet das Gleiche. Der letzte Zielpunkt dieser Reise, die keine Reise ist und daher keinen Zielpunkt hat, besteht in dem Sehen, dass Samsara immer schon Nirwana war.

Das mag zur Einleitung genügen. Wenn ich nonstop weiterrede, schwinden euch womöglich die Sinne. (Es ist ein warmer Abend, und in dem gut gefüllten Buchladen macht sich ein gewisser Luftmangel bemerkbar.)

(Carl sagt etwas auf Deutsch und übersetzt für Richard:) Ich habe nur etwas über deine sehr ungewöhnliche Psyche gesagt.

(Lacht) Die Einführung zieht sich jetzt schon lang genug hin. Vielleicht ergeben sich ja ein paar Fragen und Antworten daraus.

Ich komme mir vor, als wäre ich irgendwie im falschen Film gelandet, und deshalb möchte ich fragen, wie ich da rauskommen kann. (Die Frage ist ernst, aber auch humorvoll gemeint und wird von den Übrigen lachend gutgeheißen.)

Du kannst nicht rauskommen, weil *du* in dem Film gar nicht vorkommst. Der Film läuft einfach, er ereignet sich. Trotzdem, »im falschen Film sein« ist ein sehr guter Ausdruck für dieses Ungenügen, von dem ich gesprochen habe. Viele von uns fühlen sich im falschen Film. Und alles, was wir im Leben versuchen, dreht sich um die Frage: »Wie kann ich in den richtigen Film kommen?«

Ich sage dagegen, dass gar nicht erst jemand im Film vorkommt.

Den Film, könnten wir sagen, gibt es. Dies ist der Film, der jetzt gerade läuft. Wir könnten auch von einem Spiel oder Schauspiel sprechen oder irgendeine andere Metapher für diese Erscheinung verwenden. Aber im Film kommt niemand vor, niemand betreibt die Handlung, niemand spielt die Rollen. Es existiert keine Person, die ein Leben hat und dieses Leben in der Hand hat. Da ist einfach Leben, und das ist alles. Leben, das sich abspielt.

Der Eindruck, dass ich etwas sehr Kostbares namens Leben besitze und es auch noch zu steuern habe, ist für viele von uns äußerst belastend. Wenn wir dann hören, dass wir sowieso nichts tun können und das Ganze hoffnungslos ist, kann das für manch einen geradezu eine Erleichterung sein. Aber ich sage eigentlich nicht, dass wir nichts tun können. Ich sage, dass niemand da ist, der etwas tun könnte, und das ist etwas ganz anderes, kann aber, wenn es gut läuft (lacht über den sich entwickelnden Gedanken) in die gleiche Hoffnungslosigkeit führen.

Aus einem bestimmten Betrachtungswinkel können wir vielleicht nachvollziehen, dass Hoffnung etwas Grausames sein kann. Jemandem Hoffnung machen – es könnte sein, dass das etwas besonders Grausames ist. Hoffnung hält Dies von uns fern, das, was jeweils gerade geschieht. Hoffnung handelt immer von Zukunft, die nie kommt. Solange Hoffnung besteht, kann nicht gesehen werden, dass Dies alles ist und genügt. Vielleicht hat T.S. Eliot sein *The Waste Land* deshalb mit den Worten »April ist der grausamste Monat« eingeleitet. Der Frühling bringt neue Hoffnung.

Ich gebe nie Empfehlungen, aber wenn ich eine Ausnahme machen sollte, würde ich Verzweiflung empfehlen. Allerdings ist Verzweiflung auch hoffnungslos. (Lachen) Nicht einmal Verzweiflung führt euch irgendwohin.

(Jemand setzt zu einer umfangreichen Frage an, es scheint sogar eine Ansprache werden zu wollen.)

(Sieht Carl fragend an und lacht.) Vergiss nicht, dass du zum Übersetzen hier bist.

Ich habe so viele Wege ausprobiert, und nachdem ich dein Buch gelesen hatte, war ich entschlossen, das alles zu lassen. Ich war zwar erleichtert, aber dann musste ich doch feststellen, dass trotzdem noch dieser Hang bestand, etwas anderes zu wollen, mir Veränderung zu wünschen. Dieser Hang ist nach wie vor vorhanden.

So ist es eben, wenn man Person ist. Wir können den Wunsch nach Veränderung nicht aufgeben. Wir können die Hoffnung nicht aufgeben. Genau deshalb gebe ich keine Empfehlungen. Empfehlungen nähren die Hoffnung, und das gilt auch für die nicht umsetzbare Empfehlung, die Hoffnung aufzugeben.
    Aber die Hoffnung könnte *uns* aufgeben. Ich vertrete einfach die Ansicht, dass sich das als ein großer Segen erweisen könnte.

Ich wüsste gern, wie man es anstellt, diesen sehr schmalen Pfad mit Abgründen links und rechts zu gehen. Wie machst du das, ohne auf der einen oder anderen Seite abzustürzen?

Hier sind vier ganz wichtige Wörter, hör gut zu. (Langsam und sehr betont:) Es ... gibt ... keinen ... Pfad. (Lachen)

(Jemand anderes springt der Fragestellerin bei:) Sie sieht dich auf einem Gipfel stehen und denkt an die Möglichkeit, dass du abstürzen könntest. (Lachen)

(Es folgt ein längerer Austausch auf Deutsch, immer wieder von Gelächter unterbrochen. Richard versteht ersichtlich nichts. Zuletzt macht sich Carl daran, das Gesagte zusammenzufassen:) In groben Zügen hat sie gesagt: »Na gut, dann werde ich ihm eine Frage so stellen, dass er sich nicht so einfach auf die Bedeutungslosigkeit von Wörtern wie ›Zustand‹ oder auch der Frage, wie man etwas macht, herausreden kann.«

(Lacht amüsiert) Mir scheint, ich bin hier der Einzige, der nicht weiß, was gespielt wird.

(Carl, scherzhaft:) Mit dieser Frage kriegen wir dich! *(Lachen)* Also: Wie wird das Bleiben in diesem Nichts aufrechterhalten, wenn es kein Zustand und kein Raum ist, wenn es nicht in der Zeit ist, wenn es überhaupt nichts ist? *(Carl zur Fragestellerin:)* Habe ich das hingekriegt? *(Ihr Blick und ihr Nicken verraten, dass der Sinn richtig getroffen wurde.)*

Ich muss das Ganze wohl noch mal kurz zusammenfassen. Da wird nichts »aufrechterhalten«. Aufrechterhalten – das kann nur von einer Person mit persönlichem Einsatz getan werde.

Befreiung besteht aber in dem Sehen, dass keine Person vorhanden ist. Da ist nichts aufrechtzuerhalten und niemand, der etwas aufrechterhalten könnte. Es hat nie etwas Aufrechtzuerhaltendes gegeben.

Befreiung ist vollkommen unpersönlich. Sie hat nichts mit der Gestalt zu tun, die hier sitzt und euch darüber berichtet. Sie hat nichts mit irgendetwas von dem zu tun, was er tut oder nicht tut, aufrechterhält oder nicht aufrechterhält. Es wird gesehen, dass Leben, Sein, immer vollkommen unpersönlich war. Fünfzig Jahre lang kann es so ausgesehen haben, als wäre hier eine Person vorhanden, und dann, urplötzlich, ist sie weg. Und dann wird gesehen, dass in Wirklichkeit nie eine Person vorhanden war.

Niemand hat je irgendetwas getan. Wenn euch die Preise etwas bedeuten, die ihr in der Schule gewonnen habt, dann meidet ihr das hier besser, denn es war nie jemand da, der diese Preise gewonnen hat. Wenn euch das Geschäft am Herzen liegt, das ihr so mühevoll aufgebaut habt, die Kinder, die ihr so wunderbar erzogen habt, die Bücher, die ihr veröffentlicht habt, die Bilder, die ihr in Ausstellungen zeigen konntet – wenn ihr an irgendetwas von allem, was ihr je getan habt, wirklich hängt, dann lauft so schnell wie möglich weg von dem hier. Niemand hat jemals etwas von all dem getan.

Natürlich könnt ihr auch nicht vor dem hier weglaufen. Es packt euch entweder oder es packt euch nicht, und es spielt keine Rolle, ob es euch packt oder nicht. Befreiung sehen oder keine Befreiung sehen – da ist nicht eins besser als das andere. Aber wenn es euch packt, seid ihr erledigt!

Zu deiner Frage also: Da ist nichts aufrechtzuerhalten und niemand, der es aufrechterhalten könnte.

Was du über nichts sagst – vom Gefühl her finde ich dazu leicht Zugang. Aber wenn ich etwas essen möchte, und zugleich ist da nichts, wie bringe ich das zusammen? Wie bringst du das zusammen?

Essen geschieht einfach. Ich bringe überhaupt nichts zusammen. Du auch nicht. Nur solange eine Person da ist, fühlt es sich so an, als würden wir Dinge zusammenbringen. Deine Frage zeugt eben von diesem Personsein. Wenn die Person nicht mehr da ist, hat die Frage keinen Sinn mehr.

Vielleicht sollte ich mich im Namen des Einen bei dir entschuldigen. Aber eigentlich solltest *du* dich bei dir entschuldigen, du bist nämlich das Eine. Wie heißt du?

Elena.

Du bist das Eine, das sich als Elena manifestiert. Manchmal bist du das Eine in seiner Manifestation als Elena, die meint, sie sei nicht das Eine.
Jetzt habe ich vergessen, worum es in deiner Frage ging. Ging es darum, wie du die Dinge zusammenbringst? Stell deine Frage noch mal, wenn du möchtest. Ich bringe nichts zusammen. Hier ist kein Zusammenbringen, aber da (deutet auf Elena) ist auch kein Zusammenbringen. Du bringst nichts zusammen. Es können sich immer wieder Gefühle einstellen, dass du ein Individuum bist und die Dinge zusammenbringen musst, aber das hat nichts mit dir zu tun.
Ich bringe nichts zusammen und du bringst nichts zusammen. Wir könnten sagen, dass alles einfach passiert, aber das ist irreführend. Eigentlich passiert nämlich nichts.

Wer oder was bemerkt, dass die Person nicht mehr da ist?

Wir könnten sagen, das Eine bemerkt es oder das Bewusstsein bemerkt es, aber eigentlich war es ja schon immer so. Es gab immer nur das seiner selbst bewusste Eine. Und in diesem Bewusstsein kann der Eindruck entstehen, dass da eine individuelle Person ist.
Das ist, wie wohl schon aufgefallen ist, keine Seltenheit.

Dann besteht kein Unterschied zwischen dem Individuum und dem Bewusstsein?

Dafür gibt es eine schöne Metapher, die vielleicht viele von euch schon kennen, das Bild von der Tiefe des Meeres und den Wellen an seiner Oberfläche. Die Wellen sind scheinbar vom Meer verschieden, aber wir wissen natürlich, dass sie dasselbe sind. Die Stille der Tiefe und das Wogen der Wellen sind dasselbe. Das Schweigen der Tiefe und das Tosen der Wellen sind ebenfalls dasselbe. Das Individuum ist so etwas wie eine Welle an der Oberfläche des Meeres.

Bei dem, was wir als Individuum bezeichnen, handelt es sich in Wirklichkeit um ein Bündel Phänomene. Lauter Dinge, die an der Meeresoberfläche passieren, zu einem »Individuum« genannten Strauß gebündelt. Das Individuum und das Eine sind im gleichen Sinne dasselbe wie die Welle und das Meer. Es besteht keine Trennung zwischen ihnen. Die Welle ist das Meer, das sich wellt. Du bist das Eine beim »Personieren«. Du bist das Eine, das sich als Person ausgibt.

Dass das Meer und die Welle eins sind, verstehen wir ohne Weiteres. Ich spreche aber vom direkten Sehen dieses Einsseins, und das ist etwas anderes als intellektuelles Verständnis. Zu diesem Sehen kann es plötzlich oder allmählich kommen.

Es ist nicht einmal richtig zu sagen, Dies sei eine Manifestation des Einen. Selbst so ein Satz impliziert Trennung, die nicht vorhanden ist. Das hier ist einfach das Eine, das Elena ist, das Carl ist, das Richard ist, das dieses Glas Wasser ist, das diese Blume ist ...

(Jemand, der einen recht erhitzten Eindruck macht, sagt:) Wenn ich dich kurz unterbrechen darf – wir brauchen unbedingt ein bisschen frische Luft.

Das überrascht mich nicht! Lassen wir mal die ganze heiße Luft raus! Kommt dieses Wortspiel auch auf Deutsch? Ja? Fein.

(Es entsteht ein Pause, während der die Tür zur Straße geöffnet wird, um ein bisschen Luft in den brechend vollen Buchladen zu lassen.)

Manchmal wird gesagt, das hier sei eine neue Mitteilung, aber sie ist nicht neu. Es gibt diese Aussagen in so gut wie jeder Religion, aber es wird meist nur andeutungsweise oder flüsternd darüber gesprochen. Vielerorts und zu verschiedenen Zeiten konnte es recht gefährlich sein, über diese Dinge zu sprechen. Diese Mitteilung wird von den Autoritäten als höchst bedrohlich empfunden, weil sie vor nichts und niemandem Respekt hat – nicht vor Lehrern, nicht vor heiligen Schriften, nicht vor lange erwarteten Erlösern, nicht vor Propheten, nicht vor Autoritäten irgendeiner Art. Sie ist totale Anarchie.

Die religiösen Traditionen haben Mitteilungen dieser Art nie gern gehört. Im Christentum etwa hat es lange Zeitabschnitte gegeben, in denen jeder, der über so etwas sprach, damit rechnen musste, dass er oder sie ins Kloster eingesperrt oder sogar wegen Ketzerei auf dem Scheiterhaufen verbrannt wurde.

Das hier ist nicht neu und auch nicht ungewöhnlich. Es kommt zu allen Zeiten und überall immer wieder spontan zum Sehen der Freiheit. Dazu müssen keine Voraussetzungen gegeben sein. Man muss nicht meditiert haben. Man braucht nicht Bischof einer Kirche zu sein. Es ist nicht erforderlich, dass man seine Chakren poliert. Man muss keinem Rabbi oder Priester oder Swami Gehorsam zeigen.

Dieses Sehen ist die denkbar einfachste Sache. Eben ist da noch jemand, der über eine Wiese geht oder eine Straße entlangradelt, und im nächsten Moment geht niemand über die Wiese und niemand radelt auf der Straße, aber das Gehen und das Radeln passieren weiterhin. Plötzlich wird gesehen, dass die Person in all dem nicht die kleinste Rolle spielt.

Eine Person ist nicht erforderlich, damit das Gehen auf der Wiese und das Radfahren auf der Straße geschehen können. Ihr braucht keine Person, um zu einem Treffen wie diesem zu kommen, und ihr braucht keine Person, die einen Vortrag hält. Niemand hält den Vortrag und niemand lauscht ihm.

Hier spricht das Eine zum Einen. Das Eine stellt Fragen, und das Eine beantwortet Fragen. Das Eine ist mit den Antworten zufrieden oder nicht zufrieden. Und nichts davon spielt eine Rolle, denn einerlei, was passiert, Dies ist immer Dies, immer Freiheit. Dies wird immer Dies sein. Dies wird niemals nicht Dies sein.

Das wird entweder gesehen oder eben nicht.

(Es bleibt lange still. Schließlich, flüsternd:) Irgendwelche Fragen?

(Es bleibt weiter still, bis schließlich eine junge Teilnehmerin schüchtern und beinahe unhörbar fragt:) Was ist mit Liebe?

(Sehr ruhig auf sie eingehend:) Was mit Liebe ist? Was möchtest du über Liebe hören?

(Wieder kaum hörbar:) Was ist mit bedingungsloser Liebe ...?

Ah, bedingungslose Liebe ... Es gibt nur bedingungslose Liebe ... Und nichts ist *nicht* bedingungslose Liebe. Das ist wohl der Grund dafür, dass Dies, wenn es gesehen wird, als genügend gesehen wird. (Wieder einmal besinnt er sich auf die neben ihm stehende Blumenvase, nimmt eine Rose heraus und streicht über die Blütenblätter. Diese Geste scheint das, was er sagen möchte, so gut auf den Punkt zu bringen, dass er ihrem Charme in jeder Stadt immer wieder neu erliegt. Aussagen über Nicht-Dualität können gnadenlos eintönig sein.) Das hier ist nicht einfach eine Rose. Sie ist bedingungslose Liebe. Wenn das gesehen wird, ist sie ziemlich faszinierend.

So viel über bedingungslose Liebe. Was fängt der Verstand damit an? Er wird sich höchstwahrscheinlich einschalten und Einwände erheben. Wenn du mit mir darüber diskutieren möchtest, ist es mir recht, aber ich überlasse es dir. Vielleicht möchtest du sagen: »Was meinst du mit ›Alles ist bedingungslose Liebe‹? Wie kann das sein?«

(Die Fragestellerin scheint es gern dabei belassen zu wollen, aber jemand anderes möchte mehr wissen:) Was ist denn der Verstand?

Es gibt keinen Verstand. Ich weiß, dass ich schon vom Verstand gesprochen habe, aber das ist einfach ein Zugeständnis an die Sprache und ihre Schwierigkeiten. Es lässt sich einfach besser kommunizieren oder Fragen stellen und beantworten, wenn wir einen Verstand voraussetzen. Und solange ein Trennungsgefühl besteht, ist nach menschlichem Ermessen tatsächlich ein Verstand vorhanden, es fühlt sich einfach so an. Aber wenn die Person wegfällt und die Trennung beendet ist, zeigt, sich, das kein Verstand vorhanden ist. Da sind nur Gedanken, die kommen und gehen. Es wird gesehen, dass keine Instanz namens Verstand vorhanden ist, sondern einfach ein Prozess, der aus Gedanken besteht. Ein Gedanke kommt und dann noch einer und dann wieder einer. Vielleicht wäre es klarer zu sagen, dass kein Verstand vorhanden ist, nur ein Denken.

Woher kommen die Gedanken? Aus nichts. Sie steigen aus nichts auf. Tatsächlich geht alles aus nichts hervor, aber bei Gedanken fällt es einem eher auf.

Eher als bei was?

Bei Blumen beispielsweise fällt es einem nicht so leicht auf, dass sie aus nichts kommen. Übrigens ist das der Kerngedanke einiger bekannter spiritueller Methoden wie etwa der Selbsterforschung, bei der wir uns nur immer wieder fragen: »Wer bin ich?« Es geht darum, dass wir bei jeder Antwort, die uns einfällt, merken, dass sie nicht stimmt. So arbeiten wir uns Schicht für Schicht durch alle falschen Vorstellungen hindurch, bis schließlich gesehen wird, dass in unserem Innersten letztlich nichts Festes und Benennbares ist.

Das Dumme an solchen Methoden ist, dass die Frage von einer Person gestellt wird, und derjenige, der schließlich feststellt, dass er nicht existiert, immer noch eine Person ist. Solche Methoden sind Zeitverschwendung, aber alles ist Zeitverschwendung, weshalb es folglich keine Rolle spielt. Ins Kino zu gehen kann nur mehr Spaß machen und lässt die Person nicht so leicht verdorren. Der Antrieb, sich solchen Techniken zu widmen, speist sich aus dem Unzulänglichkeitsgefühl der Person, und das gibt ihr ein zu denken, Kino stehe ihr nicht zu und sie solle lieber Selbsterforschung treiben. Schade. Wo Kino doch wirklich nett sein kann.

Kino ist übrigens außerdem – ähnlich wie das Träumen oder ein Theaterstück – eine gute Metapher für das, was wir heute Abend besprechen. Das hier hat sehr viel von einem Traum oder Film oder Theaterstück, nur das Träume, Filme und Theaterstücke im Allgemeinen keine siebzig, achtzig Jahre dauern.

Das klingt alles so, als müsste es ganz einfach sein. (Hier ist ein deutlicher Zweifel herauszuhören.)

Was müsste ganz einfach sein?

Diese Geistesverfassung zu erreichen.

Ich kann nachvollziehen, was du sagst, aber vergiss nicht, (mit leichtem Nachdruck) es ist keine Geistesverfassung.
Es ist weder leicht noch schwierig, diese Geistesverfassung zu erreichen. Dieser Geist hat etwas von einem Affen, also lass ihm doch einfach sein Affentheater. Hör auf niemanden, der dir sagt, du sollst den Geist still machen, oder der dir einredet, das Denken sei eine Krankheit. Vergiss diesen Quatsch. Dein Denken ist einfach das Eine beim Denken. (Bewegt die Hände) Das ist das Eine in Bewegung, und das Denken ist das Eine beim Denken.
Wenn dein Verstand dir zu sehr zusetzt, wenn sich in deinem Kopf ein für dich quälendes Denken abspielt oder sich immer wieder die gleichen Gedanken aufdrängen, dann ist es natürlich nur vernünftig, etwas zu unternehmen, um die Dinge für dich weniger unangenehm zu gestalten.
Vielleicht konsultierst du beispielsweise einen Spezialisten für kognitive Verhaltenstherapie. Das kann sinnvoll sein. Aber es hat nichts mit dem zu tun, was wir hier besprechen. Man braucht keinen unbeschwerten Geist, um das Eine zu sehen. Du wirst Dies nicht sehen, *weil* du den Geist entleert oder quälende Gedanken ausgeschaltet hast. *Du* wirst Dies nämlich überhaupt nicht sehen, denn es existiert keine Person, die etwas sehen kann. Aber vielleicht wird es gesehen, wenn du mal nicht da bist.

Du könntest hier eine Methode lehren, und wir könnten entscheiden, ob wir ihr folgen oder nicht – es wäre dasselbe, es wäre einerlei?

Ja, wenn ich das täte, würde es keinen Unterschied machen, außer dass es *noch* irreführender wäre.
Alles Reden über Dies ist von Haus aus irreführend. Aber wenn ich irgendeine Methode als wirksam anpreisen würde, das wäre dann noch irreführender. Es wäre sehr irreführend. Was natürlich auch nichts macht.

In deinem Buch habe ich gelesen, dass wir im Leben sehr viel Zeit haben und viele Möglichkeiten, wie wir sie herumbringen. Wir üben vielleicht nach einer Methode, zum Beispiel Meditation, oder wir lassen es sein. Es spielt keine Rolle.

Nein, es spielt keine Rolle. Und irgendwann wird vielleicht gesehen, dass niemand da war, der meditiert oder nicht meditiert hätte.

Dann führt jeder Weg zum gleichen Punkt? Alle Arten, die Zeit zu verbringen, sind gleich?

(Lacht) Welche Frage möchtest du beantwortet haben? Alle Wege führen zum gleichen Punkt oder alle Arten, die Zeit zu verbringen, sind gleich? Die sind nämlich recht verschieden. Welche möchtest du?

Die zweite.

Gut, nehmen wir uns die zweite vor. Manche Arten, die Zeit zu verbringen, machen mehr Spaß als andere. Manche sind mit mehr Leid verbunden als andere. Wenn wir allerdings fragen, wie sinnvoll dies oder jenes ist, dann sind alle Möglichkeiten gleich, denn Sinn oder Bedeutung hat keine von ihnen.

Willst du jetzt die Frage über die Wege noch mal stellen?

Nein, das lass ich lieber!

(Lacht) Gut. Ich glaube nämlich, dass wir die schon beantwortet haben.

(Carl spricht mit dem nächsten Fragesteller, halb deutsch, halb englisch. Es geht darum, ob das Wort »Erleuchtung« in der Frage vorkommen soll oder nicht. Sie kommen überein, dieses doppelbödige Wort lieber wegzulassen.) Wenn das hier nur Wahn heraufbeschwört, warum hältst du ihn dann lebendig? Warum bleibst du dabei?

Wenn was Wahn heraufbeschwört?

Darüber reden.

Darüber zu reden kann Wahn heraufbeschwören oder Klärung bewirken. Was soll's? Es spielt keine Rolle. Aber deine Frage ist mir nicht ganz klar. Fragst du, ob hier (deutet auf sich) eine persönliche Motivation besteht, darüber zu reden?

Da ist doch keine Person mehr, also kann ich das nicht gemeint haben. (Das wird als höchst amüsant empfunden, auch von Richard.)

Also, was meinst du?

Hier *scheint eine Person zu sein.*

Und worin besteht die Frage?

Ich versuch's noch mal. Nach all dem »nichts« stellt sich zwangsläufig die Frage, was es dann alles soll. (Das wird von einigen der philosophisch schon etwas Ausgekochteren als äußerst erheiternd empfunden.)

(Mit deutlich erhobener Stimme:) Sehr gute Frage! Was für eine Antwort hättest du gern? Es sind Hunderte von Antworten im Umlauf. Etliche dieser Antworten sind religiöser Natur. Bei manchen handelt es sich um Theorien des menschlichen Fortschritts aus materialistischer, psychologischer oder spiritueller Sicht oder irgendeiner Mischung daraus.

Wozu soll das hier für dich gut sein? Gott zu gefallen? Spirituelle Evolution? Persönliche Erleuchtung? Die Erde retten? Das zieht zurzeit besonders gut. (Der Gedanke, mit Gesprächen über nichts die Erde zu retten, wird mit lautem Lachen quittiert.)

Wenn du Sinn und Zweck brauchst, dann nimm einfach das, was dir liegt. Ansonsten ist hier einfach Dies, einfach Einssein, das sich irgendwie abspielt, so scheint es. Das Eine braucht keine Zwecke und verschwendet keinen Gedanken daran.

Dem Verstand erscheint es naheliegend, Fragen über Sinn und Zweck zu stellen. Aber niemand ist gezwungen, ihnen Beachtung zu schenken. Sie sind vollkommen unsinnig.

Dies geschieht offenbar. Wozu irgendetwas hinzufügen?

Der Umgang mit dieser Frage »Warum geschieht das jetzt?« stellt sicher, dass das Gefühl der Trennung bestehen bleibt – der Trennung zwischen einem scheinbaren Ich, das die Frage stellt, und einer scheinbaren Welt, auf die sich die Frage bezieht.

Zur Methode der Selbsterforschung anhand der Frage »Wer bin ich?« hast du gesagt, wir könnten genauso gut ins Kino gehen, das sei auch nichts anderes. Aber wenn ich intellektuell verstanden habe, dass das Meer und die Welle dasselbe sind, wie komme ich dann dahin, es zu sehen, zu realisieren?

Du kommst da nicht hin, denn eben dieses Du ist das, was das Sehen ausschließt. Es kann aber sein, dass du plötzlich oder allmählich verschwindest, und dann wird es einfach gesehen. Bis dahin kannst du ruhig das tun, was du besonders gern tust, sei es Selbsterforschung, ins Kino gehen oder eine Runde im Park drehen.

Ich sage gern, dass ich keine Empfehlungen gebe, aber wenn ich eine geben würde, dann würde sie »Entspannt euch« lauten. Hier in Berlin kommt mir zum ersten Mal eine Variante. Jetzt würde ich sagen: »Entspannt euch und lasst es euch gut gehen.« Aber es ist eigentlich Unsinn, so etwas zu sagen, denn Entspannung und Gutgehen finden – wie wir ja so manches Mal schmerzlich erfahren – entweder statt oder eben nicht. Ich will Schmerz nicht verharmlosen, aber man könnte sagen, dass ich aus eben dem Grund keine Empfehlungen gebe. Empfehlungen sind so hoffnungslos wie alles andere.

(Auf Richard deutend:) Ist da nie eine Trennung zwischen da und dem Einen?

(Seinerseits auf den Fragesteller zeigend:) Es besteht auch nie eine Trennung zwischen *da* und dem Einen. Allerdings kann

sich da ein Gefühl der Trennung einstellen und der Gedanke
»Ich bin getrennt«. Ich weiß es nicht, ich unterstelle es nicht,
aber es könnte so sein.

Wenn du nach dem fragst, was hier wahrgenommen wird,
nach »meiner« Wahrnehmung, ist als Erstes zu sagen, dass es
nicht wichtig ist. Es ist nicht relevant, und wenn wir eine
Beschreibung geben, laufen wir Gefahr, diese Kommunikation zu personalisieren. Wenn wir diese Gefahr aber mal außer
Acht lassen und ich doch eine Beschreibung gebe, kann ich
nur eine einzige klare Aussage machen, nämlich dass hier sowohl die Wellen als auch das Meer gesehen werden.

Gleichzeitig?

(Lacht und deutet auf Carl:) Das weiß er so gut wie ich. Er
kann die Frage an meiner Stelle beantworten.
(Es entsteht eine Pause. Dann hebt er, bühnenreif, die Hand
an den Mund, als müsste er jemandem ein Geheimnis zuflüstern. Leise und dramatisch:) Es gibt keine Zeit. (Dann noch
einmal, jedes Wort mit starker Betonung:) ES GIBT KEINE
ZEIT. (Lachen)
Diese Worte bringen uns nichts, aber versuchen wir es
trotzdem. In der Befreiung wird gesehen, dass Zeit nicht existiert und die Wellen und das Meer eins sind. Geräusch und
Bewegung sind Stille und Regungslosigkeit, die Geräusche
macht und sich regt.

(Carl:) Jemand hat etwas geflüstert ... oder war es eine Stimme in meinem Kopf? (Lachen)

Hoffentlich nicht. Wie soll ich den Rest der Tour bestreiten,
wenn du jetzt schon Stimmen hörst?

Wenn eine Person vorhanden ist, übertönt ihre Geschäftigkeit normalerweise die Stille und Regungslosigkeit, weshalb sie dann nicht bemerkt werden. Wo eine Person ist, haben wir oft nur Geräusch und Bewegung.

Wie ist es beim Lachen?

Im Lachen kann eine Person vorhanden sein oder nicht. Jedenfalls ist es schön.

Kommt es also vor, dass da (gemeint ist Richard) eine Person ist?

Es kommt nicht vor, dass hier eine Person ist, aber (auf den Fragesteller deutend) es kommt auch nicht vor, dass *da* eine Person ist. Wenn du aber fragst: »Wie sieht Richards tagtägliche Erfahrung oder individuelle Erfahrung aus?«, kann ich dir keine interessante Antwort in Aussicht stellen. (Lacht ausgelassen) Ich führe ein stilles und untadeliges Leben.

Ich frage, weil ich meine Erfahrung mit deiner zu vergleichen versuche. Manchmal habe ich das Gefühl, dass da nichts ist, kein Ich.

Tut mir leid, dass ich da so kleinlich sein muss, aber hast *du* das Gefühl, dass da nichts ist, oder ist da einfach nichts?

Es gibt Augenblicke, wo kein Ich vorhanden ist. Dann kann es aber auch sein, zum Beispiel wenn ich irgendein großes Problem habe, dass ich meine, ich müsste unbedingt die richtige Entscheidung fällen, weil davon abhängt, ob die Dinge gut oder schlecht laufen. Ich muss entscheiden.

Anscheinend kommst und gehst du. Das ist eine ziemlich häufige Erfahrung. Worte spielen zwar keine Rolle und bringen einen auch nicht weiter, aber so etwas wird manchmal als Erwachen bezeichnet. Es kann ein Kommen und Gehen sein, wie du es beschreibst. Manchmal ist eine Person vorhanden, ein andermal nicht. Das kann ganz schön frustrierend und verstörend sein.

Manchmal fällt mir auf, dass ich entspannter bin, selbst wenn ich Zweifel habe. Ich kann Zweifel haben und trotzdem entspannt sein. Aber es kommt auch vor, dass ich richtig gestresst bin.

Dann ist es wohl so, dass du kommst und gehst. Wie gesagt, das kommt ziemlich häufig vor. Natürlich verschwinden wir alle sowieso im traumlosen Schlaf. Im traumlosen Schlaf ist nur Freiheit. Im Grunde ist immer nur Freiheit, aber oft fühlt es sich nicht so an.

Manchmal scheint das Eine die Tendenz zu zeigen, sich der Befreiung anzunähern.
(Jemand anderes fragt nach:) Sprichst du über die Menschheit insgesamt?
Na ja, ich wüsste gern, ob an diesem Punkt der Geschichte eine Tendenz besteht, dass mehr Menschen in diese Richtung gehen.

Das ist eine besonders ansprechende Story. Ja, wir können uns einreden, dass es so ist. Aber das ist auch nur wieder eine Geschichte, die Geschichte von der spirituellen Evolution der Erde. Es könnte aber auch auffallen, dass immer nur einfach Dies ist.

Es ist eine sehr eingängige Story, sie gefällt den Leuten, es werden populäre Bücher darüber geschrieben. Wer sie mag, bitte sehr. Aber achtet auch darauf, dass euch Dies entgeht, während ihr euch in die Story vertieft.

(Jemand platzt heraus, wie um sicherzustellen, dass er auch ja drankommt:) Gibt es so etwas wie persönliche Verantwortung?

(Sehr bestimmt:) Nein! Nächste Frage. (Lachen)
Sicher, es kann sich so anfühlen, als gäbe es persönliche Verantwortung. Aber alles spielt sich einfach nur ab.

Verantwortungsbewusstsein geht gern mit einem Gefühl von Unzulänglichkeit und Schuld und Bedauern einher. Manchmal foltern wir uns mit all diesen so guten Sachen. Aber um es zu wiederholen: Dies ist totale Anarchie. Moral gibt es nicht, Verantwortung gibt es nicht. Und trotzdem geht alles irgendwie weiter. Man muss sich darum keine Sorgen machen. Deswegen wird es auf den Straßen trotzdem nicht mehr Mord und Totschlag geben.

Manchmal wird mir entgegengehalten: »Wenn das, was du sagst, stimmt, könnte ich doch losziehen und Leute umbringen.« Ich sage dann immer: »Versuch es mal. Wenn nicht der Charakter eines Mörders gegeben ist, wird es wahrscheinlich nicht dazu kommen.«

Alles geht einfach weiter wie zuvor. Alles ist immer nur einfach vorgegangen.

Auf der Ebene der Phänomene gibt es Leute, die sagen, dass sie die Zukunft vorhersehen können und auf medialem Wege Dinge erkennen, über die sie sonst nichts wissen würden. Wie kann so etwas sein? Ist das purer Glaube? Es gibt so viele Geschichten darüber. Trifft es auf der Ebene der Phänomene zu?

Das Ganze ist eine Story. Und in der Story sind wir ganz versessen auf Storys. Je komplizierter und gehaltvoller die Storys wirken, desto besser schmecken sie uns, wir lassen uns geradezu von ihnen hypnotisieren. Außerdem ist all das, was so passiert, seiner Natur nach so vielschichtig, dass wir für jede Story, die wir glauben möchten, Anhaltspunkte finden können.

Wenn wir Beweise dafür finden möchten, dass Medien mit den Toten sprechen können, werden wir sie finden. Wenn wir beweisen möchten, dass solche medialen Kontakte Quatsch sind, ist auch das mühelos möglich. Bei jeder Story lässt sich etwas finden, was für sie spricht, aber dann ist es immer noch lediglich eine Story, und es ist immer noch so, dass wir einfach nur Dies haben. Solange wir hingerissen solchen Geschichten lauschen, können wir nicht sehen, dass Dies schon alles ist, was ist – wir sind zu sehr mit dem Projekt beschäftigt, Kontakt zu unserer verstorbenen Tante aufzunehmen.

Was ist mit Diksha?

Ja, was? Was ist mit Shaktipat? Was ist mit Kundalini-Erweckung? Was ist mit Chakra-Reinigung? Wenn du das magst, greif nur zu. Aber nichts dergleichen hat etwas mit dem zu tun, wovon wir hier sprechen. Trotzdem, manches davon macht wirklich Spaß und besitzt hohen Unterhaltungswert. Manches kann auch äußerst unangenehm sein. Kundalini-Erweckung beispielsweise kann sehr unangenehm sein. Und dann gibt es noch die Sachen, Diksha zum Beispiel, für die horrende Summen fällig werden können.

Die Welt ist voller spiritueller Rosstäuscher.

Und Byron Katie und »The Work«?

Was soll damit sein? Wenn es dir hilft, dann mach es. Wo liegt das Problem?

Ich bekomme den Eindruck, dass du zu viel Gewicht auf nichts legst. (Dieser Einwand wird mit großem Gelächter quittiert.)

Da kann ich mich wieder nur für das Eine entschuldigen.

Da ist nichts und da ist kein Ding. Alles muss wohl irgendwie eins sein. Form und Leere sind eins. Da ist Leere und da ist Form, und wo das eine nicht ist, kann das andere auch nicht sein. Dann ist Dualität notwendig. Was will ich eigentlich fragen? Ich glaube, das Eine kann nur erkannt werden, wenn wir sowohl Form als auch Leere haben, nicht bloß Leere. Wie denkst du darüber, Richard?

Ich bin mir nicht sicher, ob ich deine Frage verstehe, aber ich will trotzdem einen Versuch machen. Tut mir leid, wenn es tautologisch klingt, aber das kann nur von einem Individuum so gesehen werden, wenn ein Individuum vorhanden ist. Das Eine schert sich keinen Deut darum. Dem Einen ist es egal, ob es von einem Individuum erkannt wird oder nicht. Das Individuum mag sich einbilden, es sei wichtig, und normalerweise ist es ja wirklich so, dass Individuen von ihrer Wichtigkeit überzeugt sind – es spielt keine Rolle.

Aber deine Formulierung war gut. Wir haben Form, und wir haben das Formlose, und sie sind dasselbe. Oder sagen wir: Dies ist sowohl real als auch irreal.

Ich kann mich in der Form verlieren. Ich kann das Formlose nicht finden.

Ja, *du* kannst nur Form finden. Du als Person kannst nur Form sehen. Das Formlose kann nur gesehen werden, wenn die Person wegfällt. Nach deinem Gefühl ist das, was in der Form vor sich geht, sehr wichtig, aber es ist exakt so wichtig wie das, was letzte Nacht in deinem Traum vor sich ging, kein bisschen mehr oder weniger.

Ich habe eine praktische Frage?
(Carl:) Wo das Klo ist? (Lachen)
Nein. Meine Frage lautet: Wenn das Eine gesehen wird, könnte es dann nicht sein, dass die Person in Wirklichkeit an Schizophrenie leidet? (Großes Gelächter, auch im Hinblick auf die zwangsläufig implizierte Nebenfrage nach Richards Geistesverfassung.)

(Lacht ausgelassen) Alles ist möglich. Erwachen und Psychose sind nicht immer leicht auseinanderzuhalten. Wenn es zu einem Erwachen kommt, das aber nicht verstanden wird, kann es sein, dass man es für einen psychotischen Schub hält. Oder wenn du anfängst, deinen dich liebenden Freunden und Angehörigen davon zu erzählen, können sie ebenfalls zu solchen Schlüssen kommen und dir dringend einen Besuch beim Psychiater ans Herz legen. Am besten, man hält den Mund. (Lachen)

Danke, Richard.

✥✥✥

Nach diesem langen und anstrengenden Tag reichte es nur noch zu einem kurzen Drink in einer eleganten Bar in der Nähe unseres Hotels, dann ging ich gleich schlafen. Mitten in der Nacht wachte ich in meinem Hotelzimmer auf und fühlte mich ganz entschieden unwohl. Im weiteren Verlauf der Nacht wurde dann klar, dass ich krank war. Der Zustand verschlechterte sich zu ziemlich krank, und am Morgen bestand kein Zweifel, dass ich richtig krank war.

Hatte ich mir irgendeinen Virus eingefangen? War es eine Nahrungsmittelvergiftung? Hatte irgendein missgünstiger Buddhist oder die nicht-dualistische Konkurrenz mir Gift ins Wasser gemischt? Ich schleppte mich nach unten in die Lobby, wo ich Carl traf. Ich machte ihm klar, dass ich die für den Vormittag geplante Stadtrundfahrt in Berlin würde ausfallen lassen müssen und das sagenhafte Frühstück des Hotels leider auch. Ich schlug vor, einen früheren Zug nach Hamburg, zu unserer nächsten Station, zu nehmen, damit ich mich dort den Nachmittag über im Hotel ausruhen konnte. Für das abendliche Meeting in Hamburg schien es im Moment gar nicht gut auszusehen, und ich spürte, dass Carl in großer Sorge um mich war.

»In deinem Kopf sind tausend verschiedene Leute«
Hamburg

Auf der Fahrt nach Hamburg lag ich über mehrere Sitze ausgebreitet da und versuchte zu schlafen, während Carl in einem Manuskript las, dessen Veröffentlichung von seinem Verlag erwogen wurde – vielleicht etwas über das Channeln von Erzengeln oder die Kommunikation mit Einhörnern oder Bestellungen beim kosmischen Bestellservice.

Im Hotel konnte ich nichts anderes tun, als bleich und schlapp auf dem Bett zu liegen und abzuwarten, ob ich mich bis zum abendlichen Meeting wieder wohl genug fühlen würde. Carl war zu Besorgungen ausgerückt. Wenn irgendetwas mich wieder zum Leben erwecken könnte, so sein Gedankengang, dann doch sicher Haferbrei. Abends um sechs klopfte er bei mir an und kam mit einer großen mit Alufolie bedeckten Schale und ein paar Pillenschachteln herein. Unter der Folie befand sich eine Familienportion Porridge. Carl hatte in einem Laden in der Nähe eine Schachtel Haferflocken aufgetrieben und sie mit der Bitte um Zubereitung eines Haferbreis bei der sehr entgegenkommenden Empfangsdame abgeliefert. Die Pillen nahm ich, aber den Haferbrei musste ich leider verweigern (und am nächsten Morgen über die Toilette entsorgen; niemand im Hotel sollte merken, dass die ganze Mühe vergebens gewesen war).

Um sieben machten wir uns im Taxi auf den Weg zum Ort unserer Abendveranstaltung. Da ich mich immer noch sehr schwach fühlte, setzte ich mich still in den Vorraum und sprach mit niemandem, bis es Zeit war anzufangen. Der Versammlungsraum war voll, aber das Treffen verlief ruhiger und war kürzer als die bisherigen. Carl und mir war wohl bewusst, dass wir jetzt fünf Tage lang solche Treffen gehalten und nur einen Tag frei gehabt hatten. Wurden wir allmählich müde? Handelte es sich bei dem, was wir sagten, nur noch um Wiederholungen? Würde es in Hamburg neue Fragen geben, in die man sich so richtig verbeißen konnte? Mir selbst stellte sich auch die simple und durchaus wichtige Frage, ob ich überhaupt durchhalten würde. Als ich meinen Platz einnahm, hatte ich im Sinn, für meine einleitende Darstellung und bei der Beantwortung von Fragen möglichst haushälterisch mit meinen Kräften umzugehen.

Trotz der wenig verheißenden Umstände sagte Carl nach dem Meeting, es sei nach seinem Dafürhalten das bislang beste gewesen. Mein Unwohlsein, mutmaßte er, habe mich weicher und beim Beantworten der Fragen milder gemacht. Verbarg sich dahinter vielleicht das Rezept, bei solchen Touren rechtzeitig für Magenverstimmung zu sorgen?

Donnerstagabend

Wir werden in die Trennung hineingeboren. Wenn wir noch sehr klein sind, gibt es nur Einssein. Wir sind, wo wir immer schon waren, im Paradies. Wir sind im Paradies, aber ohne ein Bewusstsein unserer selbst. Und dann, oje oje, wenn wir immer noch sehr jung sind, bildet sich das Selbstbewusstsein mit seinen vielen Gaben und Problemen.

Mit dem Selbstbewusstsein geht ein Gefühl des Getrenntseins einher. Man könnte sogar sagen, dass dieses Trennungsgefühl und das Selbstbewusstsein ein und dasselbe sind. Erste Unterschiede fallen uns auf: zwischen mir und Mami, mir und Papi, mir und denen, mir und den Dingen. Und indem wir die Trennung bemerken, geht uns das Einssein verloren: Wir nehmen das Wunder von dem hier nicht mehr wahr.

Nisargadatta sagt: »Weil wir nach einem Wunder Ausschau halten, können wir nicht sehen, dass sich das Wunderbare bereits ereignet. Das Wunder ist das Ausbrechen in die Bewusstheit.« Das Wunder ist das Bewusstsein selbst, das Sein als solches. Das hier, Dies, ist schon das Wunder, das wir suchen, aber in unserem Gefühl des Getrenntseins sehen wir das nicht.

Nisargadattas Worte über das Wunder sind so klar. Das Wunder ereignet sich bereits. Seine Worte sind so klar – ich wünschte, sie wären *mir* eingefallen. (Lachen) Eigentlich könnten wir jetzt nach Hause gehen, es gibt nämlich darüber hinaus im Grunde nichts zu sagen. Aber nun sind wir halt hier und darauf eingestellt, eineinhalb Stunden miteinander zu verbringen, auch wenn es Zeit gar nicht gibt.

Dann sind wir also dieses sehr kleine Persönchen, das dieses große Geschenk namens »ein Leben« bekommen hat. »Hier, bitte, das ist dein Leben. Kümmere dich gut darum!« Wir sind sehr jung, sehr klein, wir wissen nicht viel und können nur sagen (imitiert die Stimme eines ehrfürchtig staunenden kleinen Kindes): »O ja, ich will mich darum kümmern.«

Jetzt können dann auch die Probleme anfangen, weil wir dieses Leben, das uns geschenkt wurde, ja irgendwie in Gang bringen müssen. Es hat etwas von der Geige, die wir zu Weihnachten bekommen, verbunden mit den Worten, dass wir jeden Tag üben sollen, um sie dann auch spielen zu können. So beginnt der lange Weg, der da heißt »Mein Leben in die richtigen Bahnen lenken«, und dabei werden wir sehr entschlossen von allen ringsum unterstützt, die sich ja auch im Besitz dieses wunderbaren Geschenks namens Leben wähnen. Unsere Eltern und Geschwister und Lehrer glauben alle, dass sie ein Leben haben, und so tanzen wir alle miteinander in diesem großen stillschweigenden Einverständnis. Wir alle haben unser Leben, das wir in Gang bringen und halten müssen, wobei eigentlich nichts dafür spricht, dass es irgendwem je gelungen wäre.

Da werden uns sicher wunderbare Pläne vorgelegt, denen zu entnehmen ist, was man tun muss, damit dieses Leben so richtig rund läuft. Jeder weiß, worin diese Pläne bestehen. Sieh zu, dass du eine gute Ausbildung bekommst. Geh auf die Universität. Heirate. Mach Kinder. Schaff einen Wagen an. Kauf ein Haus. Kauf ein größeres Haus. Es besteht immer die Aussicht, dass die nächste Unternehmung, das nächste Ding, endlich das bringt, was bisher ausblieb, nämlich dieses richtig gut laufende Leben.

Wenn wir dann all die vorgezeichneten Wege zu einem funktionierenden Leben abgeklappert haben, regt sich in manchen von uns der Verdacht, dass es womöglich gar nicht um Dinge wie Häuser, Jobs und dicke Wagen geht. Vielleicht steuern wir dann einen anderen Kurs und gehen den Weg der spirituellen Entwicklung, den Weg zur Erleuchtung. Jetzt haben wir einen ganz neuen Goldtopf am Ende des Regenbogens. Aber wir wissen, was mit dem Ende des Regenbogens passiert, wenn wir ihn zu erreichen versuchen. Er rückt immer weiter von uns weg.

Vielleicht verbringen wir einige Zeit bei einem Guru von besonderer Ausstrahlung. Vielleicht erreichen wir sogar die fünfzehnte Stufe der persönlichen Erleuchtung. Dann stellen wir fest, dass es danach noch einmal mindestens fünfzehn Stufen gibt. Auch der spirituelle Weg erweist sich wieder als Tretmühle wie all die anderen Wege, die wir schon brav gegangen sind, um ein funktionierendes Leben zu erwirken.

Und alle diese Ansätze leben davon, dass wir uns unzulänglich fühlen. Wer würde einen spirituellen Weg gehen, wenn er nicht das Gefühl hätte, dass das Vorhandene irgendwie nicht ausreicht? Wie jede andere Tretmühle so verdankt auch das spirituelle Hamsterrad seine Existenz einem Gefühl von Unzulänglichkeit, von Ungenügen, irgendetwas scheint zu fehlen, irgendetwas scheint nicht in Ordnung zu sein.

Dass wir dieses Ungenügen empfinden, ist nicht verwunderlich, schließlich sind wir von dem Einssein, in dem wir geboren werden, abgeschnitten worden. Es ist kein Wunder, dass wir meinen, wir müssten unsere Chakren polieren, um ins Paradies zurückzufinden. Und doch kann urplötzlich, ohne Grund und ohne besonderes Bemühen gesehen werden, dass unser ganzes Suchen nichts als ein großes Spiel war, eigentlich ein Vertreib der Zeit, die es da zu geben schien. Vielleicht geschieht dann ein Hochschrecken und ein Erkennen, dass nie jemand da war, der unzulänglich hätte sein können, und dass nie jemand da war, der aus dem Paradies vertrieben worden wäre.

Wir sehen nicht, dass dies bereits das Paradies ist, weil da eine gesonderte Person im Weg steht und uns den Blick verstellt wie eine Ziegelmauer. Wenn wir uns unzulänglich fühlen und unzufrieden sind, wie es ja bei den meisten der Fall ist, dann ist es wahrlich kein Wunder, dass wir Dies nicht als das Paradies erkennen können. Es ist sogar unmöglich, das Paradies zu sehen, solange noch eine Person im Weg steht.

Ich zitiere Nisargadatta normalerweise nur einmal im Laufe solch eines Vortrags, sonst würdet ihr anschließend womöglich eher ihn als mich lesen. (Lachen) Trotzdem, wenn er sagt, dass das Wunder bereits geschehen ist, dann meint er, dass es Dies schon ist. Das hier ist es, und es genügt. Wenn keine gesonderte Person da ist, wird gesehen, dass Dies nicht nur alles, sondern auch genug ist.

Seht es euch nur an (Rundumgeste). Was könnte besser sein als das hier?

Wenn man so etwas hört, kann es zu verschiedenartigen Reaktionen kommen. Besonders häufig sind Erleichterung oder Verzweiflung. Und beide Reaktionen sind verständlich. Verzweiflung ist verständlich, wenn man etwa hört: »Besser als das hier wird es nicht. Besser als dieses Glas Wasser wird es nicht.« Aber es ist ebenfalls verständlich, wenn man so etwas mit Erleichterung aufnimmt. Vielleicht hört ihr dann aus dieser Aussage heraus, dass nichts zu tun ist, dass nichts zu erreichen ist, dass nach nichts gestrebt werden muss. Das hier ist es bereits, da kann man sich doch eigentlich zurücklehnen und entspannen.

Diese beiden Reaktionen kommen auch in Kombination vor. Vollkommene Verzweiflung kann als tiefe Erleichterung erlebt werden.

Manchmal schreibt mir jemand oder ruft mich an, um mir zu berichten, dass etwas mit ihm oder ihr passiert ist. Plötzlich war ihnen die vollkommene Hoffnungslosigkeit ihrer Lage klar, die totale Gegenstandslosigkeit jeglicher Suche. Manche sind darüber ganz aus dem Häuschen, weil sie es als so tiefe Erleichterung empfinden.

Überlegt doch mal. Überlegt mal, welche Last von einem abfallen kann, wenn die Hoffnungslosigkeit unserer Lage völlig klar ist. Den Menschen Hoffnung zu machen kann sehr grausam sein, weil Hoffnung immer von der Zukunft handelt. Wie könnte das Gegenwärtige gesehen werden, solange Hoffnung besteht und wir auf die Zukunft ausgerichtet sind? Trotzdem ist es für die Hoffnungsgeber und Hoffnungsnehmer geradezu unwiderstehlich, ihr gemeinsames Spiel zu spielen. Da herrscht eine köstliche heimliche Einmütigkeit, die geradezu eine heilige Vermählung zwischen den Partnern stiftet – den Gebern der Hoffnung und den Empfängern der Hoffnung. Der Jünger sucht den Guru, weil er wirklich glaubt, dass dieser ihm helfen kann. Der Guru lässt sich suchen, weil er wirklich glaubt, dass er dem ergebenen Schüler helfen kann. Und trotz allem kann plötzlich gesehen werden, dass da kein Guru und kein Jünger ist, nur Dies. Da ist einfach das, was sich jeweils abspielt.

Es spielt keine Rolle, ob sich das in einem Raum in Hamburg abspielt oder in einem Ashram ziemlich hoch in den Himalajabergen, wohin wir uns mit einem Rucksack voll Immodium Plus durchgeschlagen haben. (Lachen) Es ist immer einfach Dies. Könnten wir doch nur diesen Glauben ablegen, Erleuchtung sei in einem Land mit Wasserspülung im Klo nicht möglich. (Tosendes Gelächter)

In der Befreiung sind es nicht mehr wir, die unser Leben leben – was eine sehr ermüdende Sache ist –, sondern da ist einfach Leben, das gelebt wird. Das kostet keine Mühe, weil niemand da ist, der sich Mühe machen könnte.

Das mag zur Einführung genügen. Schaun wir mal, ob es jetzt Fragen gibt, irgendetwas, worüber ihr gern sprechen möchtet.

Du hast über Bewusstsein gesprochen. Ich möchte eine Frage über dieses Baby stellen, das nach deiner Aussage Bewusstsein besitzt.

Darf ich da gleich einhaken? Ich würde nicht sagen, dass das Baby Bewusstsein besitzt. Ich würde sagen, dass es Bewusstsein *ist*.

(Herausfordernd:) Ich glaube, dass totales Bewusstsein nur Erwachsenen möglich ist.

Ich bin mir nicht sicher, wie ich deinen Ausdruck »totales Bewusstsein« zu verstehen habe.
Das Wort »Bewusstsein« oder »Bewusstheit« kann Verwirrung stiften. Vielleicht war es gar nicht gut, dass ich es überhaupt eingeführt habe. Wenn ich sage, dass es nur Bewusstsein gibt, meine ich nicht das persönliche Bewusstsein, sondern das Bewusstsein, in dem alles erscheint, auch das persönliche Bewusstsein. Statt »Es gibt nur Bewusstsein« oder »Es gibt nur Bewusstheit« könnte ich auch sagen »Es gibt nur Sein«.
Ich bin das Licht, in dem alles erscheint, und das bist du auch. Das mag ziemlich metaphysisch klingen, ist es aber nicht. Es ist einfach eine genaue und zutreffende Beschreibung der Realität.
Wenn ich sage, dass du und ich das Licht sind, in dem alles erscheint, meine ich das nicht im persönlichen Sinne. Es gibt keine Person. Du bist keine Peson. Du bist das Licht, in dem alles erscheint, auch alle Menschen.

(Weiterhin im Tonfall des Widerspruchs:) Aber wir sind doch ganz und gar Person geworden, jeder Psychologe weiß das. (Verständnis heischend:) Du bist doch auch Psychologe. (Lachen) Jeder Psychologe weiß, dass wir all diese Antriebe und Neigungen in uns haben.

Ja, wir sind klar und eindeutig Menschen. Jeder von uns ist klar und eindeutig eine Person, vor allem für Psychologen. Das gilt solange, bis wir sehen, dass wir es nicht sind. (Lachen) Wenn gesehen wird, dass wir keine Person sind, dann ist das so fraglos und unbestreitbar klar, wie unser Personsein war, bevor es verschwand.

Für die Person ist es keine Frage, dass sie Person ist. Sie kann sogar Psychologe oder Psychotherapeut sein. Aber wenn die Person mit ihrem Plappern und Klappern wegfällt und dafür Leere gesehen wird, ist ebenso fraglos klar, dass nie eine Person vorhanden war. Noch klarer sogar.

Wir sprechen hier über das Sehen der Leere. Wir sprechen über das Sehen dessen, was christliche Mystiker die Leere oder den Abgrund nennen. Oje, das kling nicht übermäßig behaglich oder? Ich will deshalb ganz schnell hinzufügen: Wenn Leere gesehen wird, wird auch gleich gesehen, dass sie von bedingungsloser Liebe erfüllt ist. Da kann es dann zu einem Moment der Erleichterung kommen, bis (schlägt ein boshaftes Lachen an) uns dann aufgeht, was »bedingungslose Liebe« eigentlich heißt.

Überlegt mal. Bedingungslose Liebe. Das ist eine Liebe, die nichts ausschließt. Diese Liebe bejaht alles, auch das, was der Person besonders verhasst ist. Bedingungslose Liebe widerspricht sämtlichen Geschichten, die der Verstand erzählt, und macht sie null und nichtig.

Nicht-Dualität und Existenzialismus durchschauen all die Geschichten, die von der Person erzählt werden. Es gibt aber doch einen bedeutsamen Unterschied. Im Existenzialismus werden die Geschichten durchschaut, sie werden als das gesehen, was sie sind, nämlich leere Storys, aber die durchschauende Person ist dann immer noch da. In der Nicht-Dualität werden die Geschichten durchschaut, *weil* die Person nicht mehr da ist. Vielleicht liegt es daran, dass mehr Existenzialisten als Nicht-Dualisten sich das Leben nehmen.

Die Storys als Person durchschauen oder die Storys durchschauen, weil die Person weggefallen ist, das sind zwei ganz verschiedene Dinge. In letzterem Fall wird gesehen, dass all das hier ein großes Lichterspiel ist.

Hast du nicht gesagt, dass eine Person im Weg steht und nicht zulässt, dass Dies gesehen wird?

Wir müssen uns der Sprache bedienen, und Sprache schafft Konfusion. Eigentlich will ich damit sagen, dass der Anschein einer Person im Weg ist. Sie ist nur Schein. Aber dieser Schein wirkt so fest und scheint so unzweifelhaft zu existieren, dass es – solange die Illusion der Person vorhanden ist – nicht sinnvoll ist zu sagen, es sei keine Person vorhanden.

Solange jedenfalls das Gefühl, eine Person zu sein, vorhanden ist, macht es den Eindruck, dass es hier drinnen ein Subjekt gibt, das nach einem Objekt da draußen sucht. Dieses Objekt heißt vielleicht »persönliche Erleuchtung«. Wenn die Person dann abfällt, kann gesehen werden, dass die Suche immer schon müßig war, weil es weder Subjekt noch Objekt gibt. »Hier drinnen« und »da draußen«, das gibt es beides nicht. Es ist niemand da, der suchen könnte, und es gibt nichts, was gefunden werden könnte. Vielleicht sollte ich das noch einmal anders betonen: Es gibt *nichts*, das gefunden werden könnte.

Wer oder was weiß, dass keine Person mehr da ist?

Das Eine erkennt sich selbst.

Sich für eine Person zu halten, mit all den Gedanken und Glaubenssätzen, die dazugehören, das ist so stark, dass Einheit erst gesehen werden kann, wenn all das wegfällt. In Wahrheit ist immer nur das Eine vorhanden, das sich selbst erkennt.

Du hast gefragt: »Wer oder was weiß?« »Was« ist besser, einfach weil das Eine vollkommen unpersönlich ist.

Aber du benutzt doch deine Person, um mit uns darüber zu sprechen. (Das ist deutlich als Einwand gemeint.)

Ich benutze meine Person nicht. Das hier geschieht einfach. Aber du kannst das, was hier vorgeht, natürlich so beschreiben, wenn du möchtest. Hier ist eine Gestalt, die über das Eine berichtet. Es wäre aber kein Schaden, wenn dem nicht so wäre. Es ist in keiner Weise wichtig. Alles andere auch nicht.

Wenn jemand alkohol- oder drogenabhängig ist, kann diese Bewusstwerdung dann trotzdem passieren?

Ja. Sie hat keine auslösenden Ursachen und keine Verbindung zu irgendetwas, das in der Story zu passieren scheint.

Befreiung hat zu nichts irgendeinen Bezug, aber wir möchten sie gern mit etwas in Verbindung bringen. Ganz besonders wünschen wir uns, sie möge doch mit etwas zu tun haben, was wir dann unternehmen können, um sie uns zu sichern. Es ist einfach tröstlich, solche Verbindungen ausmachen zu können. Viele finden auch den Gedanken ansprechend, dass Reinheit eine Rolle spielt, und dann reden wir uns ein, es könne wichtig für unsere spirituelle Suche sein, nicht von Alkohol oder Drogen abhängig zu sein.

Vielleicht können wir uns ja ein bisschen heiliger machen. Vielleicht ist es günstig, den Wodka zu lassen und dafür Linsen zu essen und Naturfasern am Leib zu tragen. Vielleicht gibt es etwas, womit wir uns aufpolieren können, um dieses großen Geschenks würdig zu werden.

Aber es ist niemand da, der verbessert werden müsste. Es ist niemand da, der sich aufpolieren müsste.

Wenn Leute auf diese Mitteilung stoßen, kann es zu ganz unterschiedlichen Reaktionen kommen. Zum Beispiel zu dieser Sorge: »Was fange ich mit meiner Zeit an, wenn ich nicht mehr an Workshops zur Aura- oder Chakra-Reinigung teilnehme?« Aber Zeit gibt es nicht. Was wir mit unserer Zeit tun, ist kein Problem, wenn gesehen wird, dass es weder Zeit noch ein Ich gibt. Dann können wir aufhören, uns selbst besser machen zu wollen, wir können aufhören, wie Sisyphos ständig einen Felsbrocken den Berg hinaufzurollen, der dann doch wieder zurückrollt und uns völlig am Boden zerstört zurücklässt.

Der Mythos von Sisyphos ist von großer Tiefe. Ich hoffe, seine Beziehung zu dem, was ich sage, liegt auf der Hand. Wir sind immer dabei, irgendwelche Brocken den Berg hinaufzurollen – den Brocken der Selbstvervollkommnung, den Brocken der Rettung der Erde, den Brocken, das Zeitalter der Erleuchtung einzuläuten.

Derweil geht das Leben einfach weiter seinen Gang, und das hat nichts mit uns zu tun.

Es ist euch hoffentlich klar, weshalb ich nie Empfehlungen gebe. Wenn ich eine geben würde, könnte sie nur lauten: »Entspannt euch. Hört auf, Felsbrocken auf Berge zu rollen.« Aber es ist natürlich abwegig, Entspannung zu empfehlen, wenn niemand da ist, der sich entspannen könnte. Entspannung, wie auch alles andere, passiert entweder oder passiert nicht – genau wie die Kaffeepause, die jetzt passieren wird.

Nach der Kaffeepause

Schön, dass ihr wieder da seid. Ich hoffe, ihr habt alle euren Kaffee und mindestens einen Keks bekommen. Mehr gibt es hier nämlich nicht für die zwölf Euro, die ihr bezahlt habt. Nur nichts, sonst nichts. Hier ist kein Mantra-Abverkauf, und man kann keine Techniken oder Methoden erwerben. Es wird auch keine Anleitungen geben, wie ihr auf die Lücken zwischen euren Gedanken aufmerksam werden könnt oder die Atemzüge zählt oder euren Nächsten mehr liebt.

Irgendwie ist es geradezu rätselhaft, dass überhaupt jemand zu solchen Meetings kommt.

Aber manchmal scheint es zum Erkennen einer Resonanz zwischen dem Einen und dem Einen zu kommen: zwischen dem Einen, das als Sprecher erscheint, und dem Einen, das als Zuhörer erscheint. Man kann das vielleicht als energetische Resonanz bezeichnen. Aber wir können es nennen, wie wir wollen, Worte berühren es eigentlich nicht. Und so ist dann zwar bekannt, dass hier nichts zu holen ist, aber manche spüren trotzdem das Verlangen, bei diesem Austausch dabei zu sein. Etwas erkennt, dass es Heimkehr ist. Heimkehr in ein Zuhause, das wir in Wirklichkeit nie verlassen haben.

Das hier ist das Ende von allem. Es ist das Ende aller Storys. Diese Mitteilung ist das Messer, das alles durchtrennt. Wenn das wirklich gehört wird, bleibt nichts zum dran Festhalten, kein Rettungsboot, kein Rettungsring, nicht einmal ein Stück Treibholz.

(Carl zu Richard:) Wie bitte? Ach ja. (Zu den Zuhörern:) Schließlich ist das hier Hamburg, eine Küstenstadt ...

Es gibt an dieser Mitteilung etwas, das für mache einfach nur erschreckend ist, aber bei anderen findet sie einen Widerhall. Das sind im Allgemeinen nicht gerade sehr viele. Tony Parsons hat diese Mitteilung einmal als »beruhigend unpopulär« bezeichnet. Die Leute, die das hier Mitgeteilte nicht hören wollen, reagieren oft entweder verärgert oder sie langweilen sich. Bei den anderen kann es sein, dass sie sich wie von einem Magneten angezogen fühlen. Und ein paar sind unter uns, die sich mit Wonne von niemandem daran erinnern lassen, dass wir nichts sind.

Wenn wir heute Abend Engel channeln würden, hätten wir vermutlich einen größeren Raum anmieten müssen, und beim Channeln von Erzengeln wäre noch mal ein erheblicher Aufschlag erforderlich gewesen. (Lachen) Aber wir lassen den Engeln und Erzengeln heute Abend ihre himmlische Ruhe und nerven sie nicht mit Fragen.

Ich habe zwei Fragen. Erstens, leben wir in einer Welt der Imagination oder Illusion? Zweitens, wenn ja, was mache ich dann hier, wozu bin ich da?

Ja, bleiben wir bei deiner Reihenfolge. Ich sage bei solchen Meetings nicht oft »Imagination« oder »Illusion«, das sind irreführende Begriffe. Imagination impliziert einen persönlichen Geist, der sich das hier einbildet. Niemand bildet sich das hier ein, niemand tut es. Und was Illusion angeht, kommt mir das hier (klopft ziemlich fest an die Wand) nicht sehr illusionär vor. Wenn du gegen diese Wand rennst, wirst du dir vermutlich wehtun.

Ich sage lieber »Erscheinung«. Das hier ist eine Erscheinung, es ist Schein. Es wirkt sehr real und ist doch ein Traum. Wir können auch sagen, dass es ebenso real wie irreal ist.

Es hat etwas vom Traum der Nacht. Dieser bildhafte Vergleich wird gern zur Erklärung verwendet. Solange der Traum der Nacht anhält, ist er vollkommen überzeugend. Aber beim Aufwachen am Morgen wird klar gesehen, dass er keinen Realitätsgehalt besaß. Nichts davon existierte. Das hier (deutet auf die Zuhörer, auf sich und auf alles ringsum) ist ein Traum, nur nicht ganz so unzusammenhängend wie ein nächtlicher Traum.

Wir können auch die Metapher des Films oder Theaterstücks verwenden. Bei einer guten Produktion vergessen wir, dass es sich um einen Film oder ein Bühnenstück handelt. Wir lassen uns hineinziehen, als handelte es sich um das richtige Leben. Dabei wissen wir aber, dass es nicht so ist. Der Film mag uns noch so sehr mitreißen, wir wissen, dass der Schauspieler, der gerade durch eine Bombe zu Tode kommt, in einem anderen Film wieder auftauchen wird. Wir wissen, dass das Theater nicht für jede Aufführung von König Lear einen neuen Schauspieler engagieren muss, weil der alte Mann am Ende des fünften Akts stirbt. (Lachen)

Die Traum-Metapher kommt dem, was wir hier besprechen, vielleicht am nächsten. Was wir hier »Erwachen« und »Befreiung« nennen, ließe sich mit dem luziden Träumen vergleichen. Dabei handelt es sich um eine spezielle Traumdynamik, die manchen Menschen erlaubt, zu wissen, dass sie träumen, während der Traum aber weitergeht. Im Erwachen und in der Befreiung wird das hier als Traum erkannt, aber der Traum geht weiter.

Du hattest eine zweite Frage gestellt, aber die ist mir jetzt entfallen.

Die zweite Frage war: Wozu bin ich hier? Wozu ist das hier alles gut? Was ist das Leben?

Du bist nicht hier, es gibt kein *hier*, und *Dies* ist nicht für irgendetwas gut. Alles, was du dem an Sinn und Zweck hinzufügen möchtest, ist einfach Story.

Die Story könnte so gehen: »Ich bin hier, um mich spirituell zu entwickeln«, oder »Ich bin hier, um in Gottes Auftrag die Ungläubigen zu töten«. (Wer gut aufgepasst hat, sei es als Leser oder als Teilnehmer an solchen Meetings, dem wird auffallen, dass ich recht häufig vom gottgefälligen Töten der Ungläubigen spreche, um darauf aufmerksam zu machen, dass so etwas selbst im einundzwanzigsten Jahrhundert noch zu den häufigeren Erscheinungsformen des blinden Glaubens an die etwas extremeren religiösen Storys gehört. Der Wunsch, darauf aufmerksam zu machen, ist sogar größer als die Scheu vor Wiederholungen. Wiederholungen vermeiden zu wollen ist ohnehin müßig für jemanden, der über Nicht-Dualität spricht.) Sie kann auch beinhalten »Ich bin hier, um die Erde zu retten«, oder »Ich bin hier, um die Welt besser zu machen« oder auch »Ich bin hier, um die Welt schlechter zu machen«. Wem irgendeine dieser Geschichten gefällt, bitte sehr. Aber es sind einfach Geschichten, die sich der Kopf ausdenkt. Der Kopf überzieht die Schlichtheit des Dies mit einer Schicht von Storys, manchmal mit etlichen solchen Schichten.

(Da wir es gerade von Wiederholungen haben, kann auch gleich vermerkt werden, dass Richard an dieser Stelle abermals der Versuchung nicht widerstehen kann, eine Blume aus dem bereitgestellten Gebinde zu nehmen, um an ihr etwas zu verdeutlichen. Diese unnachahmliche Präsenz ist einfach unwiderstehlich. Er hebt sie aus der Vase gleich neben seinem Ellenbogen und streicht zärtlich über sie.) Hier haben wir eine Blume, die eindeutig keine Zweckbestimmung hat. Außerdem haben wir hier (deutet auf sich) einen Menschen, einen psychophysischen Organismus, der ebenfalls keine Zweckbestimmung hat.

Für den psychophysischen Organismus könnten wir vielleicht eine Zweckbestimmung formulieren, nämlich seine Freude an dem hier zu haben. (Deutet auf verschiedene Dinge im Raum und öffnet die Arme wie zu einer großen Umarmung) Aber es ist gefährlich, so etwas zu sagen. Der Verstand reißt sich das gleich unter den Nagel und schließt daraus: »Aha, es geht also doch um was. Der Sinn des Lebens besteht darin, es zu genießen. Ich werde jetzt wild entschlossen, zähneknirschend und keine Mühe scheuend nach Lebensgenuss streben.« Deshalb ist es weniger irreführend, einfach zu sagen, dass es um nichts geht. Und wenn das einmal realisiert ist, vielleicht wird Dies dann endlich als das genossen, was es tatsächlich ist, eine bedeutungslose, aber sehr unterhaltsame Darbietung.

Dies braucht nicht auch noch einen Grund zum Sein. Das kann man den Werbeagenturen, Religionsmarktschreiern und Propheten überlassen. »Sonderangebot der Woche: Leben mit zusätzlichem Sinn. Nur solange Vorrat reicht. Zugreifen!«

Es liegt in der Natur des Verstandes, »Warum?« zu fragen. Darauf versteht er sich. Aber vielleicht fällt irgendwann auf, dass ich nicht hier sein kann, solange ich frage, weshalb ich hier bin.

»Dass ich nicht hier sein kann« ist irreführend, das sollte ich lieber nicht sagen. *Ich* kann nämlich grundsätzlich nicht hier sein. Sage ich also besser: Solange der Verstand fragt: »Warum bin ich hier?«, kann es kein simples Bemerken von Präsenz geben. Aber das klingt irgendwie nach nichts, oder?

Aber bei dir gibt es den Impuls, etwas zu tun. Anders als bei Ramana Maharshi, der zwanzig Jahre auf einem Hügel saß.

Du ziehst los, du kommst nach Deutschland und hältst Meetings.

Liegt darin eine Frage? (Lachen)

Woher kommt der Impuls, etwas zu tun?

Aus nichts, wie bei jedem anderen Impuls. Irgendwie kommt der Gedanke oder das Gefühl oder sagen wir die Energie auf, etwas zu tun. Es scheint eine Einladung nach Deutschland vorzuliegen. Dann wird entweder »Ja« oder »Nein« gesagt. In diesem Fall wurde »Ja« gesagt. Aber es steckt kein Motiv dahinter. Kein Vorhaben. Hier (deutet auf sich) ist niemand, der möchte, dass irgendwer irgendwas von dem hier hat.

Ist das bei allen Gegenständen gleich, kein Grübeln? Gibt es keine Fragen mehr wie zum Beispiel: »Was werde ich davon haben? Wohin bringt es mich?«

Alles ist möglich, wenn Befreiung gesehen wird, genauso wie alles möglich ist, wenn Befreiung nicht gesehen wird. Alles kann passieren, keine Möglichkeit ist ausgeschlossen. Aber ich muss sagen, dass solche Fragen hier (deutet wieder auf sich) nicht mehr vorkommen. Es gibt hier keine Fragen wie »Weshalb tue ich das?« Solche Fragen über Absichten und Ziele fallen weg.

Bist du ständig in diesem Zustand des Erwachtseins?

Ich bin nicht darin, und es ist kein *Zustand*. (Lachen)

(Die Person neben der Fragestellerin sagt zu ihr:) Ich wusste, dass er irgendwas in der Art sagen würde. (Lachen)

Es wird gesehen oder eben nicht.

(Sie nimmt einen neuen Anlauf:) Wird das von deinem psychophysischen Organismus aus permanent gesehen? (Große, auch Richard erfassende Heiterkeit über das Raffinement dieses Versuchs, den Fallen der Sprache zu entgehen.)

Befreiung wird unpersönlich gesehen. Dieses unpersönliche Sehen hat nichts mit mir zu tun, und es wird nie etwas mit dir zu tun haben. Aber deine Frage über Permanenz ist ganz natürlich. Der Verstand fragt so etwas.

Alles kann passieren, man kann da nichts wissen. Aber die Frage, ob etwas permanent gesehen wird, kann nur solange als wichtig angesehen werden, wie ein Sucher vorhanden ist. Als es hier (deutet auf sich) noch einen Sucher gab, wurde diese Frage sehr wichtig genommen. Die von diesem Sucher hier gesuchte Erleuchtung konnte nur etwas taugen, wenn sie dauerhaft war. Erleuchtung wurde als ein Zustand gesehen, und dieser Zustand war wertlos, wenn er nur zeitweilig vorkam.

Aber Erleuchtung ist kein Zustand, und seit hier (deutet wieder auf sich) niemand mehr danach Ausschau hält, hat die Frage nach der Permanenz keine Bedeutung mehr. Was geschieht, geschieht, und es hat nichts mit mir oder mit dir zu tun.

Es gelingt mir anscheinend nicht, mich in dieser Sache irgendwie klar auszudrücken. (Eine gewisse Frustration ist herauszuhören.)

Nein, mir auch nicht. (Lachen)

Es ist kaum möglich, eine Frage zu stellen, die nicht in der Antwort auf einen Widerspruch stößt.

Ich sage statt »Widerspruch« lieber »Paradox«.

Passieren dir Dinge, die du irgendwie als paradox empfindest?

Nichts, was passiert, passiert mir, aber mir ist bewusst, dass diese Mitteilungen sehr paradox klingen können.

Ich bin mir nicht sicher, worauf deine Frage zielt, aber falls du wissen möchtest, wie alles, was so passiert, hier (deutet auf sich) ankommt, kann ich dir nur ganz klar sagen, dass zwar alles sein kann, aber auch durchschaut wird. Es kann sogar sein, dass diese oder jene Story als faszinierend empfunden wird, aber das wird dann durchschaut. Es wird gesehen, dass es sich um eine Story handelt, und dann ist es nicht mehr möglich, sie ernst zu nehmen.

Bei dem Meeting in Essen vor ein paar Tagen habe ich durchblicken lassen, dass ich bei meinem nächsten Deutschlandbesuch als katholischer Priester auftreten würde, genauer gesagt als ein Vertreter von Opus Dei. Na ja, schaun wir mal, sehr wahrscheinlich ist es nicht. Auch diese Story ist wie alle anderen Storys durchschaut. Sie wird als das gesehen, was sie ist. Macht euch also keine zu großen Hoffnungen.

Es klingt vielleicht ein bisschen hart, aber die in den Glauben an solche Storys einfließende Selbstblendung ist wirklich uferlos. »Selbst« sollten wir natürlich aus diesem Satz streichen und einfach von endloser Blendung sprechen.

Endlos werden immer neue alberne Geschichten erfunden, endlos sind die Ansätze, dem hier einen Sinn anzudichten. So albern das alles sein mag, es ist auch interessant und unterhaltsam.

Und kann sehr traurig sein ...

Aber ja.

Was ist mit dem Tod?

(Lächelt mild) Was mit dem Tod ist? Der Tod ist der Tod. Im Tod endet der Traum von Trennung. Tod ist das Aufwachen aus dem Traum.

Wir wissen alle, was Tod ist. Wir träumen in der Nacht, und dann endet der Traum. Im nächtlichen Traum ist jemand vorhanden, und dann endet der Traum und es ist niemand da.

Mehr ist über den Tod nicht zu sagen (lacht). Alles, was wir darüber hinaus noch sagen, ist Story. Und es ist verständlich, dass wir zu diesen Geschichten über den Tod neigen, schließlich glaubt die Person ja an die Kostbarkeit ihrer Individualität. Natürlich besteht dann der Wunsch, diese kostbare Individualität möge den Tod überdauern. Wird jedoch gesehen, dass ohnehin keine Person da ist, dann ist das Problem damit erledigt.

Niemand bleibt nach dem Tod bestehen, aber es besteht auch vor dem Tod niemand, es macht also nichts.

(Es bleibt einige Zeit still, dann sagt jemand leise und versonnen:) Das find ich gut. (Lachen)
Und das Aufwachen vom Traum hat überhaupt nichts mit persönlicher spiritueller Entwicklung zu tun?

Wovon ich hier spreche, das Aufwachen in die Freiheit, ist ein Aufwachen *zum* Traum. In diesem Aufwachen wird gesehen, dass das hier ein Traum ist. Der Traum geht weiter, aber jetzt ist klar, dass es sich um einen Traum handelt. *Vom* Traum erwachen ist der Tod des Körpers. Wenn wir im Tod vom Traum erwachen, ist der Traum zu Ende und der psychophysische Organismus besteht nicht mehr.

Jetzt habe ich aber deine Frage ganz aus dem Auge verloren. (Lachen)

Die Frage war, ob das Erwachen irgendetwas mit persönlicher spiritueller Entwicklung zu tun hat.

Nein. Aber der Verstand will das einfach nicht hören und versteht es auch nicht. Er sagt: »Was redest du da? Bis hierher hab ich dich doch schon gebracht. Vertrau mir, und ich werde dich auch noch den Rest des Weges bis zum Ziel führen.«

So ist er halt, dieser Verstand. Was übrigens auch der Grund für das gelegentlich vorkommende anhaltende Lachen ist, wenn Befreiung gesehen wird. Es kann als großer Witz empfunden werden, dass nichts jemals irgendeinen Bezug zum Sehen der Freiheit hat, da mag einer noch so spirituell oder gut sein oder noch so viel meditieren oder Linsen essen. (Lachen) Nichts hat irgendetwas mit dem Sehen der Befreiung zu tun. Berichte von anhaltenden Lachanfällen sind also durchaus häufig.

Es ist ja auch der Witz aller Witze. Es gibt keinen größeren.

Wenn man nichts tun kann, wenn nichts unternommen werden kann, um das Erwachen herbeizuführen, warum wachen dann manche auf und andere nicht? Gibt es nicht so etwas wie einen fruchtbaren Boden für das Erwachen?

Nein. Wach sein und schlafen ist letztlich sowieso dasselbe. Im Wachsein wird dies erkannt, im Schlaf nicht, das ist der ganze Unterschied. Solange wir schlafen, besteht der Glaube, dass wir aufwachen können. In der Befreiung wird dann gesehen, dass niemand da ist, der aufwachen könnte – es war also von vornherein ein Ding der Unmöglichkeit. Das kann schockierend sein.

Kann es zu einem Erwachen kommen, ohne dass ein Bewusstsein davon besteht?

Meinst du mit »Bewusstsein« das individuelle Erkennen?

Ja.

Ja, das gibt es. Es kann dann aber sein, dass gewisse Veränderungen bemerkt werden. So könnte beispielsweise auffallen, dass Zeit nicht mehr so ernst genommen wird, aber es wird nicht unbedingt verstanden, warum das so ist. Wenn überhaupt kein intellektuelles Vorverständnis dieser Zusammenhänge besteht, kann es sein, dass ein Erwachen nicht erkannt wird oder als sehr verstörend erlebt oder sogar mit einer Psychose verwechselt wird.

Wenn du mit deinen Lieben – das heißt mit den Leuten, die dir beigebracht haben, eine Person zu sein – über das Aufwachen sprichst und ihnen erzählst, dass niemand da ist, dann rechne damit, dass sie sich ernste Sorgen machen und dir vermutlich eine psychotherapeutische oder psychiatrische Konsultation empfehlen.

Wenn du an deine Laufbahn als Psychologe und Therapeut zurückdenkst, hältst du es dann für möglich, Menschen mit

Neurosen, Borderline-Störungen und dergleichen mit dem hier zu helfen?

Nein, Psychotherapeuten, die sich einbilden, den Leuten helfen zu können, sind eher gefährlich. Mir sind die anderen lieber, die gar nicht helfen wollen, die also keine eigenen Absichten verfolgen. Vor allem mag ich Psychotherapeuten, die nicht da sind. Ich hoffe, du verstehst, was ich damit sagen will. Ein Psychotherapeut, der nicht da ist, kann, so paradox es klingen mag, vom Klienten als auf eine sehr profunde Art präsent erlebt werden.

Ist das die Erfahrung, die du aus deiner Arbeit gewonnen hast? Hast du so gearbeitet?

Ich bin eher ein Trainer als jemand, der eine therapeutische Praxis betreibt. Ich trainiere Gruppen. Das fällt mir jetzt viel leichter, weil hier niemand mehr ist, dem es wichtig ist, ob die Leute in den Gruppen etwas bekommen oder nicht. Wenn ein Trainer etwas Bestimmtes bei den Trainierten erreichen will, kann das sehr ermüdend werden.

In der Bergpredigt heißt es, wenn man auf die eine Wange geschlagen wird, soll man auch noch die andere hinhalten. Soll damit gesagt sein, dass eigentlich niemand da ist, der jemanden ohrfeigt, und niemand, der die Wange hinhält?

Keine Ahnung. (Lachen)

Du warst nicht dabei? (Lachen)

Diese Worte aus der Bergpredigt sagen ja etwas über moralisch richtiges Verhalten. »Es ist besser, denjenigen nicht zurückzuschlagen, der dich geschlagen hat.« Ich habe nicht viel Lust, über Moral zu reden, aber wenn es denn mal für ein, zwei Minuten sein muss, würde ich sagen, dass man nichts weiter wissen muss als die goldene Regel. Alles andere kann man vergessen. Die goldene Regel ist ein unfehlbarer Moralführer, und jedes siebenjährige Kind versteht sie.
Sie ist so einfach und naheliegend, dass wir sie in praktisch jeder Kultur finden. Es gibt sie in verschiedenen Formulierungen. Mir gefällt diese am besten: »Was du nicht willst, dass man dir tu, das füg auch keinem anderen zu.«
Was wäre dem hinzuzufügen?

Das ist in Poesiealben manchmal schon vorgedruckt.

(Lacht) Ich habe ja nicht behauptet, es sei originell.
Regeln des Zusammenlebens sind im Grunde nichts anderes als das Bemühen, ein menschliches Gemeinwesen irgendwie nach leicht nachvollziehbaren Grundsätzen zu organisieren. Wenn man sich die buddhistische Entsprechung der Zehn Gebote ansieht, handelt es sich eigentlich gar nicht um Gebote, sondern um moralische Regeln. Sie machen lediglich deutlich, dass der Sangha alles in allem besser funktioniert, wenn man bestimmte Dinge unterlässt, zum Beispiel etwas, das einem anderen gehört, ohne dessen Einwilligung zu nehmen.
Das biblische Gebot lautet einfach: »Du sollst nicht stehlen.« Im Sangha des Buddha hat sich einer Geschichte zufolge etwas ganz anderes abgespielt: Einmal wollte ein Mönch sein Rasiermesser holen, um sich den Kopf zu rasieren, fand es aber nicht. Viele Mönche halfen ihm bei der Suche, wo-

durch eine Menge Zeit verloren ging. Dann kam ein weiterer Mönch vom Fluss heraufgeschlendert und fragte: »Was macht ihr denn hier alle?« Sie sagten: »Wir suchen Bhikkhu Shantanandas Rasiermesser.« »Oh«, erwiderte der Mönch, »das habe ich. Ich musste mich rasieren, und da hab ich es genommen.« Als der Buddha davon erfuhr, rief er die Mönche zusammen und sagte: »Ihr seht ja, dass so etwas nur Schwierigkeiten macht. Von jetzt an soll es eine Regel sein, dass niemand ohne Erlaubnis etwas nimmt.« So lief einfach alles glatter im Sangha.

Wo Moral in die menschlichen Beziehungen eingeführt wird, kommt sie leider meist Hand in Hand mit Gott, und dann wird es wirklich ernst. Nehmen wir noch einmal die Zehn Gebote als Beispiel. Es gab jemanden, nämlich Gott, der sie erließ. Und zu was für einer reichhaltigen Geschichte das Anlass gab – Christen, die Heiden erschlagen, und Christen, die andere Christen erschlagen, nur weil sie diese Gebote ein wenig anders auslegen.

Die Buddhisten haben es irgendwie nie so recht zum gegenseitigen Erschlagen oder zum Erschlagen Andersgläubiger gebracht. Vielleicht lag es auch daran, dass sie für das rechte Leben »nur« Leitlinien, aber keine Gebote besaßen. So kamen sie nie auf den Gedanken, sich durch das Erschlagen anderer als gottgefällig erweisen zu wollen.

Ich möchte eine Frage zum Thema »Therapie« stellen. Weshalb gehe ich zur Therapie?

Wie soll ich das wissen? (Lacht) Hast du das Gefühl, sie hilft dir?

Ja.

Was könnte dann daran auszusetzen sein? Wenn jemand Hühnersuppe isst, dann doch wohl deshalb, weil sie ihm schmeckt. Es gibt alle möglichen Dinge, mit denen wir uns das Leben ein bisschen angenehmer machen können. Und Psychotherapie ist da eigentlich sehr naheliegend.

Ist Moral, wie in der Politik und in der Gesellschaft mit ihr umgegangen wird, nicht eher etwas, womit man die Leute manipuliert?

Ja, das ist vielfach so. Es liegt in der Natur dieser Erscheinung, dieses Traums. Es bleibt einem nicht verborgen, dass dieser Traum ziemlich schrecklich sein kann. Das kann nur so sein, solange man ein Jemand ist und in dem Gefühl lebt, eine Person zu sein. Es ist sehr schwierig, eine Person zu sein. Es kann eine Menge Leid damit verbunden sein. Manchmal können sich Personen nur dadurch ein wenig Erleichterung verschaffen, dass sie anderen Schwierigkeiten bereiten und Leid zufügen.

Das ist jetzt mehr eine Anmerkung als eine Frage. Wir sind so kompliziert. Wir sind ja schon so komplex aufgebaut, Fleisch und Blut und das Ganze. Dann sind da noch Tiere, Pflanzen, die Natur, das ganze Universum. Deine Annahme lautet, dass dieses Eine, diese Leere, diese Ganzheit das alles bewerkstelligt.

Es ist nicht *meine* Annahme, und es ist keine *Annahme*. Aber möchtest du eine andere Story über das Zustandekommen von all dem hier? Gott zum Beispiel? Wenn es das ist, greif nur zu.

Es ist ein Ausdruck.

Am Ende können wir eigentlich nur sagen, dass es ein Mysterium ist. Wenn du eine Story konstruieren möchtest, die dieses Mysterium erklärt, bitte, aber du schiebst das Mysterium damit nur ein Stück weiter weg. Wenn du nämlich nicht beim »Mysterium« bleiben möchtest, sondern sagst: »Gott hat es gemacht«, dann wirst du dich fragen lassen müssen, woher denn dieser Gott kommt. Dann ist *das* eben das Mysterium, und so kann es munter weitergehen.

Es ist ein Mysterium, der Verstand kann Dies nicht erfassen. Aber es kann gesehen werden, dass diese ganze Manifestation aus nichts hervorgeht.

(Gelächter auslösender Zwischenruf von ganz hinten:) Das können wir inzwischen singen!

Danke. Das ist für heute Abend alles.

🍃🍃🍃

Ein finster dreinblickender junger Mann hatte den ganzen Abend hinten gestanden und mich angestarrt, als wollte er mich aus dem Konzept bringen, aber er hatte nichts gesagt oder gefragt. Er wirkte ziemlich gestört, wenn nicht psychotisch. Am Ende der Veranstaltung wartete er ab, bis alle gegangen waren, und kam dann auf mich zu. Er setzte sich vor mich hin und starrte mich grimmig an, sagte aber kein Wort. Ich sagte: »Gibt es eine Frage?« Er maß mich weiter mit strengem Blick, blieb aber stumm. Ich zuckte die Schultern und stand auf, um zu gehen, als er mich plötzlich in gutem, wenn auch nicht perfektem Englisch ansprach:

»Ich habe keine Fragen. Ich habe nichts zu sagen. Ich will nur sehen, ob du meinem Blick standhalten kannst. Was du da erzählst, ist vollkommener Quatsch, so viel weiß ich. In deinem Kopf sind tausend verschiedene Leute, und was in deinen Büchern steht, ist einfach das Gerede eines dieser tausend Leute.«

Ich war inzwischen aufgestanden und packte meine Sachen zusammen.

Empört fragte er: »Willst du nicht hören, was ich zu sagen habe?«

Ich seufzte und sagte: »Nein. Das ist wieder nur eine Story. Ich mache mir nichts mehr aus solchen Storys.«

Ich verließ den Raum, und der finster blickende junge Mann murmelte für sich allein weiter.

༄༄༄

Draußen auf der Treppe vor dem Gebäude standen noch etliche junge Leute und diskutierten über Nicht-Dualität. Als ich vorbeiging, wünschten sie mir eine gute Nacht, und einer fragte ganz freundlich: »Du bist ein Schüler von Tony Parsons, stimmt das?« Ich lachte und erwiderte: »Wenn Tony hören würde, dass ich mich als seinen Schüler ausgebe, spricht er wahrscheinlich kein Wort mehr mit mir. Aber ich mag ihn wirklich, und seine Art, sich über das hier auszulassen, liegt mir sehr.«

Bei Meetings werde ich häufig gefragt, ob ich diesen oder jenen über Nicht-Dualität habe sprechen hören. Ich sage dann meistens: »Es gibt nur zwei Leute, denen ich zu diesem Thema überhaupt zuhören kann. Der eine bin ich selbst, der andere ist Tony Parsons.« Das ist nicht nur ein Scherz, sondern auch ernst gemeint. Vor einiger Zeit hat mich ein Freund zu einem Gesprächsabend mit zwei amerikanischen Gurus eingeladen, und ich sagte mir, gut, die seh ich mir jetzt mal an. Anschließend um meine Einschätzung ersucht, fiel mir nichts Besseres ein, als zu sagen: »Zu süß, viel zu viele Löffel spiritueller Zucker.«

Ich habe einen tiefen Widerwillen gegen die Selbstgefälligkeit mancher kalifornischer Gurus entwickelt, diese ölige Heiligkeit der Smiley-Gesichtigen. Ich sehe nicht, wozu es gut sein soll, sich als etwas auszugeben, was einfach nicht stimmt, als ein halber Mensch, ganz ohne Schatten. Außerdem mag ich die den Jüngern auferlegten Verhaltensregeln ganz und gar nicht, nämlich dass sie still dazusitzen und zu meditieren haben, wenn der große Meister auftritt, und dass sie gefälligst sitzen bleiben, wenn er seinen Abgang macht, sonst könnte er ja draußen auf dem Parkplatz, wenn er gerade mal nicht aufpasst, mit verrutschter Maske erwischt werden.

Traue keinem Guru, der sich nicht mit dir zum Tee ins Café um die Ecke setzt.

Das Hotel Kitsch Hannover

Meinen Rollkoffer im Schlepptau betrat ich unser Hotel in Hannover und stellte gleich fest, dass es sich um so etwas wie eine Dauerausstellung zum Thema »Kitsch« handelte. Man wurde als Gast geradezu erdrückt von all dem Kitsch. Der erste Schritt ins Foyer war ein Schock. Wohin das Auge fiel, überall kleine Keramikkarnickel, ganze Familien kleiner Keramikkarnickel. An allen Türen, auf allen Kissen und Klodeckeln prangten purpurne Herzen mit Bändern. Jedes Objekt, an dem sich irgendwie ein Schleifchen anbringen ließ, hatte ein Schleifchen. Kobolde und Elfen lugten frech aus jeder Ecke und tummelten sich auf allen Oberflächen. Die Salzstreuer im Restaurant wurden von Kobolden gehalten, die Pfefferstreuer von Elfen, und um alle Zuckerdosen hopste ein Ringelrein von allerliebsten kleinen Kaninchen. Kobolde auf den Fluren, Feen allüberall an der Rezeption, Kaninchen die Wände hoch.

Am Samstagmorgen schwebte die Inhaberin des Hotels durchs Foyer, und es wurde deutlich, dass nur sie der unerschöpfliche Quell sein konnte, aus dem all dieser Kitsch sprudelte. Die blonde ältere Dame bot einen prachtvollen Anblick. Ihr Lippenstift hatte genau die Farbe all der vielen Herzen in ihrem Hotel, und sie war sicher mit ebenso vielen Schmuckbändern und Schleifchen versehen wie die rosa Tagesdecken in sämtlichen Gästezimmern. Sie hielt ein winziges und heiß geliebtes und natürlich reich mit Bändchen und Schleifchen geschmücktes Hündchen an ihren üppigen Busen gedrückt. Zur Abrundung des Bildes hatte sie ihren Mann am Arm, einen kleinen lebhaften Herrn in adrettem grauem Anzug und Hut, der sie mit seinem Menjou-Bärtchen perfekt ergänzte.

Und wenn man ihr so zusah, wie sie allen, an denen sie vorbeikam, ein huldvolles Lächeln gewährte oder einen Gruß entbot, zeigte sich zweifelsfrei, dass dieses Hotel ihre Liebe, ihr Leben und ihr Kunstwerk war.

✄✄✄

Der Abend in Hannover sollte in einem wirklich schönen Buchladen stattfinden, der von einer ebenso charmanten wie eleganten Dame geführt wurde. Carl gab mir allerdings zu verstehen, dass sie sich Sorgen machte, wie meine Veranstaltung wohl aufgenommen werden würde, wenngleich der Abend ausverkauft war und eine Menge Leute kommen würden. Sie hatte wohl schon einmal einen Gesprächsabend zu einem ähnlich klingenden Thema veranstaltet. Die Vortragende hatte zu Beginn angekündigt, man werde zur Einleitung erst einmal eine Viertelstunde meditieren. Nach dieser Phase der Stille fragte sie: »Hat jemand eine Frage?« Jemand stellte eine Frage, sie überlegte lange und sagte dann: »Tut mir leid, darauf weiß ich keine Antwort. Gibt es sonst noch Fragen?« Wieder wagte sich jemand mit einer Frage vor, und die Antwort war die gleiche. Das ging so eine ganze Weile, bis die Sprecherin schließlich das Ende des Abends verkündete. Sie hatte keine einzige Frage beantwortet und auch selbst nichts beigetragen. Die Ladeninhaberin sagte:

»Es war mir derart peinlich, am liebsten hätte ich allen ihr Geld zurückgegeben.« Carl versicherte ihr, dass sich diese Pleite höchstwahrscheinlich heute Abend nicht wiederholen werde.

Die Zuhörer saßen dicht gedrängt. Außer Büchern gab es in diesem Laden auch noch allerlei Statuen, Glas- und Kristallsachen, die auf Tischen zu bewundern waren, und auch von der Decke hingen zahlreiche Glaskristalle. Als es draußen dämmerte und die Innenbeleuchtung eingeschaltet wurde, funkelte der ganze Buchladen nur so vor lauter Lichtern. Die Zuhörer waren gut gelaunt und lebhaft beteiligt. Es gab eigentlich nur einen etwas unseligen Augenblick, nämlich als eine Frau, die den Laden zur Teepause verlassen hatte, mit einem besonders üppig und köstlich aussehenden Eis in der Hand wieder auftauchte, in das sie sich direkt vor mir genüsslich vertiefte, während ich die zweite Hälfte des Abends einzuleiten hatte. Da sie meine Not wahrnahm, bot sie großzügig an, mir ebenfalls ein Eis zu besorgen, aber ich verzichtete lieber, als ich kurz daran dachte, was ich wohl für ein Bild bieten würde, wenn ich über Nicht-Dualität sprach, während mir das Eis übers Kinn triefte.

Freitagabend

Wenn Befreiung überhaupt etwas bedeutet – und darüber lässt sich natürlich streiten –, muss sie wohl so etwas wie Rückkehr in die Kindheit sein. Ein kleines Kind sieht alles mit frischen, unschuldigen Augen, alles als neu. Ein kleines Kind sieht das hier (ausladende Armbewegung), wie es ist, und fügt ihm nichts hinzu insbesondere keine Geschichten, die von Sinn und Bedeutung handeln.

In der Befreiung fallen alle Geschichten weg, auch die, dass ich eine Person bin und ein Leben habe, das es zu leben gilt. Was dann bleibt, ist einfach das hier, einfach Dies, einfach Präsenz, und jetzt geht mir auf, dass das schon immer das Geheimnis war, nach dem ich geforscht hatte.

Eigentlich ist es ein bisschen sonderbar, dass überhaupt jemand zu Meetings wie diesem kommt, schließlich wird hier nichts geboten, keine Lehre, keine Methode, keine Technik. Man kommt her, um einen unbekannten Engländer über nichts reden zu hören.

Es ist rätselhaft, aber jedenfalls sind wir jetzt hier. Irgendwie findet diese Mitteilung bei manchen Leuten, nicht bei vielen, einen Widerhall. Irgendwie regt sich der Wunsch, jemandem zuzuhören, der über nichts redet, und manchen geht dann auf, dass sie eigentlich nach Hause kommen, wenn sie bei nichts ankommen.

Für manche ist es Heimkehr nach einer langen Suche, wenn sich endlich herausstellt, dass es nie etwas zu suchen gab. Das wird mitunter als große Erleichterung erlebt, Suchen kann nämlich Schwerstarbeit sein. Die Erkenntnis, dass es nichts zu suchen gibt, kann aber auch Verzweiflung nach sich ziehen, denn das Suchen, auch wenn es Schwerarbeit ist, kann sehr abwechslungsreich sein und Spaß machen. Es erlaubt uns zu hoffen, es gibt unserem Leben Sinn und Zweck.

Und wenn das erkannt wird, wenn Befreiung gesehen wird, ist nach all den Gurus und Ashrams und Workshops zur Chakra-Reinigung urplötzlich einfach Präsenz, Einheit, Sein. Das Nichts wird gesehen, das Nicht-Ding, aus dem alles hervorgeht.

Wir können dann natürlich immer noch zu Gurus gehen oder an Chakra-Workshops teilnehmen, wenn uns danach ist. In der Befreiung freilich wird erkannt, dass sie ohne Bedeutung sind; alles wird in der Freiheit als ohne Bedeutung gesehen.

Genauso gut könnten wir sagen, dass alles in sich selbst genug ist und nicht auch noch Bedeutung braucht.

Wenn wir sagen, dass alles ohne Bedeutung ist, muss das nicht resigniert klingen. Gut, wenn du ein Postmoderner bist, kann es so sein, aber wir sind Gott sei Dank nicht hier, um über die Postmoderne zu sprechen. In unserem Zusammenhang, Befreiung, muss das nichts Resignatives haben. Diese Aussage verdankt sich einfach dem Sehen, dass alles in sich selbst genügend ist und keine Bedeutung braucht.

Es gibt keinen Grund, dem, was bereits ist, noch zusätzlich eine Bedeutung hinzuzufügen. (Deutet erneut auf eine Blume mit blaugelben Blüten.) Diese herrliche Pflanze hier hat es nicht nötig, dass man ihr auch noch Bedeutung beimisst. Sie braucht keinen Zweck ihres Pflanzendaseins. Es ist eine absolut schöne Pflanze ohne jeglichen Zweck, und sonst sind hier noch (breitet die Arme aus, als wollte er alle Anwesenden umarmen) lauter absolut schöne Menschen, die auch keinen Zweck brauchen.

Wir fühlen uns getrennt, deshalb bilden wir uns ein, wir brauchten einen Sinn und Zweck. Im Gefühl des Getrenntseins empfinden wir ein Ungenügen, und aufgrund dieses Ungenügens fühlen wir uns unzulänglich.

Na ja, die meisten von uns. (Lächelt) Manche fühlen sich ganz anders, manche fühlen sich als wer weiß was. Aber diese anderen, die sich als etwas Besonderes empfinden, sind wahrscheinlich heute Abend nicht hier. Sie haben alle Hände voll zu tun, die Welt da draußen in Gang zu halten. Oder zu ruinieren. (Zustimmendes Lachen)

Da wir uns getrennt, unerfüllt und unzulänglich fühlen, glauben wir, wir müssten uns die Daseinsberechtigung auf diesem Planeten durch irgendein sinnvolles Tun verdienen, was das auch immer sein mag. Vielleicht können wir unsere Zeit hier ja nutzen, um – etwa durch Öffnung unseres Sahasrara-Chakras – unsere Aussichten auf günstige Wiedergeburt zu verbessern. Vielleicht sollten wir die Erde retten. Vielleicht sollten wir gottgefällige Werke tun – die Ungläubigen töten, uns geißeln, Dorffeste veranstalten, den Hut absetzen, den Hut aufsetzen oder was auch immer angezeigt sein mag.

So gut wie alles kann dazu dienen, unserem Leben einen Sinn zu geben. Wenn man sich all die unzähligen Storys ansieht, die in der Welt kursieren, kann es nur so sein.

Kaum jemand hat das Gefühl, dass es genügt, einfach nur zu sein. Aber es *ist* genug, schließlich ist Sein das, was wir sind. Leben, Einheit – das sind wir. Und das wird gesehen, wenn das Gefühl der Trennung wegfällt. Einheit ist nicht nur das, was wir jetzt sind, sondern das, was wir schon immer gewesen sind.

Es kann sehr erleichternd sein, das zu sehen. Wenn es gesehen wird, glauben wir nicht mehr, dass wir ein Leben haben, das zu leben ist. Ein zu lebendes Leben zu haben, das schlaucht einfach. Es ist so eine schwere Verantwortung, ein Individuum zu sein, das sein Leben erfolgreich leben muss.

Wenn wir noch sehr klein sind und gerade erst unserer selbst bewusst werden, bekommen wir von den großen Leuten ringsum ein großes Geschenk: »Bitte sehr, hier hast du dein Leben. Kümmere dich darum. Mach einen Erfolg daraus. Dann bist du glücklich.«

(Carl, der kaum mit dem Übersetzen nachkommt:) Warte mal ... (Lachen)

(Zu Carl:) »Dann bist du glücklich.« Hast du? (Anhaltendes Lachen)

Das ist es, was die Großen ringsum uns gern mitteilen möchten, schließlich sehen sie sich selbst ja auch als Individuen, die ein Leben besitzen, aus dem sie etwas machen müssen. »Setz alles daran, und du wirst glücklich sein«, das möchten sie uns vermitteln, obwohl es noch nie jemand geschafft hat.

Keine gesonderte Person hat das je geschafft, denn solange ich alles daransetze, glücklich zu sein, lebe ich ja in dem Gefühl, dass etwas verloren ging, ich lebe im Zustand der Trennung. Wir wissen, dass etwas verloren gegangen sein muss, denn ganz in der Tiefe spüren wir das Fehlen der Einheit. Und dieses nagende Ungenügen kann nur verschwinden, wenn das Einssein erneut realisiert wird.

Und das kann nur geschehen, wenn eben dieser Eindruck des Getrenntseins, eben dieses Gefühl, eine Person zu sein, wegfällt.

Und besonders frustrierend ist daran, dass ich nichts tun kann, um das herbeizuführen, weil das Ich, das etwas herbeiführen möchte, pure Einbildung ist. Und damit ist das, was hier mitgeteilt wird, eigentlich eine Botschaft der vollkommenen Verzweiflung. Trotzdem reagieren manche Menschen darauf paradox; sie erleben diese Verzweiflung als tiefe Erleichterung.

Verzweiflung ist das Gegenteil von Hoffnung. Überlegt einmal, wie ermüdend Hoffnung ist. Sie lenkt uns immer von dem hier ab, von dem, was ich kurz als Dies bezeichne. Mit »Dies« spreche ich das schlichte Erkennen dessen an, was eben jetzt hier ist, das Wunder, das sich eben jetzt ereignet, das Wunder dieses Wassertrinkens. (Nimmt einen Schluck aus seinem Glas)

Solange wir hoffen, ist unsere Aufmerksamkeit immer auf die Zukunft gerichtet. Hoffnung führt uns nie hierher zum Dies. Sie führt uns immer weg vom Dies. Hoffnung richtet uns, weg von der Präsenz, auf eine Zukunft aus, die nie kommt. Hoffnung ist die Suche nach dem Goldtopf am Ende des Regenbogens.

Der Goldtopf kann alles nur Erdenkliche enthalten. Es spielt keine Rolle, auf was für einen Typ Goldtopf unsere Hoffnung ausgerichtet ist, aber für Leute, die zu Meetings wie diesem gehen, könnte es wohl um einen spirituellen Goldtopf gehen.

Um es noch anders zu sagen: Solange wir suchen, können wir nicht finden. Wir sehen uns da drüben um, während das Gesuchte ja schon hier ist, das hier, Dies. Wir suchen den Rückweg ins Paradies, und in Wirklichkeit ist es so, dass wir nie aus dem Paradies vertrieben worden sind. Wenn das Trennungsgefühl wegfällt, wird gesehen, dass Dies das Paradies ist und immer schon gewesen ist. Keinen Augenblick ist Dies jemals nicht das Paradies gewesen.

Da ist die traditionelle Aussage nur allzu verständlich, die besagt: Suche nach Befreiung ist so, als wollte das Auge sich selbst sehen.

Das mag zur Einführung genügen. Jetzt wollen wir sehen, ob es dazu Fragen oder Anmerkungen gibt und vielleicht eine Diskussion zustande kommt. Falls nicht, können wir immer noch nach Hause gehen und sehen, was der Fernseher bietet. (Lachen)

Ich habe einmal, vielleicht zehn Minuten lang, gesehen, wie die Welt wirklich ist. Es war überwältigend. Ich habe mich gefühlt wie ein Kind. Ich war wie vom Donner gerührt. Wie ist das für dich, wenn du die Welt immer so siehst? (Lautes

Lachen der Übrigen, die, wie sich inzwischen zeigt, überhaupt sehr guter Laune sind)

Das ist völlig normal. Im Zen sagen sie, dass Berge erst einmal Berge sind, dann kann eine Phase kommen, in der Berge nicht mehr Berge sind, und schließlich sind Berge wieder Berge.

Es kann eine Phase geben, in der alles, wie du es beschreibst, als ganz außergewöhnlich gesehen wird, nämlich wenn zum ersten Mal erkannt wird, dass Zeit nicht existiert, wenn zum ersten Mal gesehen wird, dass Raum nicht existiert, wenn zum ersten Mal wahrgenommen wird, dass nichts als Leere ist, aus der alles hervorgeht, wenn zum ersten Mal gesehen wird, dass alles bedingungslose Liebe ist und sonst nichts. Das ist erst einmal ein bisschen überraschend für die Person (Lachen), aber nach einer Weile wird es normal, es wird die natürliche Form des Sehens, und man findet nichts Ungewöhnliches mehr daran.

Ich habe eingangs gesagt: »Wenn Befreiung überhaupt etwas bedeutet ...« Wir könnten nämlich auch sagen, dass Aufwachen und Befreiung überhaupt nichts ändern. Das Leben geht weiter seinen Gang, nur wird gesehen, dass niemand da ist, der es lebt. Und wie ich sagen auch manche andere, dass schlafen und wach sein dasselbe sind. Nur wird im Wachsein gesehen, dass sie dasselbe sind, und im Schlaf nicht. Das ist der Grund dafür, dass im Schlafzustand gesucht wird, während im Wachzustand gesehen wird, dass gar nichts da ist, wonach gesucht werden müsste oder könnte. Was wir suchen, ist das, was wir schon immer sind.

Wo du gerade sagst, dass es wie schlafen ist: Ich hatte mal einen Traum, in dem mich jemand umbringen wollte. Ich hatte Angst und wachte im Traum auf. Ich dachte: »Sieh an, ich träume ja nur.« Dieser Mensch ging also daran, mich umzubringen, und ich dachte: »Geil, es tut zwar weh, aber was für ein Abenteuer, und ich kann es voll auskosten.« Deshalb frage ich mich jetzt, ob Befreiung auch so ist, ob jede Erfahrung dann willkommen und irgendwie spannend und gut ist.

(Carl:) Deutsche haben verrückte Träume, war dir das bekannt? (Gelächter über diese Bemerkung und über die Vorstellung, Befreiung könne so ähnlich sein, wie ermordet zu werden)

Ich möchte einfach fragen, ob es ungefähr so ist. Kann alles weitergehen wie zuvor und dabei vielleicht schmerzhaft und beängstigend sein, aber doch so, das man es mit lebhaftem Interesse aufnimmt, wenn nicht sogar genießt?

In der Befreiung gibt es immer noch Vorlieben. Deshalb ist beim psychophysischen Organismus damit zu rechnen, dass er lieber keine Schmerzen hat. Das ist nur natürlich, ein evolutionärer Schutzmechanismus. Um es ganz direkt zu sagen: Ich würde es vorziehen, nicht getreten oder erstochen zu werden, und das ist bei dir auch so. (Zustimmendes Lachen)

Aber ich hatte gedacht, du würdest mir eine Frage über luzide Träume stellen. Ich will einfach mal so tun, als hättest du, und werde eine Frage beantworten, die du eigentlich nicht gestellt hast. Beim luziden Träumen ist es zunächst so wie immer, dass wir einschlafen und einen Traum haben und uns ganz darin verlieren. Dann jedoch wachen wir im Traum auf, das heißt, wir merken, dass wir träumen. Aber der Traum geht trotzdem weiter, er ändert sich nicht. Wir wissen einfach nur, dass wir träumen.

(Carl zu Richard:) Das habe ich schon gesagt. (Lachen)

(Zu Carl:) Wir machen das hier schon zu lange zusammen. Du brauchst mich gar nicht mehr. Du kannst diese Gespräche jetzt selber veranstalten. (Lachen)

Das luzide Träumen ist ein guter Vergleich. Im Erwachen und in der Befreiung geschieht nämlich ...

(Carl mit einem gewissen Übermut:) Ich rede noch nicht weiter. Ich warte jetzt extra auf dich. (Diese kleine Einlage als komisches Duo, das dem eigentlichen Thema etwas von seiner Gewichtigkeit nimmt, wird mit großer Heiterkeit aufgenommen.)

Im Erwachen und in der Befreiung geschieht ebenfalls ein Aufwachen, und es wird gesehen, dass das hier ein Traum ist. Der Traum geht dann weiter, nur wird eben jetzt gesehen, dass es sich um einen Traum handelt. Außerdem wird gesehen, dass nicht ich es bin, der diesen Traum hat. Ich bin auch eine Traumfigur. Das Eine hat den Traum.

(Breitet die Arme aus, wie um alles uns alle zu umarmen) Das hier ist der Traum des Einen.

Soweit ich bisher verstehe, hast du eine Erfahrung gemacht, in der du dich mit allem, was ist ...

(Unterbricht:) Tut mir leid, wenn ich so pedantisch sein muss, aber es ist nicht so, dass *ich* eine Erfahrung gemacht hätte. Erstens hat das nichts mit mir zu tun und zweitens handelt es sich nicht um eine Erfahrung. Dieses Sehen ist vollkommen unpersönlich. Es hat nichts mit der Gestalt zu tun, die hier sitzt und davon berichtet. Das könnte auch der Grund dafür sein, dass diese Gestalt nach wie vor lieber Kaffee trinkt, als sich treten zu lassen.

Okay, du hast gesagt, die Person ist weggefallen. Ist die Person jetzt da oder nicht? (Dieses metaphysische Versteckspiel mit Richards Person wird ebenfalls als sehr erheiternd empfunden.)

Worte taugen ganz schlecht zu Aussagen über das hier. Es ist beinahe gleichgültig, welche Wörter wir benutzen. Ich sage jedenfalls gern »Person«, wenn der Eindruck von Trennung besteht und geglaubt wird, dass da ein denkender Verstand ist und ein individuelles Leben, das man zu leben hat und in dem Entscheidungen über dieses Leben zu treffen sind. Und ich benutze meist das Wort »Gestalt« oder »Figur« wenn der Eindruck der Trennung weggefallen ist und mit ihm der Glaube an einen Verstand, an ein individuelles Leben und an Entscheidungen.

Und jetzt ist das Gefühl der Trennung nicht da?

Mir ist nicht ganz wohl dabei, es ein Gefühl zu nennen. Dieser Eindruck von Trennung ist mehr als ein Gefühl. Jedenfalls, wenn der Anschein von Trennung durchschaut wird, dann wird er unpersönlich durchschaut. Als traditionelle Metapher haben wir dafür die Tiefe des Meeres und die Wellen an seiner Oberfläche.

Die Tiefe des Meeres ist die Stille, das Schweigen, die Leerheit des Einen. Die Wellen, die ja ganz schön stürmisch sein können, sind die Person und alles, was ihr widerfährt. In der Trennung werden nur die Wellen gesehen. In der Nicht-Trennung werden sowohl die Wellen als auch das Meer gesehen. In der Nicht-Trennung wird gesehen, dass die Wellen und das Meer dasselbe sind, und genauso wird gesehen, dass das Eine und die Person mitsamt all dem, was ihr passiert, in Wirklichkeit dasselbe sind.

Es gibt keine Wellen. Wellen sind das Meer, das sich wellt. Es gibt keine Person. Personen sind einfach das Eine, das »persont«.

(Jemand kommt zu einer drolligen Zusammenfassung:) Dann ist es ja eigentlich ganz einfach. (Lachen)

Aber sicher. Es ist unglaublich einfach. Aber der Verstand versteht es nicht.

Ich habe mir diese Metapher immer vor Augen gehalten, aber wie komme ich hinter das Geheimnis? Wie kann ich tatsächlich erfassen, dass das Leben einfach Einssein ist? Muss ich abwarten, bis es mir zufällt? Ist es eine Leistung des Intellekts?

Es ist keine Leistung des Intellekts. Es hat nichts mit dem Verstand zu tun. Der Verstand hasst das. Der Verstand ist überzeugt, dass er uns schon irgendwie hinbringt. Der Verstand kann Philosophisches erfassen, Fremdsprachen lernen, Mathematik beherrschen – da bildet er sich natürlich ein, uns auch zur Erleuchtung führen zu können.

Befreiung kann auch ohne irgendein intellektuelles Verständnis gesehen werden. Das ist wie bei Kuchen, man kann seinen Geschmack auch dann einschätzen, wenn man die Zutaten nicht kennt. Allerdings, wenn Befreiung ohne jedes intellektuelle Verständnis gesehen wird, wird wahrscheinlich niemand anschließend in einem Raum wie diesem sitzen und Vorträge über Nicht-Dualität halten. Oder es wird ein sehr kurzer Vortrag. (Lachen)

Aber ging es in deiner Frage darum, ob du etwas tun kannst?

Na ja, worin besteht das Geheimnis? Wir können uns an deine Metapher halten und sie erfassen und irgendwie verstehen, was du meinst. Aber was unterscheidet dich von uns? (Einige, die gut zugehört haben, lachen.)

Ich könnte ganz einfach »nichts« sagen. Aber gut, es ist so, dass alle Storys wegfallen. Es ist nicht mehr möglich, sie ernst zu nehmen. Außerdem wird gesehen, dass niemand dieses Leben lebt. Und es geht ein bisschen entspannter zu.

Ich gebe keine Empfehlungen. Die Gründe, hoffe ich, liegen inzwischen auf der Hand. Aber wenn ich eine Empfehlung geben würde, dann müsste sie lauten: »Entspannt euch.«

Einfach entspannen. Das hier ist es. Es gibt nichts, wo man hingehen müsste oder könnte, nichts, was man werden müsste, also kann man sich doch entspannen.

Natürlich ist diese Anleitung so sinnlos wie jede andere. Es ist niemand da, der sich entspannen könnte. Vielleicht findet Entspannung statt, vielleicht nicht, aber das hat nichts mit euch zu tun, ihr seid nicht da.

Ich habe eine Frage zu dem, was du über die Bedeutungslosigkeit von all dem hier gesagt hast. Mir ist einigermaßen klar, was mit Bedeutung und Bedeutungslosigkeit und mit sich entspannt Hinsetzen gemeint ist. Aber ich kann mir nicht helfen, es klingt mir immer irgendwie nach Passivität. Könntest du dazu etwas sagen? Und außerdem: Was hat das Ich mit Jesus Christus zu tun? (Der plötzliche Umschwung ins Metaphysische löst eine Lachsalve aus.)

Allmächtiger! Das war jetzt ein bisschen viel auf einmal … Fangen wir am besten mit der Passivität an.

Es hat nicht mit Aktivität oder Passivität zu tun. Es geht nur um das Sehen, dass alles, was vorgeht, einfach vorgeht. Es ist niemand da, der aktiv oder passiv wäre.

Aktivität geschieht. Passivität geschieht. Du verstehst unter Passivität vielleicht Nichtstun. Es kommt vor, dass jemand zu mir sagt: »Du erzählst uns, dass wir nichts tun sollen.« Ich antworte dann: »Versuch's mal. Versuch mal, nichts zu tun. Du kannst mich anrufen, wenn du es geschafft hast.«

In jedem Moment passiert irgendetwas. Sieh dir nur an, was hier in dieser Sekunde alles passiert. Du kannst nicht nichts tun.

So viel zur Passivität. Müssen wir uns jetzt auch noch mit Jesus Christus befassen?

(Aufgeregte Zurufe von allen Seiten:) Ja, bitte. Jesus Christus auch noch! (Lachen)

(Eine Einzelstimme:) Sie spricht das an, was in der Bibel über die Lilien auf dem Felde und die Vögel unter dem Himmel steht. Die tun nichts.

»Schauet die Lilien auf dem Felde, wie sie wachsen: sie arbeiten nicht, auch spinnen sie nicht.« Und vergesst das hier nicht: »Es sei denn, dass ihr euch umkehret und werdet wie die Kinder, so werdet ihr nicht ins Himmelreich kommen.«

Die Bibel hat ein paar richtig gute Sachen, nicht?

(Enthusiastischer Zuruf:) Ja!
(Jemand anderes, etwas respektlos:) War das ein Zitat von J. C. höchstselbst?
(Wieder ein anderer, auch etwas respektlos:) Jedenfalls ist es nicht aus einem gechannelten Buch. (Großes Gelächter)
(Ein dritter:) Wen kümmert das?

(Eine vierte Stimme ergänzt:) Den Lilien ist es egal, wer sie zitiert.
(Die nächste Stimme sorgt auch nicht gerade für Klärung:) Ob die Bibel vielleicht doch gechannelt ist?
(Dann endlich eine zielführende Anregung:) Wie wär's mit einer Pause für Körper, Gemüt und Geist?
(Und jetzt bricht beim Gedanken an Tee und Kekse allgemeine Heiterkeit aus.)

Nach der Teepause

Hier vorne läuft gerade eine sehr subtile Form der Folter. Für alle, die es nicht sehen können: Jemand schleckt hier direkt unter meinen Augen ein offenbar überaus köstliches Eis.

(Die Teilnehmerin mit dem Eis macht ein großzügiges Angebot:) Wenn du zwei Minuten Zeit hast, kann ich dir eins aus der Eisdiele holen.

Nein, lass nur. Aber danke.

Wenn der Verstand wissen will: »Wie ist das für dich?« oder »Wie ist Befreiung?«, dann ist das ganz natürlich. Es ist auch natürlich zu meinen, dass die Dinge, über die wir hier sprechen, etwas Besonderes sind. Von da aus kann dann der Eindruck entstehen, dass die Person, die darüber spricht, auch etwas Besonderes sein muss.

Aber diese Vorstellungen stimmen nicht. Das hier ist nichts Besonderes. Das hier ist der natürliche Seinszustand, und die Gestalt, die hier davon berichtet, ist ein ganz gewöhnlicher Typ. Aber wenn wir nicht sehen, dass wir so, wie wir sind, völlig recht und in Ordnung sind, kann es sein, dass wir das, was wir in uns selbst nicht wahrhaben wollen, auf einen Lehrer oder Guru oder irgendeine andere Autoritätsfigur projizieren. Wir machen sie zu etwas Besonderem. Wenn sich der Lehrer oder Guru dann, wie es häufig passiert, selbst als etwas Besonderes sieht, kommt es zu einer wunderbaren Kollusion, einem stillschweigenden Einverständnis, zwischen dem Guru und seinen Anhängern. Je besonderer der Guru gemacht wird, desto besonderer darf sich der Schüler fühlen, schließlich muss er ja spirituell schon ganz schön hoch entwickelt sein, wenn er die Qualitäten seines großen Meisters erkennen kann.

Das ist ein Spiel. Es ist das Projektionsspiel, das wir Menschen so gern und ausgiebig spielen. Es kann unterhaltsam und herrlich bunt werden, aber es ist trotzdem nur ein Spiel.

Was ihr hier hört, ist ein ganz durchschnittlicher Kerl, der über den natürlichen Seinszustand spricht.

Was ist der natürliche Seinszustand? Frei von Eitelkeit? Frei von Wünschen?

Der natürliche Seinszustand besteht einfach darin, dass man ohne Getrenntheit lebt. Es ist keine Person vorhanden. Es gibt kein Leben, das wir zu leben haben. Leben geschieht. Sein geschieht. Und im Naturzustand kann alles sein, Eitelkeit zum Beispiel oder Wünsche.

Oder Ehrgeiz?

Ja, Ehrgeiz kann sein, kommt aber hier (deutet auf sich) eher nicht mehr vor. (Lächelt im Gedanken an den verschwundenen Ehrgeiz) Vorlieben kann es geben, zum Beispiel für Eis. Kurz, das Leben geht weiter wie zuvor.

Wenn das Sehen jemandem passiert, der noch jung ist, sagen wir einem Teenager, würde dann eher Ehrgeiz auftreten? Würde das Leben so aussehen, als hätte es Sinn und Zweck? Würde ein Drang vorhanden sein, erfolgreich zu werden?

Es gibt keine Regeln. Alles kann sein. Befreiung ist gegen nichts, auch nicht gegen Ehrgeiz. Aber tendenziell werden sich bestimmte Dinge ändern. Es kann sein, dass man entspannter und nicht mehr so sehr auf etwas aus ist. Es könnte sein, dass Ehrgeiz ganz fehlt.

J. J. Krishnamurti zum Beispiel scheint gar nicht erst in den Zustand der Trennung gekommen zu sein, und bei ihm war kaum Ehrgeiz zu erkennen. Das Leben als solches genügte ihm wohl. In der Befreiung wird das Leben, wie es ist, als genügend gesehen.

Wenn das Einssein von einem sehr jungen Menschen gesehen wird, kann das zu Schwierigkeiten führen. Er wird anschließend vielleicht nicht mehr verstehen, weshalb alle anderen das Leben so ernst nehmen, und das kann, zumindest in den Augen anderer, dazu führen, dass er keine Ziele und keinen Ehrgeiz hat, dass er nur so durchs Leben treibt.

Aber noch einmal, es gibt keine Regeln. Regeln beengen. Freiheit befreit von allen Regeln, verneint sie aber nicht. Befreiung ist Anarchie, bietet aber auch der Herrschaft Raum.

Wie viele Leute kennst du, die das erlebt haben?

Erstens gibt es keine Leute. Außerdem ist das keine Erfahrung. Aber nehmen wir deine Frage so, wie du sie gemeint hast. Ich kenne ein paar. Aber was besagt das? Wir können nicht wissen, wie oft Dies gesehen wird, und wozu auch?

Nelson Mandela? (Lachen)

Du möchtest Persönlichkeitsmerkmale damit verbinden, Edelmut und Würde. Das ist die falsche Fährte.

Manchmal wird Dies gesehen, aber nicht darüber gesprochen. Dies kann auch von jemandem gesehen werden, der von seiner ganzen Anlage her nicht mitteilsam ist. Es kann auch von jemandem gesehen werden, der dann sehr schnell feststellt, dass es gefährlich sein kann, davon zu reden. Wenn du davon redest, könnte es sein, dass deine Lieben dich gern in die Psychiatrie schicken würden oder deine Kirche in ihrer ganzen Barmherzigkeit Lust bekommt, dir den Ketzereiprozess zu machen.

Es gibt also keine Antwort auf die Frage, wie viele Menschen das schon erlebt haben. Wir wissen aber, dass es jederzeit und in jeder Kultur spontan zu diesem Sehen kommen kann. Wir wissen es, weil es genügend Berichte dieser Art gibt. Allerdings sind das häufig sehr leise Berichte. Es gibt christliche Mystiker, die dazu lediglich Andeutungen gemacht haben. Andere, die es nicht bei Andeutungen beließen, wurden vielfach umgebracht, weil solche Aussagen für die Kirche eine Bedrohung darstellen. Sie stellen für jede Autorität eine Bedrohung dar.

Denn wie gesagt, worüber wir hier reden, bedeutet Anarchie, totale Anarchie. Es gibt keine Autorität, die sich dessen in irgendeiner Weise bedienen könnte. Das Spiel des Einsseins kennt keine Regeln. Das muss allen Kirchen und Tempeln ein Gräuel sein, da es Priester und Gurus überflüssig macht.

Gut, das Eine manifestiert sich also dort als Richard Sylvester. Fühlt sich diese Gestalt eins mit all den wunderbaren

Leuten und all den komplett überflüssigen Büchern ringsum? (Dem Inhalt nach ist diese Frage eine Herausforderung, aber sie wird ganz humorvoll gestellt und erntet munteres Lachen.)

(Lachend:) Natürlich, was denn sonst? Nur dass sich diese Gestalt hier nicht mit irgendwem oder irgendwas eins fühlt. Hier geht es nicht um einen Jemand, der etwas fühlt. Es wird vielmehr von niemandem gesehen, dass es nur das Eine gibt. Hier (deutet auf sich) ist keine Person, und da (deutet auf die Zuhörer) sind keine Leute. Es gibt nichts weiter als das Eine, und es macht, was es halt macht.

Wenn das so ist, weshalb findet es Richard Sylvester dann wichtig, dass er Bücher schreibt und dass andere sie kaufen? (Auch dieser weitere kleine Seitenhieb, wird als sehr amüsant empfunden.)

Es ist kein bisschen wichtig.

(Verstohlen triumphierend:) Weshalb sitzt du dann hier, anstatt in deinem Hotelzimmer das Programm von BBC TV zu verfolgen? (Lachen)

Ich hab in meinem Hotelzimmer kein BBC TV. (Tobendes Gelächter)
    Zwei Antworten: Erstens, das hier passiert einfach. Das ist eigentlich immer der Fall. Es besteht nie irgendein Grund für irgendetwas. Es ist immer einfach das, was passiert.
    Aber wenn du eine eher autobiografische Antwort möchtest, eine Antwort, die dem Geist deiner Frage entspricht, kann ich dir nur sagen, dass es irgendwie Spaß macht, das

hier zu tun. Es ist irgendwie interessant.« Weshalb machst du
das?« Antwort:» Warum denn nicht?«
Reicht das so?

Nein. (Lachen)

Was möchtest du dann?

Ich glaube nicht, dass das Leben so gehen kann.

Wenn das Gefühl, eine Person zu sein, wegfällt und keine
Trennung mehr besteht, wird gesehen, dass das Leben immer
schon so gegangen ist.

Du denkst jetzt, dass du dein Leben lebst, aber vielleicht
wird irgendwann gesehen, dass du nicht nur nicht dein Leben lebst, sondern dass es nie so war. Es war nie jemand
da. Es gab nie jemanden, der zur Arbeit ging, seine Miete
bezahlte und Beziehungen hatte. All das ist immer einfach
passiert.

Jedenfalls riskiere ich es nicht noch einmal, dich zu fragen,
ob meine Antwort ausreicht. (Lachen)

*Ich möchte etwas ganz Einfaches fragen. Nehmen wir an, ich
bin in meiner Werkstatt und säge mir in den Finger. Der Finger ist noch dran, aber er blutet heftig. Nachdem meine Frau
die Wunde versorgt hat, entferne ich mich bewusst aus der
Präsenz und fange an zu hoffen, dass bald alles wieder gut
ist. (Lachen)*

Da komm ich nicht mit. Wie entfernst du dich bewusst aus
der Präsenz?

(Jemand anderes versucht zu klären:) Weil er auf etwas hofft, das zukünftig eintreten soll. Eigentlich fragt er, ob es unzulässig ist zu hoffen.

Wer sagt denn, dass es unzulässig ist zu hoffen? Ich nicht. Ich sage überhaupt nichts von »sollte« und »müsste«.

(Der Fragesteller unternimmt einen weiteren Versuch, sich verständlich zu machen:) Gut, ich hoffe. Ich hoffe einfach. Mir ist schon klar, dass ich nichts muss. Vielleicht geht es so: Später liege ich im Bett und der Finger tut mir weh und ich frage mich, ob ich wohl dieses Jahr noch Tennis spielen kann. Wie ist diese Erfahrung für dich. Wie ist das da drüben, wo du bist?

Ich weiß nicht, ich bin kein Tennisspieler. (Lautes Lachen) Deine Frage macht mich ziemlich ratlos. Geht es um körperliche Schmerzen?

Ich weiß, wie ich Schmerz erlebe, aber wie ist es in der Befreiung?

Wenn Befreiung gesehen wird, ändert das nicht unbedingt etwas an all den Sachen, die so passieren, an den Phänomenen, die sich bieten. Schmerz ist immer noch Schmerz. Schmerz und Leid können sogar stärker werden, weil sich die Person im Allgemeinen recht gut auf die Dämpfung von Schmerz und Leid versteht. Der neurotischen Person beispielsweise ist langfristiges Leiden von nicht so hoher Intensität oft lieber als eine deftige Portion kurzfristiges Ungemach. Das kann so aussehen, dass die neurotische Person lieber tagelang gereizt ist, als fünf Minuten richtig wütend zu sein.

Wenn die neurotische Person beim Sehen der Befreiung wegfällt, kann das Leid erst einmal zunehmen. Es hat dann etwas eher Körperliches. Es läuft dann keine Leidensgeschichte mehr im Kopf ab, die sich endlos hinziehen kann, sondern das Leiden hat etwas sehr Konkretes, es wird eher im Körper als im Kopf erlebt und vergeht viel schneller wieder.

So nett es ist, dir beim Erzählen all dieser schönen Sachen zuzuhören, ich komme schlecht damit zurecht, dass du uns nicht sagen kannst oder willst, wie wir da hinkommen. Wie bringen wir die Person dazu, dass sie wegfällt? (Das wirkt durchaus angriffslustig, sogar ein wenig ärgerlich.)

Gib mir deine Bankverbindung, und ich sag dir alles. (Lachen) Es wird dir zwar nichts nützen, aber bis du das merkst, bin ich längst über alle Berge.

Wenn es etwas gäbe, das du tun kannst, würde ich es dir sagen. Und es geht nicht einmal darum zu sehen, dass es nichts gibt, was du tun kannst. Es geht darum zu sehen, dass niemand da ist, der etwas tun könnte. Da es aber außerdem keine Rolle spielt, was du tust, kannst du ruhig das tun, was dich anspricht. Wenn eine Energie vorhanden ist, etwas Bestimmtes zu tun, wird es wahrscheinlich dazu kommen. Wenn du unglücklich bist und Sachen wie Meditation oder Therapie oder Achtsamkeit dich ansprechen, dann tu sie doch. Das sind lauter Dinge, die eine unglückliche Person weniger unglücklich machen können.

(Carl:) Ich habe das dumpfe Gefühl, er meint jetzt uns alle. (Lachen)

Für eine Person, die so etwas gern macht, kann das alles nützlich sein, aber ich kann dir nichts sagen, was du tun könntest, um Befreiung zu sehen. Könnte ich das, wäre ich steinreich. Reich sind ja sogar Leute, die einfach nur vorgeben, sie könnten dir Erleuchtung verkaufen.

Ich möchte auf etwas zurückkommen, was du eben gesagt hast. Ich weiß nicht, was Neurose heißt.

Oje, das ist schwer in wenigen Worten zu erklären.

Ich unterscheide zwischen »natürlichen« und »neurotischen« Gefühlen. Es gibt Gefühle, die sich auf ganz natürliche Weise einstellen, zum Beispiel Angst, Wut, Kummer oder Glück. Dann gibt es andere Gefühle, die erst aufkommen, wenn sich die neurotische Person diesen natürlichen Gefühlen in den Weg stellt und sie zu etwas Kompliziertem, Anhaltendem und Destruktivem entstellt.

Wenn beispielsweise Ärger seinen natürlichen Lauf nimmt, hält er normalerweise nicht lange an. Aber wenn die neurotische Person diesen natürlichen Lauf nicht zulässt, kann die Verärgerung in anhaltende Gereiztheit umschlagen, oder die Person nimmt Anstoß und schmollt, was Wochen und Monate, ja sogar Jahre anhalten kann. Vielleicht kennen einige von euch solche endlos eingeschnappten Leute, die vielleicht zwanzig Jahre verschnupft sind und den Groll zu einer Lebenshaltung gemacht haben.

Oder nehmen wir Angst als weiteres Beispiel. Angst ist ein natürliches und manchmal völlig angemessenes Gefühl. Sie schützt uns vor Gefahr. Sie kommt und normalerweise vergeht sie nach kurzer Zeit wieder. Kommt jedoch die neurotische Person dazwischen, dann kann akute Angst oder Furcht zu grundloser chronischer Angst werden. Anders als die akute Angst, die schnell kommt und schnell vergeht, kann die chronische Angst endlos weitergehen. Manche Menschen leben in mehr oder weniger permanenter Angst.

Ein weiterer Unterschied zwischen natürlichen und neurotischen Gefühlen liegt darin, dass natürliche Gefühle eher körperlich erfahren werden und neurotische Gefühle als Story im Kopf. Wenn man den Körper sich selbst überlässt, kann er Gefühle recht schnell verarbeiten, weshalb natürliche Gefühle in der Regel bald wieder vergehen. Neurotische Gefühle können dagegen endlos als Storys im Kopf kursieren, bis der psychophysische Organismus vielleicht irgendwann dem Stress nicht mehr standhält und aufgibt und dann stirbt.

Ich weiß nicht, ob das dir weiterhilft. Jedenfalls ist es alles, was ich zur Erklärung sagen kann.

Ich würde gern auf meine vorige Frage zurückkommen. Es geht mir um das Ich. Nach meinem Gefühl gibt es im Menschen einen Wesenskern, den wir alle besitzen. Nun sagst du, es gibt keine Person, keine Persönlichkeit, es ist niemand da ...

Ich sage nicht, dass es keine Persönlichkeit gibt. Es gibt keine Person. Das ist etwas ganz anderes.

Und du sagst, dass die Dinge einfach passieren. Ich war immer überzeugt, dass ich es bin, der denkt und mein Leben in Gang hält.

Ja, solange ein Trennungsgefühl besteht, ist es ganz natürlich, so zu denken.

Und es gibt Hunderte von Büchern, die sagen, dass wir es sind, die unser Leben zu dem machen, was es ist.

Natürlich. Das ist es ja, was der Verstand bei vielen von uns glauben möchte. Ein sehr ansprechender Gedanke.

Was du gesagt hast, wie die Kinder werden, ist das etwas, was vom Ich gemacht wird? Oder ist es, wie Laotse sagt, dass nichts getan wird und doch nichts ungetan bleibt.

Das ist eine komplizierte Frage. Vielleicht meinst du mit dem Ich das Ego. Das Ego ist auch nur ein Gedanke. Das Ego scheint mit dem Verstand verknüpft zu sein, aber so ist es nicht, einfach weil es keinen Verstand gibt. Da sind einfach nur Gedanken. Gedanken steigen aus nichts auf, es steckt kein Verstand oder Ego hinter ihnen.

Laotse trifft den Nagel auf den Kopf. Es gibt keinen Tuenden und doch werden die Dinge getan. Ähnliche Aussagen finden wir auch in der *Bhagavad-Gita*, in der buddhistischen Überlieferung, aber auch in anderen Traditionen. »Taten gibt es wohl, doch keinen, der sie tut.«

Den Verstand, obwohl es ihn nicht gibt, tröstet es mitunter, wenn aus bedeutenden Überlieferungen zitiert wird. Das wirkt irgendwie sicherer als das, was irgendein hergelaufener Engländer erzählt. (Lachen)

(Jemand erinnert sich an eine von Richards Lieblingsmetaphern:) Ich würde gern auf die Metapher vom Meer und den Wellen zurückkommen. Das Eine, könnten wir sagen, ist das Meer, und in diesem Meer sind lauter kleine Wassertropfen. Das Meer besteht aus diesen Wassertropfen. Soweit ich sehe, konzentrierst du dich in deiner Darstellung eher auf das Meer

in seiner Gesamtheit als auf die Tropfen. Wie wichtig sind denn diese kleinen Wassertropfen, aus denen das Meer besteht?

(Mit einem entschuldigenden Lächeln zu Carl, weil wieder einmal das Meer drankommt:) Die Wassertropfen, die das Meer bilden, sind ohne jede Bedeutung. Der Verstand konstruiert hier gern Komplikationen, weil er das wirklich gut kann. Der Verstand hasst Dies in seiner ganzen Einfachheit. Da wirklich sehr wenig darüber zu sagen ist, findet der Verstand kaum eine Stelle, an der er seinen Hebel ansetzen kann.

Es ist wirklich einfach. Wenn gesehen wird, dass die Person nicht existiert, dann wird damit gesehen, dass hier niemand ist und da niemand ist, dass hier nichts ist und da nichts ist. Greifen wir auf einen traditionellen Ausdruck dafür zurück, denn wie gesagt, da fühlt sich der Verstand gleich besser. In der Befreiung wird gesehen: »Ich bin das.« Ich und das sind dasselbe, weil da nichts zu unterscheiden ist, es gibt keine Trennung. Es gibt weder Raum noch Zeit, worin etwas unterschieden werden könnte.

»Ich bin das« ist keine philosophische Aussage, an der der Verstand herumrätseln soll, bis sie ihren tieferen Sinn preisgibt. Es ist die ganz direkte Beschreibung dessen, was in der Befreiung gesehen wird, wenn keine Person mehr da ist, die es sehen könnte. Es gibt nur Bewusstsein. Es ist nicht so, dass hier (deutet auf sich) Bewusstsein ist und da (klopft an die Wand) nicht. Ich und das, das Individuum und die Wand, sind dasselbe Bewusstsein. Die Vorstellung, Bewusstsein sei irgendwie zu diesem individuellen Raum hier geronnen, zur winzigen Gestalt dieser Person, ist Illusion.

Ich benutze das Wort »Illusion« nicht oft, weil es irreführend sein kann, aber hier will ich es einmal verwenden. Zwischen diesem und jenem ist kein Raum. Zwischen dir und mir ist kein Raum. Es ist keine Unterscheidung zwischen diesem und jenem, zwischen dir und mir möglich, obgleich es ganz so aussieht. Das Eine spricht mit dem Einen, und das Eine hört zu – oder vielleicht langweilt es sich auch und blickt Däumchen drehend aus dem Fenster.

Das kann ich nachvollziehen. (Lachen)
Im Ablauf deines eigenen Lebens, gab es da etwas, das dir das Eintauchen in dieses Bewusstsein erleichtert hat?

Nein. Aber der Verstand erfindet dazu gern Geschichten, weil er in der Zeit lebt, und in der Zeit scheint es Ursache und Wirkung zu geben. Es empört ihn, wenn Ursache und Wirkung bestritten werden.

Aber bei der Befreiung gibt es einfach keine Kausalität. Wenn es Ursachen oder Auslöser gäbe, würde ich sie, wie gesagt, irgendwie auf Flaschen ziehen und verkaufen und ein Heidengeld verdienen. Überleg mal, wie viel Geld allein für Befreiungs-Ersatz ausgegeben wird. Da müsste für echte Befreiung schon noch einiges mehr drin sein.

Ich frage das nicht allgemein, sondern wüsste gern, wo das Leben in deinem Fall Hilfen geboten hat, die dich jetzt hierher führen.

Nein, tut mir leid, das habe ich nicht verstanden.

(Carl bestätigt, dass er die Frage zwar exakt übersetzt hat, aber selbst auch nicht versteht. Allgemeines Gelächter.)
Es ist keine Frage über Menschen im Allgemeinen – aber in deinem Fall, gab es da eine Krankheit oder vielleicht Depressionen, die dir dazu verholfen haben, Dies zu sehen?

Es gibt von anderen Leuten ein paar Darstellungen, die Befreiung mit irgendeinem vorausgehenden Ereignis in Verbindung bringen. Das kann eine Nahtoderfahrung, eine lange depressive Phase, eine lange Phase der Trunksucht, eine lange Phase der Meditation, eine lange Phase zu Füßen des geliebten Guru, eine lange Phase des Einsiedlertums in einer Höhle in den Bergen oder eine lange Phase der Teilnahme an Chakrareinigungsworkshops sein. Diese Darstellungen sind oft von nobler, hoher Gesinnung und wissen von ausdauerndem Vegetarismus und sexueller Enthaltsamkeit zu berichten. Natürlich sage ich nicht gern etwas Enttäuschendes für die Vegetarier und Keuschen unter euch, aber es deutet nichts darauf hin, dass so etwas das Sehen der Befreiung beschleunigt.

Aber der Verstand liebt es, solche Storys zu erzählen. Ich kann dazu nur sagen: »Was soll das alles?« Was geschieht, geschieht. Es ist völlig unwichtig, ob Meditation oder Alkoholismus oder beides oder keins von beiden zur Befreiung führt – Meditation oder Alkoholismus passieren, oder sie passieren nicht. Nichts kann anders sein, als es ist, unmöglich.

Wenn du diesen letzten Satz ein bisschen auf dich wirken lässt, ist er dann nicht das Offensichtlichste, was man überhaupt sagen kann?

Ich will aber wissen, was in deinem Fall passiert ist.

(In strengem Tonfall:) Das ist unerheblich. Kauf mein Buch. Kauf beide. (Lachen)
(Und milder:) Es gab zwei Ereignisse. Eins war das Wegfallen der Person für einen Sekundenbruchteil, und darin wurde die Leerheit von allem gesehen. Der Abgrund wurde gesehen. Das Nichts wurde gesehen. Später kam es noch einmal zum

Wegfallen der Person, in dem die Fülle des Abgrunds, die Fülle des Nichts gesehen wurde.

»Abgrund« ist ein interessantes Wort. Mindestens einer der christlichen Mystiker, die über Dies gesprochen haben, verwendet es.

Danach ging das Leben weiter wie zuvor, aber es wurde gesehen, dass niemand da war, der es lebte. Beim zweiten Ereignis wurde außerdem gesehen, dass alles bedingungslose Liebe ist. Bedingungslose Liebe gehört nicht zu den Dingen, die dem Verstand schmecken.

Der Verstand mag nur bedingte Liebe. Unabhängig von allem, was er gegen Dies vorbringen mag, bedingungslose Liebe kann er einfach nicht ausstehen. Er möchte nämlich das Recht haben, all das von der Liebe auszuschließen, was er hasst – Krieg oder Mücken oder Angehörige anderer Religionen.

Aber bedingungslose Liebe gehört doch zu den christlichen Glaubensinhalten.

Die falsche Auslegung von »bedingungsloser Liebe«, nicht nur im Christentum, sondern auch in anderen Religionen oder auf spirituellen Wegen, hat oft große Schwierigkeiten nach sich gezogen. Der Begriff wird nämlich gern als Anweisung verstanden: »Du musst bedingungslos lieben oder dich zumindest darum bemühen.« Aber eine Person kann einfach nicht bedingungslos lieben, und da kann so ein Anspruch uns schwer belasten, so schwer, dass wir besonders übellaunig werden. Verordnete bedingungslose Liebe führt allenfalls dazu, dass wir unseren Schatten verdrängen, und der wird dann immer *noch* monströser und lässt uns schließlich in aller Liebe die Ungläubigen abschlachten.

Etwas einfacher gesagt: Dieser Glaube, dass wir bedingungslos lieben sollten, wird einfach ein weiterer Anlass, uns unzulänglich zu fühlen, ein weiterer Beweis, dass wir Versager sind.

Bedingungslose Liebe ist unpersönlich. Sie hat nichts mit mir oder mit dir oder mit irgendeinem Individuum zu tun.

Trotzdem finde ich es eine gute Sache, auf bedingungslose Liebe aus zu sein, schließlich gilt es ja zu lernen, dass wir unseren Nächsten lieben müssen wie uns selbst. (Der Fragesteller strahlt etwas von Askese und reinem Lebenswandel aus.)

»Lieben müssen« ist eine interessante Vorstellung. Mir scheint in einer Liebe, die wir empfinden *müssen*, ein tiefer innerer Widerspruch zu stecken. »Liebe gefälligst!« (Lachen)

Bist du froh, dass du Dies erfährst? Wenn ja, wie kommt das?

Ich erfahre Dies nicht. Das ist so wichtig, dass ich es immer aufs Neue wiederhole. Aber um deine Frage so zu beantworten, wie du sie gemeint hast: Ja, das Spiel oder der Traum wird eindeutig so vorgezogen, wie es jetzt ist.

(Triumphierend:) Na bitte!
Es steckt kein Sinn hinter all dem hier?

Nein, kein Sinn, kein Zweck, nur Dies. Der Sinn einer Blume ist die Blume.

Aber gibt es nicht doch eine Art Storyboard, einen Ablaufplan wie für einen Film? Auch wenn kein Sinn dahintersteckt, vielleicht sagt das Eine: »O nein, er spielt seine Rolle nicht« oder »Er spielt seine Rolle richtig gut«.

Nichts hat hier die Fäden in der Hand. Es gibt keine Fäden. Nichts passiert. Es gibt keine Zeit, in der etwas passieren könnte. Das hier ist es.
Dies ist es. Es gibt keine Vergangenheit, keine Zukunft. Dies ist das Ganze des Seins. Dies ist das Universum, hier.
(Er hat wieder einmal eine Blume aus der Vase gepflückt und während seiner Antwort in der Hand gehalten.) Ich habe diese Blume aus der Vase genommen, weil ich dachte, du würdest noch etwas über Sinn und Zweck fragen und ich würde dann sagen: »Diese Blume ist eine absolut gute Blume, ohne dass sie auch noch einen Zweck brauchte.« Wie heißt du?

Heike.

Du bist vollkommen wunderbar Heike. Du brauchst keinen Sinn und Zweck, um besser zu sein oder Heikes Existenz zu rechtfertigen oder dir ein Anrecht auf den Platz zu verdienen, den Heike auf diesem Planeten einnimmt. Du bist bereits das Eine als Heike. Was könnte *noch* besser sein?

Es klingt gut.

Aber wir leben in einem Traum, in dem wir von spirituellen Traditionen und Religionen umgeben sind, die uns alle das Gegenteil dessen zurufen: »Du bist unzulänglich, du musst mehr an dir arbeiten.«
Du musst überhaupt nicht an dir arbeiten, schon deshalb nicht, weil es gar nicht geht. Dann könntest du dich doch eigentlich entspannen.

Ich habe eine letzte Frage. Wie kannst du so einen ganzen Abend mit nichts füllen? (Lachen)

Das weiß ich auch nicht. Aber noch rätselhafter ist ja, dass Leute herkommen, sich einen ganzen Abend über nichts anhören und auch noch dafür bezahlen. (Lachen)

Vielleicht hat es mit dem zu tun, was ich eingangs gesagt habe. Manch einem wird einfach klar, dass dies Heimkehr ist und dass wir, um nach Hause zu kommen, alle Storys durchtrennen müssen. Das hier ist das Schwert, das alle Storys abschneidet.

In den allermeisten Fällen spielt das Eine ja lieber Fußball oder betrinkt sich oder geht spirituelle Wege. Aber manchmal hört sich das Eine gern direkt über sich selbst reden. Was könnte ich sonst noch sagen?

Okay. Danke.

ᘛᘛᘛ

Carl und ich fuhren zurück ins Hotel Kitsch und verbrachten eine weitere Nacht unter Elfen und Kaninchen, das sanfte Ruhekissen mit purpurnen Herzen bestickt. Am Samstag gab es wieder Frühstuck mit lauter putzmunteren Kobolden, die wie alle Tage als Halter von Salzstreuern und dergleichen dienten. Danach machten Carl und ich einen langen Spaziergang um Hannovers herrlichen See und tranken auf der Terrasse eines Cafés am See Kaffee. Wir sprachen über so mancherlei, aber besonders gut erinnere ich mich an den Teil über den Kölner Dom, der den Bombenhagel überstanden hatte, und die Gedächtniskirche in Berlin, die ihm zum Opfer gefallen war. Die zerklüfteten Überreste des Glockenturms stehen noch wie ein Finger, der blind in den Himmel sticht. Man hat die Ruine absichtlich als Mahnmal stehen gelassen, Erinnerung an die Realitäten des Krieges. Wir sprachen gerade darüber, wie etwas, das über Jahrhunderte aufgebaut wurde, in ein paar Augenblicken zerstört sein kann, als Carl bemerkte: »Du bist ein Dekonstruktivist des Intellekts und der religiösen und spirituellen Glaubenssätze – eigentlich aller Glaubenssätze jeglicher Art. Die Woche hat, glaube ich, gezeigt, dass die Dekonstruktion von Überzeugungen schwieriger ist als die Bombardierung von Kirchen.« In diesem Traum von Wirklichkeit, stellten wir lachend fest, können Überzeugungen sogar die grandiosesten Bauwerke um Jahrhunderte oder sogar Jahrtausende überleben.

Ausklang:
Tee trinken und Kuchen essen
Bielefeld

Am Nachmittag machte sich Carl auf den Weg nach München, während ich den Zug nach Bielefeld bestieg, wo am Sonntag das letzte Meeting dieser Tour in einer kürzlich eröffneten Heileinrichtung stattfinden würde. Nach den »Großveranstaltungen« von München bis Hannover ging es jetzt wieder geradezu intim zu, die meisten Teilnehmer kannten einander.

Es wurde bei diesem Meeting keine Tonaufzeichnung gemacht, und ich erinnere mich meist nicht an viel von dem, was ich während einer Veranstaltung gesagt habe. Gleich zu Beginn habe ich scherzhaft zu den Leuten gesagt, sie mögen doch, sollte ich mit irgendetwas Interessantem oder Originellem daherkommen, Notizen machen und mich anschließend davon unterrichten. Wir hatten einen wirklich netten Tag mit schmackhaftem biologischem Mittagessen und etlichen Tassen Tee, aber Notizen gab es am Schluss keine.

Das Folgende ist mir noch in Erinnerung, und ich möchte es als Zusammenfassung an den Schluss dieses Buchs stellen.

✧✧✧

Es liegt in der Natur des Verstandes, dass er die Suche so komplex wie möglich gestalten möchte. Es liegt zum einen daran, dass der Verstand das Komplexe liebt; zum anderen jedoch dient ihm das Komplexe dazu, die Suche in Gang zu halten. Wenn wir es im Fach Spiritualität zum Bachelor und dann zum Master gebracht und immer noch nicht »Erleuchtung erlangt« haben, können wir immer noch den Doktortitel anstreben, und die Suche geht weiter. In Amerika kürzen sie die beiden niederen Titel B.S. und M.S. ab und der Dr. phil. heißt Ph.D. Diese Kürzel, so wird gemunkelt, stehen für »Bull Shit«, »More Shit« und »Piled High and Deep«, was wohl eine ziemliche Menge sein muss.

Auch religiöse und spirituelle Gruppierungen sind oft ganz versessen auf Komplexes, und ihre Storys können immer extremer werden, weil sie ja miteinander um den Titel der reinsten, edelsten und asketischsten Bande auf dem gesamten Sektor der Spiritualität konkurrieren müssen. Wenn die eine Sekte Vegetarismus predigt, wird die andere für die reine Linsenernährung eintreten und die nächste den Obstismus verkünden, bis sie dann alle von den reinen Atemisten in die Tasche gesteckt werden. Wenn irgendwo acht Stunden Meditation am Tag vorgeschrieben werden, tun sie es nebenan nicht unter zehn Stunden pro Tag, und zwar in eisigen Bergeshöhen. Wer sich beim Mantrasingen unter Null ein paar Zehen abfriert, hat immer ein spirituelles Ehrenabzeichen vorzuweisen.

Bevor wir endlich den Guru finden, der uns sagt, wir müssten den Wunsch nach Erleuchtung gänzlich ablegen – versucht es mal; Zähne zusammenbeißen nicht vergessen –, sind wir vielleicht einem Guru gefolgt, der uns sagte, wir müssten Erleuchtung wichtiger als das Leben selbst nehmen – versucht es; Zähne zusammenbeißen auch hier nicht vergessen.

In der yogischen Tradition wird zur Beflügelung unserer Ergebenheitsbemühungen folgende Geschichte erzählt:

Ein junger Mann begibt sich zum Aufenthaltsort eines Guru am Rande eines steilen Felsabsturzes und bittet ihn, sein Schüler werden zu dürfen. Der Guru weist ihn ab. Der junge Mann bettelt. Der Guru weist ihn immer noch ab. Der junge Mann bekniet ihn, weint, fleht und jammert. Der Guru weist ihn immer noch ab. Da sagt der junge Mann: »Wenn ich nicht dein Schüler sein darf, stürze ich mich in diesen Abgrund, dass ich unten auf den Felsen zerschmettert werde.« Der Guru zuckt die Schultern und sagt: »Tu, was du willst, ich nehme dich nicht als Schüler an.«

Der junge Mann läuft auf den Abgrund zu, stürzt sich in die Tiefe, schlägt unten auf und ist tot. Der Guru schickt vier seiner Chelas los mit den Worten: »Geht zum Fuß der Felswand und holt mir den Körper dieses jungen Mannes.« Die Chelas gehorchen und legen den Körper des jungen Mannes zu Füßen des Guru. Der Guru rezitiert Mantras und haucht auf den zerschmetterten Körper. Der junge Mann erwacht darauf wunderbarerweise wieder zum Leben. Der Guru sagt: »Jetzt kannst du mein Schüler sein. Da du Erleuchtung mehr begehrst als zu leben, hast du dich als würdig erwiesen.«

Buddhisten lassen sich in so etwas nicht gern übertrumpfen und erzählen folgende Story: Unter der Oberfläche eines gewaltigen Ozeans schwimmt eine Riesenschildkröte. Einmal, wirklich nur einmal alle hundert Jahre taucht die Schildkröte auf, um Luft zu holen. Irgendwo auf diesem Ozean schwimmt ein Ochsenkummet. Deine Chance, menschliche Geburt zu erlangen, die einzige Art der Verkörperung, in der Erleuchtung erlangt werden kann, ist so groß wie die Wahrscheinlichkeit, dass der Kopf der Schildkröte genau durch das Ochsenkummet auftaucht. So schwierig ist menschliche Geburt zu erlangen, und deshalb muss man mit aller Macht nach Erleuchtung streben, damit man diese unschätzbar wertvolle Gelegenheit nicht verspielt.

Solche Storys schlachten unser schlechtes Gewissen aus und leben von unseren Unzulänglichkeitsgefühlen. Wenn wir auf so etwas anbeißen, können wir uns als permanente Versager fühlen, wir brauchen uns nur immer wieder mit der Nase auf diese unerreichbaren Ideale zu stoßen.

Wir können natürlich auch, falls uns das mehr liegt, Tee trinken und Kuchen essen.

Die unverfälschte Stimme des Advaita

Richard Sylvester
Das Buch Niemand
336 Seiten, gebunden mit Schutzumschlag
ISBN 978-3-7787-8209-5

Lotos

*Nicht du findest die
Erleuchtung, sondern die
Erleuchtung findet dich*

Richard Sylvester
Erleuchtet – und was jetzt?
144 Seiten, gebunden mit Schutzumschlag
ISBN 978-3-7787-8195-1

Lotos